江苏省社科基金一般项目"提升江苏司法公信力研究"（批准号
江苏省党的建设理论与实践创新研究院、江苏党的建设研究基地

司法公信力
法理阐释与提升路径

孙曙生 ◎ 著

河海大学出版社
HOHAI UNIVERSITY PRESS
·南京·

内容简介

本书运用法理阐释与实证研究相结合的方法,全面系统地研究了新时代以来我国司法公信力建设的现实状况、存在问题,提出通过宏观层面的司法体制改革、中观层面的法院自身建设与微观层面的具体审判制度的构建三重路径推进我国司法公信力的提升。该著作对于健全我国司法权的运行体制、机制进而实现我国法治现代化具有积极的理论与实践价值。

图书在版编目(CIP)数据

司法公信力:法理阐释与提升路径 / 孙曙生著.
南京:河海大学出版社,2025.2.(2025.9重印) -- ISBN 978-7-5630-9577-3

Ⅰ. D926.04
中国国家版本馆 CIP 数据核字第 20259LR974 号

书　　名	司法公信力:法理阐释与提升路径
书　　号	ISBN 978-7-5630-9577-3
责任编辑	杜文渊
文字编辑	顾跃轩
特约校对	李　浪　杜彩平
装帧设计	徐娟娟
出版发行	河海大学出版社
地　　址	南京市西康路1号(邮编:210098)
电　　话	(025)83737852(总编室)　(025)83722833(营销部)
经　　销	江苏省新华发行集团有限公司
排　　版	南京布克文化发展有限公司
印　　刷	广东虎彩云印刷有限公司
开　　本	710毫米×1000毫米　1/16
印　　张	12.75
字　　数	250千字
版　　次	2025年2月第1版
印　　次	2025年9月第2次印刷
定　　价	68.00元

序

春秋时期的晋文公曾说:"信,国之宝也,民之所庇也。"可见,小到一个人,大到一个国家,诚信都无比重要。最近,欣闻好友江苏省委党校孙曙生教授最新力作《司法公信力:法理阐释与提升路径》完稿,有幸拜读此佳作,全书高屋建瓴,旁征博引,横贯古今,娓娓道来,给一个古老而永恒的话题赋予了新的时代内涵。他用深厚的传统文化功底、严谨细致的法治思维、抽丝剥茧的写作手法、以小见大的论证方式,深入浅出地对司法公信力的法理基础、法理逻辑以及宏观建构进行系统阐述。

依本人之见,该书有以下几个特点:

第一,紧扣司法体制改革热点和难点选题。小时候"狼来了"的故事给我们上了人生诚信教育的第一课。后来读了书,知道商鞅"徙木立信"的典故,他锐意变革,终于通过变法使秦国渐渐强盛,最终秦国一统天下。后来读史书,又知道了"烽火戏诸侯"的闹剧,周幽王为博褒姒一笑,点燃烽火台戏弄诸侯,最终导致身死国亡,令人啼笑皆非。英国哲学家培根曾说:"一次不公正的审判,其恶果甚至超过十次犯罪。因为犯罪虽是无视法律——好比污染了水流,而不公正的审判则毁坏法律——好比污染了水源。"在中共中央政治局第二十一次集体学习时,习近平总书记多次强调,司法公信力建设对推进国家治理体系和治理能力现代化有着重大意义。他指出:"公正是司法的灵魂和生命。""公正司法事关人民切身利益,事关社会公平正义,事关全面推进依法治国。""司法体制改革成效如何,说一千道一万,要由人民来评判,归根到底要看司法公信力是不是提高了。"本书紧扣司法公信力建设这个司法体制改革的热点、全面推进依法治国的重点选题,并深入论述,具有较强的历史和现实意义。

第二,将政治学、历史学、管理学、法学、法理学等多门学科知识有机融合,运用多种调研方法对司法公信力建设提出了诸多创新性的观点。作者首先从法理学的高度,对司法公信力的法理阐释、内在构成及评价标准进行研究,内在构成主要从司法判断力、司法排除力、公权制约力、司法拘束力等方面进行阐述,并指出司法公正是司法公信力质的评价标准,司法满意度是司法公信力量的评价标准。作者在论述时,不仅仅从政治学的角度论述司法公信力的脉络,而且从历史学的角度带我们对司法公信力的历史沿革及其功能价值进行了系统回顾。对西周春秋的礼治主义、先秦法家的法治主义、从西汉到清末以及新中国成立前后的司法公信进行了系统化、集成式阐释,读罢让人既有厚重的历史文化感,又有耳目一新之感,更加自然地体现出司法公信力的提升对于法治理念的形成、社会秩序的维护、法律信仰的培育、法治权威的树立具有重要价值和功能。

第三，文中观点来源于实践而高于实践，立足实务而高于实务，知行合一，对相关的理论研究和司法实务都具有较强的借鉴参考价值。习近平总书记指出："调查研究是谋事之基、成事之道，没有调查就没有发言权，没有调查就没有决策权。"作者在论述时，不是从理论到理论、从理性到理性、从应然到应然，而是以江苏省司法公信的现状和问题为切入点，以点带面、以小见大，以问题为导向，以实务为依托，以抓好典型解剖麻雀的调研方法，对 2013 年至 2022 年江苏的司法数据进行分析论证，重点从采取强制执行案件的数量、司法既判力所受到的挑战、涉诉信访、抗诉改判、司法排除力先天不足、人民对司法的期待与司法供给存在落差、司法腐败的个案加剧了对司法整体的不良猜测等方面进行实证考察，从法官独立性、司法行政化体制、对司法理性普遍信仰缺失等方面研究了司法公信力不足的原因，增强了课题研究的现实感，避免了空洞的理论说教和抽象无物的论证。该课题从宏观、中观、微观层面对我国的司法制度、体制、机制进行立体式的研究，避免用西方的理论来裁剪中国的现实问题。从宏观层面的体制来看，司法公信力确立的标志是司法权威的树立。从中观层面的法院自身来看，从改善司法自身做起，研究如何提高法官整体素养，在个案中赢得公众的信任，让每个案件都为司法公信力加分。从微观层面的改革具体审判制度来看，走出提升司法公信力的社会困局，构建具有中国传统文化底蕴、立足中国国情和民情的司法公信力制度和机制。

信用是立政立国的根本，也是人人都应该遵循的行为准则。本书著者在学术上一直秉承诚信为本，多年来佳作不断，教育教学硕果累累，在学术的殿堂上他谦逊低调、务实进取，在法学知识的海洋中他无比敬畏、孜孜以求，在推进法治建设的进程中他潜心研究、不遗余力，大胆探索小心求证，我真诚期待他有更多、更好的作品早日问世，也期待拜读更多专家学者关于提升司法公信力的佳作！

今应好友之邀为该书作序，实感惶恐如履薄冰，本人既无"大家"闪耀的光环，又无高官显赫的话语权，所以既不能为这部大作添彩，又不能增加其"含金量"，实属惭愧至极。也许正是因为如此，比起"大家"来更能切身感受到中国司法改革所取得的实效，更能发现我国司法改革别样的风景。期盼更多像我这样的法律人通过阅读本书，观察中国的司法改革，感受中国司法改革所取得的成就，更加坚定地走中国特色社会主义法治道路。

是为序！

四川简阳检察院　陈　平
2024 年元旦

目录

绪论 ………………………………………………………………… 001
 一、本课题国内外研究现状述评、选题的价值和意义 ………… 002
  （一）本课题国内外研究现状述评 ……………………………… 002
  （二）选题的价值与意义 ………………………………………… 003
 二、本课题研究的主要内容、基本观点、研究思路、研究方法、创新之处、对策建议 ……………………………………………………… 003
  （一）研究的主要内容 …………………………………………… 003
  （二）本课题的基本观点 ………………………………………… 004
  （三）本课题的研究思路 ………………………………………… 005
  （四）本课题的研究方法 ………………………………………… 005
  （五）本课题的创新之处 ………………………………………… 006
  （六）主要对策建议 ……………………………………………… 006

第一章 司法公信力的法理阐释、内在构成及评价标准 ………… 007
 一、司法公信力的法理阐释：从民意到理性 …………………… 008
 二、司法公信力的内在构成：应然与实然 ……………………… 011
  （一）社会控制力 ………………………………………………… 011
  （二）司法判断力 ………………………………………………… 012
  （三）司法排除力 ………………………………………………… 013
  （四）司法拘束力 ………………………………………………… 015
  （五）公权制约力 ………………………………………………… 016
 三、司法公信力的评价标准：质与量 …………………………… 018
  （一）司法公信力质的标准——司法公正 …………………… 018
  （二）司法公信力量的标准——司法满意度 ………………… 021

第二章 司法公信力的历史沿革及其功能价值研究 025
一、大历史视界下的司法公信力的历史变迁 026
（一）西周春秋的礼治主义——司法公信雏形 026
（二）先秦法家的法治主义——司法公信力的昙花一现 027
（三）从西汉到清末——司法公信维系于"知县青天"一人的廉政 028
（四）清末民初——开启了近代司法民主与公信的序幕 029
（五）从1927年大革命到新中国成立——我党建立起革命性司法公信力 030
（六）新中国成立后到现今——司法公信的继续、中断与重建 032
二、司法公信力的功能价值：从工具理性到价值理性 034
（一）司法主体——司法权威的实现与扩展 034
（二）民间社会——社会诚信体系的构建与完善 036
（三）司法目标——社会秩序的形成与维护 037
（四）全体公民——法治信仰的培育与养成 038

第三章 司法公信力现状的实证研究——以江苏为考察样本 041
一、问卷调查：江苏司法公信力的主观印象 042
（一）法院自我的内部评价：对司法权运行过程及结果的考察 042
小结 054
（二）当事人的评价：案件亲历者对司法的信任状况 055
小结 065
（三）公众的评价：公众对司法公正的信赖与质疑 065
小结 070
二、司法统计数据：江苏司法公信力的指数分析 071
（一）执法办案——审判与执行 072
（二）人权保障 082
（三）司法改革 083
（四）司法公开 085
（五）司法为民 087
（六）司法廉洁 088
三、江苏司法公信力的总体判断：进步很大但依然存在较大的提升空间 090

小结……………………………………………………… 095

第四章　影响司法公信力的因素分析……………………… 097
　一、背景因素：社会转型期的公众法律信仰的欠缺 ………… 098
　　（一）无讼观的历史传统 ……………………………………… 099
　　（二）信访制度的频繁适用 …………………………………… 101
　　（三）互联网时代负面消息的爆炸式传播 …………………… 104
　二、司法体制因素：司法体制的综合配套改革尚需深入展开 … 106
　　（一）横向上司法应有地位的减弱 …………………………… 106
　　（二）纵向上上下级法院关系的异化 ………………………… 109
　　（三）各审级法院功能混同现象依然存在 …………………… 110
　　（四）司法机关与党政机关的权力界限尚有模糊之处 ……… 112
　三、司法主体的行为：个别司法人员行为缺乏获得民众认可的基础
　　　………………………………………………………………… 114
　　（一）部分法官角色定位错位 ………………………………… 114
　　（二）部分法官法治思维的缺乏 ……………………………… 115
　　（三）个别法官司法行为不规范 ……………………………… 117
　四、法院的现实处境：公众司法信赖感存在不足 …………… 119
　　（一）"执行难"问题须继续破解 ……………………………… 119
　　（二）司法资源配置影响诉讼效率 …………………………… 122
　　（三）"法官流失"加剧公众对司法的不信任 ………………… 124
　　（四）司法与社会的互动因素：良性互动机制有待建立 …… 127
　五、司法能力：影响司法公信力的决定性因素 ……………… 128
　　（一）司法技术能力不足 ……………………………………… 128
　　（二）服务大局能力不足 ……………………………………… 130
　　（三）群众工作能力不足 ……………………………………… 132
　　小结……………………………………………………………… 134

第五章　提高司法公信力的对策路径 ……………………… 137
　一、宏观层面：深化改革，为司法公正提供体制、机制保障 … 139
　　（一）继续加强对司法体制改革的顶层设计和整体谋划 …… 139
　　（二）继续深化制度保障体系的构建 ………………………… 142
　二、中观层面：法院的自身建设 ……………………………… 151

(一) 全面加强法官队伍建设 ·················· 151
　　(二) 加强司法规范化建设,改善司法方式 ·········· 155
　　(三) 落实司法责任制 ······················ 157
　　(四) 完善绩效考评制度 ···················· 160
　　(五) 完善保障司法裁判尺度统一工作机制 ·········· 161
　　(六) 完善司法与社会互动机制 ················ 162
三、微观层面:深化审判制度改革,实现制度创新 ·········· 167
　　(一) 完善再审制度 ······················ 167
　　(二) 引入司法民主,实行真正的陪审制 ············ 171
　　(三) 完善诉讼机制,落实"以审判为中心"的原则 ······ 172
　　小结 ································ 177

参考文献 ·································· 179
附录一　2013—2022年推进司法改革的党内法规及相关的规范性文件 ··· 184
附录二　全面深化人民法院改革的65项举措 ············ 189
附录三　公正司法之制度保障 ···················· 192

绪论

一、本课题国内外研究现状述评、选题的价值和意义

（一）本课题国内外研究现状述评

从国外看，西方发达国家到20世纪初期均已建设成为较为成熟的法治国家，司法公信力的研究亦伴随着法治国家建设过程的始终，取得了大量值得借鉴的学术成果。从近期的研究成果看，研究的热点主要集中在以下几个方面：①民意对法院判决的反应与影响。胡克斯特拉（2003）重点研究了美国联邦最高法院宣布判决时，如何获得或者失去民众的支持；马歇尔（2009）提出最高法院的判决与民意是一致的。②法院如何提升公信力。雅克梅（1996）通过研究克拉莫审判实践，提出法院的公信力来源于每个案件的公正判决积累；沃伦（2000）提出法院的公信力产生于程序的正义。③公众对法院的信任和信心。罗特曼（1999）提出民意对法官的判决有一定的影响；有关判决未对民众在这些案件中的感受产生重要影响，但却对民众关于联邦最高法院的感受产生了非常重要的影响。总体而言，当代西方法学界重点关注民意对司法判决的影响，法院如何在坚守法律的前提下使其判决和民意的诉求一致；受马克斯·韦伯关于统治类型理论的影响，西方法学界注重研究通过树立法院的法理型权威来提高司法的公信力。

从国内看，近年来，特别是党的十八大召开以来，法学界与司法实务界对司法公信力的研究蓬勃展开。中国知网的数据显示，截止到2023年11月底，以司法公信力为题的硕士论文有72篇，博士论文有5篇，报纸期刊发表了大量关于如何提升司法公信力的学术论文。不论学界还是司法实务界，对于司法公信力问题的研究都深受西方司法权威研究的影响，大部分著作都是从司法权威的角度切入，比如，季金华的《司法权威论》（2004）、毕玉谦的《司法公信力研究》（2009）等。而且，主要是从制度与观念角度提出建议的。在制度上主张审判独立、程序正当、判决书的说理等传统的司法改革方案；观念上强调遵循诚实守信原则、树立法律信仰等对策，如杨喜平的博士论文《社会资本视野下的司法公信力》（2008）等；还有部分研究以社会成本为工具或以市场经济为背景来解读司法公信力问题，如刘玉民的博士论文《社会主义市场经济体制下的司法公信力研究》（2009）等。总体而言，国内对司法公信力研究的特点呈现为：第一，更多地从宏观的法学内部反思司法公信力问题；第二，更多地从法律内部规范、立法或者社会环境角度分析问题，并提出宏大的司法改革建议；第三，很少从社会学的角度，尤其是从社会信任、信息的角度对司法公信力进行研究；第四，研究强调对西方司法制度的借鉴，而忽略对本土司法传统的吸纳与转化；第五，纯粹说理的研

究远远多于具体司法实践的探索,很少从分析实证主义的视角对司法公信力问题进行研究。

(二) 选题的价值与意义

1. 选题的价值

①从实践价值看,社会公众对司法普遍的不信任正在逐渐泛化为一种社会心理,司法的社会公信力偏低已经成为我国法治建设中的顽疾,对该课题的研究具有极高的司法实践价值。

②从学术价值看,本课题的研究有助于拓展法治研究的路径,放宽中国法治研究的视界,本着深刻的文化主体自觉的意识,既深入研究司法公信力建设的现实困境与化解路径,亦探讨中国传统法律文化与司法公信力建设的深层关系,可以丰富与发展我国的法学理论。

2. 选题的意义

公信力是司法的内在逻辑要求,是其生命力的保证,是法治建设的核心要素。提升司法公信力是整个法治建设的重要组成部分,司法公信力的形成对于建设法治国家必将产生深远的意义。

二、本课题研究的主要内容、基本观点、研究思路、研究方法、创新之处、对策建议

(一) 研究的主要内容

①司法公信力的法理阐释、内在构成及评价标准研究。内在构成主要从司法判断力、司法排除力、公权制约力、司法拘束力等方面进行研究。司法公正是司法公信力质的评价标准;司法满意度是司法公信力量的评价标准。

②司法公信力的历史沿革及功能价值研究。重点研究司法公信力的提升对于法治理念的形成、社会秩序的维护、法律信仰的培育、法治权威的树立具有的价值功能。

③司法公信力不足的现状与原因分析研究。本书主要以2013年至2022年江苏高院向省人大所作的工作报告中公布的司法数据为分析对象,通过大数据的分析,重点从采取强制执行案件的数量、司法既判力所受到的挑战、涉诉信访、抗诉改判、司法排除力先天不足、人民对司法的期待与司法供给存在落差、司法

腐败的个案加剧了对整体司法的不良猜测等方面实证考察司法公信力不足的现状,从立法、法官独立性、司法的行政化体制、对司法理性普遍信仰的缺失等方面研究司法公信力不足的原因。

④提升司法公信力的路径研究。宏观层面的体制研究:司法公信力确立的标志是司法权威的树立。司法权威的第一个来源在于宪制和它的政治安排,需要相应的政治制度与之配套,研究司法的政治地位的改革等。中观层面的法院自身研究:从改善司法自身做起,研究如何在个案中赢得公众的信任,让每个案件都为司法公信力加分;法院司法政策的调整;法官素质的提高等。微观层面的具体审判制度的改革研究:主要指民事、刑事、行政具体审判制度的改革研究等。

⑤提升司法公信力的社会困局及破解路径。具体包括中国传统法文化观念对提升当代中国司法公信力的消极影响;当代中国的社会转型给提升司法公信力带来的困境;司法公信建设需要统筹协调推进,包括公安、检察、司法、行政不同领域的公信力合力推动。

(二) 本课题的基本观点

①提升司法公信力的关键是在遵循司法规律的前提下改革现行的司法体制,解决目前司法体制中存在的司法模式行政化、司法权运行地方化、司法活动功利化和内外部监督机制不规范等问题。

②提升司法公信力的着力点为提升公民的法治意识,增进公众对司法的认同与共识。通过提高普通公民的法律意识、培育法律信仰,让他们在懂法的基础上认同法院的判决。

③以法官队伍的建设为提升司法公信力的切入点。法官队伍建设主要解决法官的司法能力及司法廉洁性问题。目前,司法腐败现象的存在对司法公信力造成直接的损害。

④司法公信力的生成路径应当从追求个案的公正着手,按照"努力让人民群众在每一个司法案件中都感受到公平正义"的要求深化司法公开,扩大司法民主,正确处理民意与司法判决的关系问题,不断提高案件质量。

⑤司法公信力提升的难点在于解决好裁判文书的既判力与执行力问题。目前,多头诉讼、多头处理、无限申诉、无限再审、检察院的随意抗诉使裁判文书的既判力难于实现;裁判文书的执行到位率仍有待提高,"空调白判"的现象使裁判文书的权威性大打折扣。

⑥司法公信力提升的重点应当是改革现有的审判机制。应当从推进审判程序公开机制、建立和完善审判效率机制、建立科学的审判管理机制和加快执行工

作的运行机制入手。

（三）本课题的研究思路

①对现有的国外和国内提升司法公信力的有关文献资料进行梳理，建立理论和实证研究框架。

②深入司法实践部门进行实际调研，设计问卷进行调查和数据统计，根据调研数据对影响司法公信力提升的因素进行实证分析。

③对提升司法公信力的目标、标准、政策、规划等进行科学论证，构建"司法公正-司法公信"的概念模型，对提升司法公信力的模式进行定位。

④结合中国的现实国情，根据司法规律和实证分析，提出提升司法公信力的具体路径。

研究技术路线如下图所示：

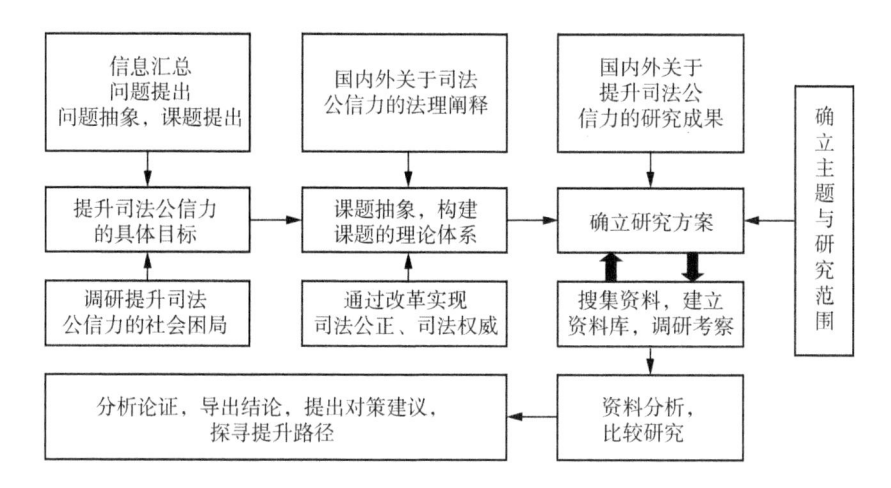

（四）本课题的研究方法

①比较分析方法。司法公信力的提升，是一个复杂的系统工程，与传统文化、现实国情等有着紧密的联系。本课题将分析借鉴国外的研究成果并与我国的法治方法进行比较研究，寻找适合我国国情的提升司法公信力的路径。

②跨学科的综合分析方法。本课题研究将重点结合社会学、经济学、制度学、文化学，从立体的视角研究提高司法公信力的制度障碍及化解路径。

③法哲学的探讨与剖析典型案例的实证研究相结合的方法。司法公信力的提升，既需要从法哲学的层面进行法理学的纯粹理性研究，更需要通过对典型案例的剖析进行实证性研究。带着对中国法治建设深切关怀的意识，把理论研究

和实证分析结合起来。

(五) 本课题的创新之处

①选题角度。司法公信力建设是我国法治建设的核心命题,是衡量我国法治水平的标志。本课题探寻提升司法公信力的路径,一定程度上可以放宽法治理论研究的视野,弥补法治理论研究的缺陷。

②研究内容。本课题尝试从宏观、中观、微观层面对我国的司法制度、体制、机制进行立体式的研究,避免用西方的理论来裁剪中国的现实问题。

③研究方法。注重对提升司法公信力进行系统性的研究。通过对提升司法公信力的法社会学、制度学、经济学的分析论证,寻找提升我国司法公信力的最佳路径。

(六) 主要对策建议

①在司法体系的内部,用法治的方法解决司法腐败问题,厉行法治,在提高司法公信力方面,努力吸收、转化西方国家成熟的法治经验,实现司法清明,这是提高司法公信力的前提与基础。

②在司法体系的外部,提高普通公民的法治思维能力,使普通公民在具有法律信仰的基础上去认识司法、相信司法,提升司法公信力。

③遵循司法规律,反思现有的司法评价体系,重点解决司法制度的建设问题,司法制度的建设必须具备合法性与合理性。

④优化司法环境是提升司法公信力的外部保证。应该理顺法院与党委、人大、政府、检察院的关系,规范法院与新闻媒体的关系,努力营造、维护司法公信力的社会基础和氛围。

第一章

司法公信力的法理阐释、内在构成及评价标准

党的十八届四中全会审议通过的《中共中央关于全面推进依法治国若干重大问题的决定》中明确提出：必须完善司法管理体制和司法权力运行机制，规范司法行为，加强对司法活动的监督，努力让人民群众在每一个司法案件中感受到公平正义。"保证公正司法，提高司法公信力"成为依法治国的重要主题之一。司法公信问题迅速成为法学理论与司法实践的关注焦点。今日的世界，是自媒体的时代，公众的意见对司法裁判的影响力显著提升，一定程度上呈现出民意左右审判的现象，该现象的背后则反映的是有关司法公信力的问题。司法公信力究竟是民意的呈现还是司法权威的理性彰显？司法公信力内在的逻辑构成呈现为哪些要素？司法公信力的评价标准有哪些？本章从法学理论的角度，结合中国当前正在展开的如火如荼的司法改革的成果，对司法公信力的前述问题进行探讨，以求更好地服务于中国的司法改革实践。

一、司法公信力的法理阐释：从民意到理性

尽管任何一个社会科学的概念都具有不确定的特性，但对于"公信"这个概念来说，公众的认识还是比较一致的，即"公信"就是公众的信任。作为司法权的重要组成部分，公信力就是司法机关根据自己的信誉所赢得的公众的信任度，公众是司法公信的评价主体。司法公信力主要涉及两个方面的内容：其一，司法对公众的信用，司法机关在行使司法权时能否赢得公众的信任，关键的因素是司法机关能否公正地行使国家赋予其的公共权力，能否胸怀高度的责任感与使命感为公众提供高效、公正的司法服务；其二，公众对司法的信任，从作为司法公信力评价主体的公众而言，司法公信力更大程度上表现为公众对司法行为的一种价值判断与主观评价。

探讨司法公信力问题，首先指向的是民意与司法的关系理论。传统观点认为，民意是社会存在、运行、发展的基础。在一定意义上可以说，整个社会发展的文明史，就是民意不断地被认识和提高的历史。民心之所向，应成为一国政府执政的风向标，一个不能代表民意的政府一定不是民主的政府，必然为人民所推翻。在司法领域，司法民意是指"社会上大多数成员对司法机关、司法工作人员及其司法行为和司法现象所持的大体接近的意见、情感和行为倾向的总称"[①]。司法民意意味着公众对国家司法状况的一种基本评价。具体可以包括：其一，民众对纠纷处理方式的选择的倾向性，也就是说，民众是否乐意选择司法处理纠纷；其二，民众对司法处理结果的接受性，即民众是否对司法裁判结果无条件地

[①] 胡铭：《刑事司法民主论》，北京：中国人民公安大学出版社，2007年，第17页。

服从;其三,民众对一个国家法律的信仰度,即民众是否真的发自内心信仰国家的法律,是否相信法律能为其带来公平与正义,"没有信仰的法律将退化成僵死的法条,而没有法律的信仰将蜕变成为狂信"①。

然而,民意理论对司法公信力的解释力是有限的。

首先,按照现代法治的要求,司法裁判与民意之间必须保持一定的张力。司法本身具有一定的规律性,它主要包括两个方面:其一,司法裁判必须反映法治的价值,如公正、平等、正义、效率、自由等;其二,司法体现为司法技术的运用,它包括对程序的遵守及具体法律条文的适用。民意更多地表现为一种不确定的司法情感,而非一种理性的表达。所以,在现实的司法裁判过程中,绝不能用民意代表司法裁判。一个根据法律的正确裁判结果可能与代表大众的民意倾向正好相反。

其次,从民意或媒体对案件评价的情感倾向看,更多表现为负面内容。民众往往只对个别有影响的刑事或民事案件的裁判结果感兴趣。如官方每次发布纠正个别冤假错案的消息,都会引起民众或媒体发表大量的关于案件的评论,评论的内容基本上是对现有司法体制的不满及对涉案的司法人员的谴责,而对于主流的大量公正的司法裁决保持沉默。因此,民众这种非理性的所谓民意不能代表国家整体的司法公信力。

最后,从民意影响司法裁判的效果看,民意对司法裁判的结果影响力甚微。经过多年的司法体制改革,独立审判制度已经在我国各级法院的审判实践中确立。现实生活中,一些关于司法裁判的民意如果没有党政机关的介入很难影响到司法裁判。党的十八届四中全会以来,国家一直在加大司法体制改革的力度。2015 年,中共中央办公厅、国务院办公厅印发了《领导干部干预司法活动、插手具体案件处理的记录、通报和责任追究规定》,对于防止领导干部干预司法活动、插手具体案件处理,确保司法机关依法独立公正行使职权发挥了巨大的作用。目前,没有哪个领导干部会根据所谓的民意去干预司法,因此民意或媒体对司法裁判的影响力甚弱。

因此,通过传统的民意来解释司法的公信力已经没有法理的依据,当然也不具有法理上的意义。因此,为了从法理的角度更深刻地阐释司法公信力问题,必须从民意的视角转向公民的理性,即把公民的理性作为阐释司法公信力的理论工具,即将社会中的个体假定为总是遵循理性最大化原则,并据此在评判相关案件时做出自己选择的个体。

---

① 伯尔曼:《法律与宗教》,梁治平译,北京:中国政法大学出版社,2003 年,第 38 页。

什么是理性呢？"我们可以说，凡是符合逻辑的东西是合乎理性的，凡是违背逻辑的东西是违背理性的。理性也是一种使我们了解真理的本领。"①"理性是现实的本质形式，理性能够构筑现实、改造现实，能够消除社会中不合理性的现实和推翻非理性及反人道的压迫者和统治者。理性主宰现实，人们认为是真善美的东西就应在他们的个人和社会现实生活中成为现实存在的东西。"②前述的政治思想家主要从哲学的角度来解释理性的概念。马克斯·韦伯从社会学的角度解释了理性是个人有目的的行动与其可能达到的结果之间联系的工具合理性。他为此将社会行动区分为四种理想类型："(1)目的合理性行动(也称工具合理性行动)；(2)价值合理性行动；(3)情感的行动；(4)传统的行动。"③韦伯认为只有工具合理性行动和价值合理性行动才属于合理的社会行动。因此，从公众理性的角度考察司法公信力，主要是从个人行动的工具合理性行动和价值合理性行动的角度进行考察。

公众对司法裁判的评价实质是公众的理性选择问题，即公众的评判行为属于韦伯所谓的目的合理性行动与价值合理性行动，应该剔除情感的行动与传统的行动。哪些因素会影响到公众关于司法裁判的理性选择呢？换句话说，哪些因素会成为影响司法公信力的要素呢？通过对一些典型案件的考察，从社会学的视角观察，大致可以归结为以下几点：(1)信任。影响性诉讼案件显示，对公安司法机关的信任度直接影响个体对案件的认识与评价。如果公众对司法机关及其工作人员缺乏信任，从心理角度上，公众必然对案件做出否定性的评价。(2)互动。在司法裁决中特别是在刑事司法中，互动表现为公众与公安司法机关之间的互动关系。在互动关系中，最重要的是公安司法机关对案件信息的披露程度及真实度。(3)声誉。公安司法机关自身的声誉是影响司法公信力的重要因素。公安司法机关的声誉会在公众对司法裁判的评价结果方面产生显著的作用。良好的声誉会极大地提高司法公信力，反之，则会极大地破坏司法公信力。(4)交易成本。就现代社会而言，由于网络技术的发展，公众发表意见的成本低廉，而从中获取的回报可能很大，这种交易成本与收益的巨大落差导致公众会冒着侵权受到追究的危险疯狂地对案件进行否定性的评价，对司法公信力产生很坏的影响。

前述几个影响公众对司法裁判评价理性选择的因素呈现为复合的一体化构

---

① 林毓生：《中国传统的创造性转化》，北京：生活·读书·新知三联书店，2011年，第58页。
② 赫伯特·马尔库塞：《理性和革命：黑格尔和社会理论的兴起》，程志民译，上海：上海人民出版社，2007年，第6页。
③ 马克斯·韦伯：《经济与社会(上卷)》，林荣远译，北京：商务印书馆，1997年，第56页。

成关系。其中,"信任、互动和声誉三大核心要素直接关涉个体的理性选择并最终影响到司法公信力",具体到一个刑事案件中,各种因素的呈现关系可以表述为"声誉是基础,互动是过程,信任是保障,低成本是助推力"[①]。

总之,对司法公信力的阐释已经从公众的民意转向公众的理性,公众的理性选择构成司法公信力的评价基础。通过分析研究影响公众理性选择的要素,在尊重个体理性选择的基础上,弥合公众与司法工作者有关司法实践认识的鸿沟,成为提升司法公信力的关键。这也构成本课题研究的方法论的基础。

二、司法公信力的内在构成:应然与实然

正如所有权的概念包含占有、使用、收益、处分四个权能要素一样,司法公信力的内在构成要素一般有社会控制力、司法判断力、司法排除力、司法拘束力及公权制约力五个,一个现代的法治社会的司法公信力是这五个方面要素结合而形成的整体,其中任何要素的缺失均有害于司法公信力的完整性和有效性。

(一) 社会控制力

在美国学者罗斯科·庞德看来:"社会控制的主要手段是道德、宗教和法律。今天,社会控制首先是国家的职能,并通过法律来行使。它的最后效力依赖于专为这一目的而设立或遴选的团体、机构和官员所行使的强力。它主要通过法律发生作用,这就是说,通过被任命的代理人系统地和有秩序地使用强力。"[②]法律的实施机关包括行政机关与司法机关,前者是国家法律的执行机关,后者是国家法律的适用机关。同样作为国家法律的实施机构,二者之间的主要区别在于行政机构有自己的特殊利益,其执法具有主动性与可诉性的特征。司法机关的司法具有被动性与中立性的特征,是约束政府权力的有力工具和保障公民权利的最后一道屏障。一个国家司法机关在权力系统中的层级与地位可以直接反映出这个国家的法治状况。司法机关对社会的控制力越强,司法机关的司法公信力越高,一旦这个社会的司法公信力提高,这个社会的文明程度也一定会随之提高。

自古以来,司法的社会控制力主要体现在其社会纠纷的解决能力上。在当代社会,司法纠纷解决能力的高低主要体现为纠纷可诉性范围的大小。从原理上来说,按照现代法治的"司法最终解决原则",公民或法人的任何纠纷都可以通

---

① 胡铭:《司法公信力的理性解释与建构》,《中国社会科学》,2015年第4期。
② 罗斯科·庞德:《通过法律的社会控制》,沈家灵译,北京:商务印书馆,2010年,第11页。

过法院解决,而现在任何国家,包括西方部分法治高度成熟的国家,都不可能把任何纠纷都纳入司法解决的范围。只能说,尽可能把纠纷纳入司法解决的范围,司法解决范围的大小成了法治化程度高低的标志。以我国为例,随着改革开放向社会的纵深方向发展,我国法律对纠纷的可诉性范围逐渐扩大。例如,《中华人民共和国行政诉讼法》在1990年颁布实施,我国的行政法治取得了巨大的进步,但该部法律的受案范围是狭窄的,加上行政案件立案难、受理难,大量的行政案件被拒在法院门外。2014年11月1日,第十二届全国人民代表大会常务委员会第十一次会议通过了《全国人民代表大会常务委员会关于修改〈中华人民共和国行政诉讼法〉的决定》,2015年4月20日,最高人民法院审判委员会第1648次会议通过了《最高人民法院关于适用〈中华人民共和国行政诉讼法〉若干问题的解释》,修改后的《中华人民共和国行政诉讼法》及其相关的司法解释,极大地扩展了行政诉讼的受案范围,通过这次修改,我国的行政法治事业取得了巨大的进步。

从目前来看,随着我国司法改革的深入进行,司法对社会的控制力明显加强。但我们也看到,一方面,与成熟的法治国家相比,我国法院的受案范围还受到很多政策的限制,一些所谓的"敏感性"案件还进入不了法院,"行政性的解决"观念在国人的心中还存在;另一方面,一些法院还不能完全依据宪法的条款进行司法判决。以上两方面问题的存在,使我国的司法控制力相对较弱。

(二) 司法判断力

司法判断力即指职业法官在具体案件的审理中,取舍证据、还原法律真实、适用与解释法律规则,通过自由心证,对案件作出公正裁判的专业能力。司法判断力与司法公信力是相互作用的,公众对司法的信任程度主要取决于对司法主体判断能力的信任程度,因为司法的判断直接关系到一个案件中权利义务的分配,即直接关系到案件当事人的利益。法官的判断力低必然导致在事实认定与规范选择上发生错误或者偏差,造成冤假错案,使司法公信力荡然无存。提升法官的司法判断力主要通过以下路径:

1. 提升法官的职业技能

着力提升法官的职业技能,以过硬的业务素质增强司法判断力。司法公信力要靠一个个公正审理案件的积累,案件处理是否公正,成为公众认识司法、理解司法、评价司法、信任司法的依据,而法官能否在审理每一个案件时都实现司法的公正,在很大程度上取决于其职业能力的高低。中国正处于社会的转型时期,各种社会矛盾交织在一起,大量的案件堆积在法院,法院处于社会的风口浪尖之上,法官成为最危险的职业之一。面对如此多类型复杂的案件,如何公正司法、化解矛盾,对广大法官提出了巨大的挑战。因此,法官必须密切关注我国经济社会发展的新形势,密切关注民生热点新情况,切实增强法官认识和把握法律与大局的能力、准确把握社情民意的能力、化解社会矛盾纠纷的能力、做好群众工作的能力。

2. 改进司法作风

着力改进司法作风,以优异的司法服务提高司法判断力。司法是为社会公众服务的,让人民群众容易接近司法是司法大众化的基本要求。"法官是否能够把人民群众放在心中的最高位置,是否对人民群众具有深厚的感情,决定着法官的职业态度、职业行为、职业道德、职业形象,而这些都直接影响着人民群众对于司法的公信力,能否全心全意通过司法为公众服务成为法官的司法判断力重要组成部分。"[1]让公众容易接近司法的基本要求是司法权在本源上属于人民,司法服务的对象应该是一国之内最广大的民众;司法制度在设计上应该适合广大民众的需要,纠纷解决方式的选择、审判的方式方法、审判的组织形式、审判的场所应当最大限度体现便民、利民的原则;法官所依赖的知识、使用的语言、所用的司法文书的格式与文风、生活方式和道德情操等应当与广大民众基本保持一致;法官审理案件应当深入群众进行调查研究,以增强其社会阅历和综合知识,了解和把握社情民意;应当有组织地发动民众与职业法官一起从事审判活动;应以民众的满意度作为评判司法工作成败与否的最终标准。因此,法官需要通过规范严谨的司法行为、平和文明的司法态度、平实易懂的司法语言,对当事人把法律关系讲清楚,把法律依据讲透彻,把裁判理由说明白,消除合理怀疑,确保司法公正,让人民群众在每一个司法案件中切实感受到公平正义。

(三) 司法排除力

司法排除力即司法排除一切来自外部和法官自身的干扰因素,实现司法所追求的公正、廉洁、高效司法的能力。总体而言,司法排除力具有两个层次的内涵:一方面是排除来自其他公权力、团体或个人干扰的能力,实现法官的独立审判;另一方面是法官的自我约束力,即加强法官的道德建设,使法官自觉拒绝腐

---

[1] 江必新:《法治国家建设与司法公信:以贯彻十八大精神为背景》,北京:人民法院出版社,2013年,第88页。

蚀诱惑，实现廉洁司法。

1. 建立排除司法受外力干扰的制度屏障

传统中国为礼仪之邦，在人们和谐相处的同时，人情因素也给公正司法带来了负面影响。党的十八大以前，行政机关、立法机关、社会团体及个人对法院的审判干扰不时存在，极大地损害了司法公信力，信权不信法成为一部分公众的基本观念，"打官司就是打关系"成为一部分公众的信仰，法院受到了来自社会各方面的干扰，很难做到审判独立，其司法排除力受到极大的弱化。审判不独立，司法就没有公信力。为此，党的十八大强调要"进一步深化司法体制改革""确保审判机关、检察机关依法独立公正行使审判权、检察权""要把制度建设摆在突出位置"，修改《中华人民共和国人民法院组织法》和《中华人民共和国法官法》，为人民法院依法独立公正行使审判权提供制度保障。同时，切实贯彻落实《领导干部干预司法活动、插手具体案件处理的记录、通报和责任追究规定》（中办发〔2015〕23号）和《司法机关内部人员过问案件的记录和责任追究规定》（中政委〔2015〕10号）"两个规定"的文件精神，防止和排除人情因素干预、插手具体案件，保障司法人员依法独立公正行使审判权、检察权，维护司法机关的司法公信力。

2. 培育廉洁高素质的法官

培育廉洁高素质的法官是提升司法排除力的关键。如果说建立排除司法受外力干扰的制度屏障是解决提升司法排除力的"外因"问题，那么提升法官拒腐防变能力是解决提升司法排除力"内因"问题的关键。培育廉洁的高素质法官，需要制度引领、文化洗礼、作风建设共同发挥作用。第一，健全符合司法权运行规律的司法廉洁制度。法官需树立司法廉洁的意识，因为不廉洁而导致的司法不公所带来的社会恶果是极其严重的，也因为不公正的审判会毁坏法律，好比污染了河流的水源。第二，努力营造法正风清的司法廉洁文化环境。任何制度都是一种他律，制度背后体现着文化精神。没有司法文化的滋养，任何司法廉洁制度都会徒劳无功。在良好的司法廉洁文化环境中，法官普遍对司法廉洁制度有较高的文化认同，对法官职业有较高的职业认同，这样法官就能具有良好的廉洁自律性。这种力量不是外在的，是发自内心的，是一种自觉的力量，是规范司法权、提升司法排除力的深入表现和根本所在。

(四) 司法拘束力

司法拘束力是指司法权对当事人和社会公众具有终极性的法定强制力，它构成了司法对社会施加控制力的基础，也是司法裁判获得当事人遵从与公众认可的前提。司法裁判缺乏拘束力也就丧失了裁判的权威性及司法的公信力，司法拘束力一般包括司法终局性、司法既判力、裁判执行力等要素。

1. 司法终局性

司法终局性体现了"司法最终解决原则"及"司法是公民权利救济的最后一道屏障"等司法理念。相对于立法、行政、非公共权力的中间组织而言，它体现了司法在整个法律运行机制中的地位。司法以其程序公正、裁判的权威性而成为保障社会秩序、保障公民自由、制约公权力的最后防线，这意味着案件的裁判结果一经作出，除非依据法律程序予以撤销或改判外，所有人必须尊重与服从既定的裁判结果。

从目前我国的司法实践看，对司法终局性冲击最大的是信访制度。因此，要保证司法的终局性必须解决好审判的终局性与信访终结制之间的矛盾。按照马克斯·韦伯的论述："正当性支配有三种纯粹类型。对正当性的主张之是否妥当，必须建立于：(1)理性的基础；(2)传统的基础；(3)卡里斯玛的基础。"[1]司法的权威以理性为基础，是一种法制型的支配，在这种支配中，一个人之所以服从是由于他服膺依法制定的一些客观的、非个人性的秩序。人们之所以服从法制，是因为法制能给人以程序上的正当、实体结果的公正。因此，司法审判的终局性是司法权威的重要来源。但在我国现实社会中，涉法涉诉信访系统的存在，在一定程度上又否定了司法的终局性，冲击了法律的权威和法院的权威。

2. 司法既判力

司法既判力即审判机关的终局裁判在法律上所产生的特定效力或强制力。既判力是由古罗马法中"一案不二诉"发展而来的一个概念，公元二世纪，法学家在"一案不二诉"的基础上发展了"一事不再理"，即无特殊情况，当事人对正式判决已经生效的案件不得申请再审，以维护司法的尊严与稳定，避免当事人缠讼不休。如果把既判力理解为司法机构所作出的终局裁判在法律上产生的权威性效

---

[1] 马克斯·韦伯：《经济与历史：支配的类型》，康乐等译，桂林：广西师范大学出版社，2010年，第297页。

力,那么既判力应该包括以下三类法律上的拘束力,即消灭力、确定力和形成力。

第一,终局司法裁判对涉诉主体诉权及既决事项管辖权的消灭力。这是指,即使是作出裁判的法院或其上级法院,也不得对同一事项再行审理。因而,当事人的诉权及法院的管辖权被消灭。除非具有法律特别规定的例外事由并依照严格的司法程序重新启动司法权,任何当事人及法院必须受生效的裁判拘束。第二,终局司法裁判对涉诉事实的确定力。按照古罗马人的说法,就是指"既判的事实,应视为真理"。司法既决事项对涉诉事实的确定力,"构成了支撑司法职能有效发挥和司法权威普遍树立的阿基米德的支点,离开了这个支点,借助司法程序来实现公平、正义并成就社会和平、安定的努力,就难免事倍功半"。[①] 第三,终局司法裁判对涉诉权利义务关系的形成力。依据"一事不再理"的原则,终局裁判对涉诉纠纷所作出的权利义务再分配具有不可逆转性,对于裁判所形成的权利、责任、利益及其份额的分配状态,当事人和利益相关人均不得再行起诉,从而保证此一纠纷成为历史事件。

3. 裁判执行力

司法裁判的终结并非意味着当事人权利能够自动实现,这需要依靠义务方的积极履行。如果义务方不能积极履行裁判文书所确定的义务,权利方的权利必须依靠司法的强制力来实现。因此,当司法通过正当程序对诉讼双方的权利义务关系作出配置裁判后,只是具备了一种权利义务实现的可能性。如果义务方拒不接受裁判,那么这种裁判不经司法的强制性执行就难以实现。执行承担着将生效的裁判付诸实施、以实现司法功能的重要任务。它是司法拘束力的直接表现。公正的司法裁判,如果得不到及时有效的执行,也将丧失其裁判的价值,权利不能实现,违法行为得不到制裁,司法正义也就无从谈起,从而导致司法公信力成为无源之水。

(五) 公权制约力

英国思想史学家阿克顿勋爵指出:"权力导致腐败,绝对权力导致绝对腐败。"[②]党的十八大报告指出:"坚持用制度管权管事管人,保障人民知情权、参与权、表达权、监督权,是权力正确运行的重要保证。要确保决策权、执行权、监督权既相互制约又相互协调,确保国家机关按照法定权限和程序行使权力。"我国

---

① 张英霞:《司法既判力论要兼及司法既判力与司法公信力的关系》,《法律适用》2005年第1期。
② 阿克顿:《自由与权力——阿克顿勋爵论说文集》,侯健、范亚峰译,北京:商务印书馆,2001年,第342页。

《中华人民共和国行政诉讼法》的颁布实施,就是通过行政诉讼的制度设计,防止行政权侵犯公民的权利。

1. 行政诉讼——对行政权的制约

行政诉讼也即"民告官"的诉讼,法院通过审查行政机关的行政行为以裁判的方式对行政权进行监督制约。在大陆法系国家,行政法院的制度发端于法国,成熟于德国。在大陆法系之外,实行的是截然不同的行政审判模式,如英美两国就非常强调司法权的不可割裂性,像在以分权制衡理论建国的美国,行政案件均由普通法院审理,通过对行政行为的合法性进行审查,赋予其高度独立性,以确保对行政权的制衡。在英国,虽然也是以普通法院为主,但其外也有行政裁判所,它是行使审判权的司法机关,作为普通司法系统的补充。

我国的行政诉讼制度起步较晚,1990 年公布实施第一部《中华人民共和国行政诉讼法》后,于 2014 年对该法进行了修改,经过一系列的制度变革,我国的行政诉讼制度逐渐完善,成为监督行政权运行的有力保障。

2. 违宪审查制度——对立法权的制约

法院对违宪问题的审查是指宪法的司法化问题。通过这一制度安排,一方面法院能对行政机关、立法机关的行为进行司法审查,判断其是否违反宪法的规定;另一方面,法院可对公民提起的诉讼能依据宪法的条款进行判决。这两方面的结合构成了司法控制力的最高标志。对于第一种情形,目前,世界上通过设立宪法法院进行违宪审查的国家有法国、德国、俄罗斯等。美国最高法院于 1803 年在马伯里诉麦迪逊案中开始坚持法院有违宪审查的权力,法官马歇尔认为:"坚持的是宪法是人民制定的,因此,它具有最高的地位。除非宪法修正案能够成功地修正我们的高级法,否则最高法院的任务就是去维护人民的判断免受常规立法的侵蚀。"[①]该案从此奠定了美国最高法院创设违宪审查制度的基础,确立了美国最高法院在具体案件的诉讼中根据宪法审查国会制定的法律的无上权威,法院有权宣布立法机关通过的任何法律为违宪及无效,并享有宪法的最终解释权。不论通过何种方式,如果法院没有违宪审查权,那么法院就会处于尴尬的、两难的局面。对于第二种情形,即宪法的条款作为法院的判决依据问题。根据传统的理论,"宪法基本权利之规定,是完全针对国家而发,基本权利条款的本身,就富有纯粹针对国家的性质,而非针对人民的性质。所以,宪法的基本权利

---

① 布鲁斯·阿克曼:《我们人民:奠基》,汪庆华译,北京:中国政法大学出版社,2017 年,第 75 页。

之规定,只是关涉国家权力之行使,对私人之间,无任何效力而言"[①]。但德国在第二次世界大战后,制定现行的《基本法》,《基本法》公布之后,宪法对"第三者效力理论",亦即宪法基本权利对第三者(国家对人民之关系外之第三者,亦即私人对私人之间)之效力,或谓"基本权利效力之新学说"应运而生。该理论致力于使宪法的基本权利能够直接为私人所引用,使基本权利成为私法正义实现之源泉。我国台湾地区学者把德国宪法学的"第三人效力"的学说引进台湾地区,"简单地说,就是一般法院在解析和适用民法(尤其是民法中的概括条款)时,可以考虑和使用宪法中关于公民基本权利的规定"[②]。

三、司法公信力的评价标准:质与量

司法公信力的评判标准,就是人们评价司法活动的价值尺度和价值准则。它是人们评判司法公信力的核心要素,它充分反映了人们对司法公信力的价值认识,它能引导人们进一步提升司法公信力。因此,必须科学合理地确定司法公信力的评判标准,本文提出从质和量两方面来评判司法是否具有公信力以及公信的程度,从而进一步提升我国司法的公信力。

(一) 司法公信力质的标准——司法公正

公平正义是社会主义的核心价值,是法治中国的灵魂,也是法治的生命线。司法公正对社会公正具有重要的引领作用,司法不公对社会公正具有致命的破坏作用。全面推进依法治国应当以促进公平正义、增进人民福祉为出发点和落脚点。那么什么是法律意义上的公平正义呢?

公平正义是人类社会恒久存在的价值哲学问题之一,也是最富争议的社会科学概念之一。何谓公平正义,不同社会群体、不同意识形态,都有着不同的界定和解释,有些甚至有着截然相反的界定和解释。正如奥地利著名规范分析法学家凯尔逊所言:"自古以来,什么是正义这一问题是永远存在的。为了正义的问题,不知有多少人流下了宝贵的鲜血与痛苦的眼泪,不知有多少杰出的思想家,从柏拉图到康德,绞尽了脑汁;可是,现在和过去一样,(这一问题)依然未获解决。"[③]美国著名的法理学家博登海默也说过:"正义有着一张普洛透斯似的脸,变幻无常。随时可呈不同形状并具有极不相同的面貌。当我们仔细查看这

[①] 陈新民:《法治国公法学原理与实践(上)》,北京:中国政法大学出版社,2007年,第33页。
[②] 陈弘毅:《宪法学的世界》,北京:中国政法大学出版社,2014年,第61页。
[③] 张文显:《二十世纪西方法哲学思潮研究》,北京:法律出版社,1996年,第575页。

张脸并试图解开隐藏其表面背后的秘密时,我们往往会深感迷惑。"①何谓公正呢?庞德说过:"在伦理上,我们可以把它看成是一种个人美德或是对人类需求的一种合理、公平的满足。在经济和政治上,可以把正义说成是一种符合社会理想,足以保证人民利益与愿望的制度。在法学上,则是通过法律调整人与人之间的关系及安排人们的行为。"②博登海默也指出:"如果我们并不试图给出一个全面的定义,那么我们就有可能指出,满足个人合理的需要和主张,并与此同时促进生产进步和提高社会内聚性的程度——这是维续文明的社会生活所必需的——就是正义的目标。"③

公正是司法的生命和灵魂之所在,是司法公信力的基石,没有公正,司法便无公信可言。追求司法公正是司法永恒的主题任务,也是社会公众对司法的要求与期望。培根曾说过:"一次不公的司法判决比多次不平的举动为祸尤烈,因为这些不平的举动不过弄脏了水流,而不公的判决则把水源败坏了。"④

1. 实体公正

实体公正,又称结果公正,是通过审判,将实体法律规范所确立的一般公正转化为对个案处理结果的公正,也可称为实质正义,即法律上权利义务分配方面的正义。

实体的正义相对于立法上分配的正义和执法实现正义来说,是通过司法实现的正义,也是一种矫正正义。就是说,当人们的法定权利受到不法侵害时,在其他救济渠道或救济方式不能奏效时,就应该通过司法途径来消除侵害,矫正权利的错误形态,恢复权利的正常形态,使之回到法治正义的轨道上来。

如何能得到司法上的实体公正的结果呢?作为一个司法者,在审理案件时必须做到以事实为根据、适用法律正确和同等情况同等对待。

以事实为根据,意味着事实是定案的基础,但作为定案的事实必须有证据证明。在证据法领域曾经有这样一句著名的格言:"在法庭上,凡是有证据证明的事实,应视为是存在的;凡是没有证据证明的事实,则视为不成立。"这就意味着,一个案件事实如果没有证据加以证明,那么它即使有再大的可能性,也只能视为

---

① 博登海默:《法理学:法律哲学与法律方法》,邓正来译,北京:中国政法大学出版社,2004年,第261页。
② 罗·庞德:《通过法律的社会控制:法律的任务》,沈宗灵、董世忠译,北京:商务印书馆,1984年,第55页。
③ 博登海默:《法理学:法律哲学与法律方法》,邓正来译,北京:中国政法大学出版社,1999年,第252页。
④ 弗·培根:《论司法》,载自《培根论说文集》,水天同译,北京:商务印书馆,1983年,第193页。

不存在。人人皆知"以事实为根据,以法律为准绳"这个法律适用的基本原则,但这里的"事实"一定是有证据证明的法律事实。

适用法律正确,这意味着司法裁判严格坚持"以法律为准绳"的司法原则。首先,具体到各个部门法,就是要坚持其特有的部门法原则,如根据刑法要坚持"罪刑法定"原则,亦即"法无明文规定不为罪,法无明文规定不处罚",在行政法方面,就是要坚持合法性原则等。其次,就是要正确适用具体的法条,法条应该是司法裁判具体明确的法律依据。最后,在法律适用过程中,由于法律的专业性、抽象性及滞后性等缺陷,释法成为难点。因此,必须要有科学合理的方法进行解释。否则,将无正确适用法律可言。

同等情况同等对待,意味着"同案同判"。日本学者谷口安平指出,"如果人们看到汤姆可以做某件事,而迪克做同一件事却遭到处罚,人们就会断言法律是不公正的","只要结果是每个人得到了他应当得到的或同等情况下的人们都得到了同等对待,也就实现了实体正义"[①]。"同案同判"也可称为形式正义,说明"同样的情况同样对待,不同的情况要有相应的差别对待"。如果相同的情况差别对待,人们就会感觉到不公平,这必然会导致人们对司法制度及其公信力产生怀疑,对法律实施过程产生强烈的抵触情绪。

2. 程序公正

程序公正问题常常涉及三个概念:正当程序(due process)、公平审判(fair trial)、程序正义(procedural justice)。程序公正包含着一系列的价值判断,不仅影响着案件处理结果的实体的公正,程序的本身也具有独立的价值。

程序公正会对结果正当性产生影响。一方面,结果的正确性不等于正当性。"简单地说,结果的正确性就是某一裁判结果,有充分的证据证明其成立。按照证据裁判主义的理念,一旦有充分的证据达到了法律规定的证明标准,那么这个裁判结果就是正确的。虽然对于案件来说,结果的正确性具有至关重要的意义,但结果的正确性不等于正当性,最典型的例子就是刑讯逼供。"[②]刑讯逼供最大的危害是可能导致冤假错案,这是刑讯逼供对案件实体结果的影响,通过刑讯逼供获得的用于案件审理的证据,即使是真实可靠的,也不具有正当性。另一方面,结果的合法性不等于正当性。正如前面所述,任何裁判结果都要符合实体法的规定。在案件审理的过程中,法官正确地适用了相关的实体性的法律规则,是

[①] 谷口安平:《程序的正义与诉讼》,王亚新、刘荣军译,北京:中国政法大学出版社,1996年,第1页。
[②] 陈瑞华:《法律人的思维方式》第2版,北京:法律出版社,2011年,第95页。

否意味着裁判的结果一定具有正当性呢？答案肯定是否定的。因为即使法官正确地适用了实体性的法律，但如果没有遵循正当的法律程序的规定，比如法官违反了回避的程序性规定等，那即使案件的处理结果是合法的，也因为其违反了程序的规定使其审判结果不具有正当性。

程序公正在司法裁判中的重要性认识是由来已久的，西方的正义女神之所以一直戴着眼罩，是因为如果没有眼罩，正义女神的天平和利剑恐怕会因人和事而有偏差，其象征着任何法官在案件的裁判过程中都应严格遵循程序要求，排斥各种外在干扰，也象征着为法官裁判设置正当程序，有利于确保每个当事人平等地进入法官的评判视野，不受个人身份、地位、财富或其他异质性因素的影响。

由于人们长期习惯于"重实体，轻程序"的思维定式，忽略现代法治观念下的程序的独立价值的运用，导致"在这种意识中，法律如同战场，要的仅仅是最终成功地攻下城池，至于如何攻占城池，无关紧要"①。自党的十五大提出依法治国基本方略，依法治国被写进宪法，特别是党的十八大以来，随着全面依法治国的观念深入人心，随着一个个因违反正当程序而造成的冤假错案被平反昭雪，程序公正的理念也浸入了执法者、司法者的心中，坚持实体公正与程序公正并重成为司法实践具体的原则性的要求，成为每个司法者必须坚守的底线。

（二）司法公信力量的标准——司法满意度

"司法满意度是社会公众在对司法有一定亲历或了解的基础上，对司法的满意程度，这是对社会公众法律心理的量化与统计"②，它是司法公信力在公众心中的一种主观的感受，是公众对现实司法公信力的一种主观的判断。研究司法公信力与公众满意度的研究者往往会设计一定的表格，在表格中设计一定数量的选项及具体的分值比例，如公众对刑讯逼供的态度、如何看待司法腐败、如何看待司法公正、对公检法三机关的评价等，通过公众对这些选项的打分，进而得出一定的数值，而这些数值可以从量上反映出公众对司法的满意度，反映出司法公信的状况。直接影响公众司法满意度分值的有两大因素：公众对法律的信仰度及法官的社会地位。

1. 公众对法律的信仰度

伯尔曼指出："法律必须被信仰，否则形同虚设。"③卢梭也曾说过："一切法

---

① 王利明：《法治：良法与善治》，北京：北京大学出版社，2015年，第38页。
② 关玫：《司法公信力研究》，北京：人民法院出版社，2008年，第111页。
③ 伯尔曼：《法律与宗教》，梁治平译，北京：中国政法大学出版社，2003年，第13页。

律中最重要的法律既不是铭刻在大理石上,也不是铭刻在铜表上,而是铭刻在公民们的内心里,它形成了国家的真正宪法,它每天都在获得新的力量,当其他法律衰老或消亡的时候,它可以复活那些法律或代替那些法律,它可以保持一个民族的精神,法律信仰是法治的灵魂。"[1]公众是否有法律信仰,直接影响到公众对司法的评价能力,可以想见,一个没有法律信仰的公民是不能对司法公信作出公正的评价的。就目前来说,我国许多公众的法律信仰是缺乏的,究其原因,一方面是传统文化的影响。孔子说:"听讼,吾犹人也,必也使无讼乎!"[2]重道德的教化、轻诉讼方法问题的解决是中国传统文化的特质,也导致了相当一部分中国人法律信仰的缺失,这也是中国法治建设陷入现代性困境的主要原因。另一方面,在当代中国信"访"不信法的群众大量存在。随着我国法治建设步伐的加快,人们的法律意识水平有较大幅度的提高,但远远没有达到形成法律信仰的程度。相当多的人对法律与司法的认知十分有限,对法律的社会作用认识不够,无法形成对司法过程与结果的客观理性评价。"人们拿起法律武器来维护自己的合法权益,但并不相信法律权威,在诉求没有被满足的时候,或者说自己的预期没有达到的时候,往往采用更激烈的方式去实现自己认为的公正。"[3]近年来,涉诉信访案件不断增加,尽管各级政府和司法机关多次展开对涉诉信访问题的专项治理工作,但效果不佳,特别是每年的两会及党代会期间,成为涉诉涉法信访的高峰期,严重地干扰了党和政府正常的工作秩序。大量的涉诉涉法信访案件的存在,说明老百姓缺乏法律信仰以及对司法的不信任。

2. 法官的社会地位

法官的社会地位也是法院在国家的权力架构中地位的反映。司法公信力本质上表现为司法与公众之间的互动关系,主要指社会公众对于司法公正性、权威性的评价以及对于司法的总体信服度,是司法机关根据自身对法律和事实裁定的信用所获得的社会公众信任的程度,它反映了社会公众对司法机关的主观评价、心理反应和价值判断。"在司法过程中,作为沟通理性而冰冷的制度和感性而纷杂的现实的唯一桥梁,法官作为唯一温暖的人性因素的代表,其作用常常超出想象。法官是法律的实施者,其一言一行关系着法律的尊严,法官形象在很多场合就是法院形象的具体化。在民众的眼里,法官就是司法机关的化身,是法律的化身,法官在整个司法活动中处于核心地位,其形象就代表了司法的形象。从

---

[1] 卢梭:《社会契约论》,何兆武译,北京:商务印书馆,1980年,第20页。
[2] 陈晓芬译注:《论语》,北京:中华书局,2016年,第159页。
[3] 石东洋,刘新秀:《基层法院之司法公信力》,《人民法院报》2013年5月10日,第7版。

司法公信力载体来看,司法公信力是通过法院和法官的公信力来实现的。抽象的法律规则要得到社会的认同,必须借助于法官这样的司法主体,司法公信力的人格载体是由法官来承担的。"[1]因此,法官在社会中地位的高低,直接影响到公众对司法公信力的评价。

2014年1月7日,习近平总书记在中央政法工作会议上的讲话中指出,"司法权属于中央事权",从此开启了司法改革的新征程。"我国是单一制国家,司法权从根本上说是中央事权。各地法院不是地方的法院,而是国家设在地方代表国家行使审判权的法院。"[2]党的十八届三中全会决定提出:"推动省以下地方法院、检察院人财物统一管理,探索建立与行政区划适当分离的司法管辖制度,保证国家法律统一正确实施。"中共中央关于司法权属的确认为司法改革定准了基调。自此,法院、检察院真正独立于地方政府,免受地方行政权的干预,法院的司法地位得到了极大的提升,法官的社会地位相应得到了提高,法官不再是一个普通的公务员,而是一个保障着社会公正的司法裁判者,是社会正义的化身。法官社会地位的提高直接影响着公众对国家司法公信力满意度的评判。

自20世纪中期以来,随着尼采的"上帝死了"口号的提出,整个西方世界一直引以为傲的公众对法律的信仰也出现危机。司法公信力缺失是一个公认的世界性难题。但在任何环境下,法官对于法律都必须有坚定的信仰,法官对于法律的信仰有着引领社会公众全体树立对于法律的信仰的作用,其既是公众对国家司法充满信心的标志,也是一个国家法治建设成功的标志。

---

[1] 王杰兵:《法官地位重塑与司法公信力提升》,《人民法院报》,2013年6月7日,第7版。
[2] 《中国的司法权从根本上说是中央事权》,《人民日报》,2014年1月22日。

第二章

司法公信力的历史沿革及其功能价值研究

一、大历史视界下的司法公信力的历史变迁

中国具有悠久的历史文化传统,在这漫长的历史文化长河中,司法文化具有鲜明的中国特色,司法公信力的内涵也随着历史的变迁不断地更新,经历了从传统到现代的历史演绎过程。本章聚焦于对司法公信力历史过程的考察,将我国各个历史阶段的司法状况进行梳理、比较,以便在司法制度的历史沿革中窥见司法公信力的整个历史发展过程。

(一) 西周春秋的礼治主义——司法公信雏形

"礼"是中国最早的规则体系,也是古老中国的一种社会现象,贯穿于整个古代社会,有关礼的观念与学说是中国传统文化的核心。礼的系统化、规范化,始于西周的周公制礼。《左传·文公十八年》所载的"先君周公制周礼"为这一重大的历史活动提供了难得的史证。周公制礼的实质,是确立贵贱尊卑的等级秩序和制度,周公制礼使得君臣有位,尊卑有等,贵贱有别,长幼有序,用"礼"将一整套的等级制度法律化、制度化了。通过礼作用于整个社会,社会各个阶级、阶层安于遵礼、奉礼、行礼,各自努力通过礼制实现自己的权利,履行自己的义务,不做非分之想、不做非礼之事,更用礼节来遏制人欲的贪求。为政者以最高的礼制标准要求自己,把自己装扮成礼的标准的道德化身,进而实现"为政以德,譬如北辰,居其所而众星共之"[1]的政治统治效果。

在西周及春秋大部分时期,礼治主义已经内化为该时段的民族精神,支配着官方及普通民众的视听言行,官方统治者用礼统治民众,普通民众用礼的标准来评价官方的统治行为,统治者权力的公信来自统治者对礼的自觉模范的遵守。如果统治者不遵礼、行礼,不仅会导致统治权威的丧失,其统治权力的公信力也将荡然无存,对社会的治理权力失去合法性与正当性。

该时段礼的长期统治尽管培育了中国古代的道德政治观念,促进了伦理道德观念的形成,体现了中国古代普遍的心理状态与思维方式,成为一种理想的价值取向,有着积极的历史意义,但也不可避免地桎梏了人之为人的自然本性,"造成了中华民族崇古尚祖的保守心态,使得礼治文化成为巨大的历史惰性,严重阻碍了社会改革,即使是勇敢的有作为的改革家,也被迫借祖宗先王之名,以减少改革的阻力"[2]。

---

[1] 陈晓芬译注:《论语·为政篇第二》,北京:中华书局,2016年,第11页。
[2] 张晋藩:《中国法律的传统与近代转型》,北京:法律出版社,1997年,第21页。

(二)先秦法家的法治主义——司法公信力的昙花一现

先秦是中国各种思想的蓬勃发展时期,其中法家思想的发展尤为重要。所谓"法家"泛指这样的一个群体:独持依法治国的理念,反对儒家的伦理规则理论,"不别亲疏,不殊贵贱,一断于法"①。其思想盛行于战国中后期(公元前4至前3世纪),主要指先秦法家的共同体,管仲、子产、李悝、商鞅、慎到、申不害、韩非、李斯是他们中最杰出的代表。

法家之所以被称为法家,乃是其强调治国之道是通过国家的法律来实现,即以"法"治国,这也是与儒家强调的以"礼"治国最大的不同之处。在中国历史从春秋进入到战国时代以后,由于儒家所提倡的"礼教"缺乏强制力,无法维持社会的基本秩序,而"导致社会贫困差距的扩大及封建制度的瓦解,故集权专制乃逐渐建立,故法家顺应时势之所趋应运而生。而当时的法家之所以受到特别之重视,乃是由于他们的目标放在富国强兵之上,主张富强必奠基于法治之基础。而富国强兵更是当时各国得以生存不被他国兼并的最重要的方法。所以,法家思想明显可见是依循着当时恶劣的历史政治环境现实所产生的'救亡图存'之道"②。

传统法家法治思想中首先强调严格执法的原则,即"信赏必罚",商鞅"徙木立信"的故事成为法家严格执法的典范,通过严格执法,使司法的公信力深入民心;其次是法家所奉行的法的平等适用原则,在实际执法时,要具有公平公正的精神,对任何人都要一律平等。详细地说,不分地位高低贵贱,不分才能平庸贤智,都一视同仁。所以韩非说:"不辟尊贵,不就卑贱。故行之而法者,虽巷伯信乎卿相;行之而非法者,虽大吏诎乎民萌。"③"法不阿贵,绳不挠曲。法之所加,智者弗能辞,勇者弗敢争。刑过不避大臣,赏善不遗匹夫。"④"人主使人臣虽有智能,不得背法而专制;虽有贤行,不得逾功而先劳;虽有忠信,不得释法而不禁。"⑤由于秦孝公能重用商鞅这样的法家人物,法家的主张在秦国得到贯彻落实,国家的法律具有极大的公信力,但所以秦始皇能最终统一六国。司马迁评论道:"行之十年,秦民大说,道不拾遗,山无盗贼,家给人足。民勇于公战,怯于私

① 司马迁:《史记》,北京:北京联合出版公司,2017年,第3071页。

② 翁岳生教授祝寿论文编辑委员会:《当代公法新论(上)翁岳生教授七秩诞辰祝寿论文集》,台北:元照出版公司,2002年,第672页。

③ 韩非:《韩非子全译·难一》,贵阳:贵州人民出版社,1992年,第811页。

④ 韩非:《韩非子全译·有度》,贵阳:贵州人民出版社,1992年,第75页。

⑤ 韩非:《韩非子全译·南面》,贵阳:贵州人民出版社,1992年,第238页。

斗,乡邑大治。"①

我们也应该看到,传统法家依靠严格执行国家的法律,使国家的司法取得了一定的公信力,但从现代法治观点看,这种公信力是有缺陷的。民众之所以能自觉遵守法律,总体而言,不是国家司法公信力的力量,而是法的威慑功能所致的结果。例如,商鞅认为:"故以刑治则民威,民威则无奸,无奸则民安其所乐。以义教则民纵,民纵则乱,乱则民伤其所恶。""吾所谓利者,义之本也;而世所谓义者,暴之道也。夫正民者,以其所恶,必终其所好;以其所好,必败其所恶。""夫利天下之民者莫大于治,而治莫康于立君,立君之道莫广于胜法,胜法之务莫急于去奸,去奸之本莫深于严刑。故王者以赏禁,以刑劝;求过不求善,藉刑以去刑。"②商君通过严刑峻法,使民众不敢再犯,达到杀一儆百的刑罚效果。国家适用法律且使用最严厉的法律来使臣民的精神绷紧到极限,他们就不敢轻易违法。就此而言,法家的法治,无异于高压的恐怖政治,不是通过司法本身的公信让民众对国家司法产生信赖感,而是以刻薄寡恩的刑罚让民众产生畏惧,进而使国家的法律得到实施,这与近现代的法治有着明显的不同。

(三) 从西汉到清末——司法公信维系于"知县青天"一人的廉政

汉武帝确立儒家思想为国家的统治思想以后,经学迅速发展,但同时本着外儒内法的政策,国家也重视立法,"外儒内法"是汉初统治者综合儒法两家之长的经典概括。同时,引经决狱亦自两汉始,经过七百余年的发展,至唐朝才逐渐衰落。两汉开辟了引礼入法的多种渠道,为礼入于法、礼法结合创造了有利条件,魏晋至唐沿着两汉的路线完成了历史性的礼法结合,将中国法律史推向了一个具有划时代意义的阶段,至此中国形成了具有自己鲜明特色的中华法系。自唐以后,宋元明清沿着唐朝的国家治理的路径一路前行,直到清末的法律变革才告终止。

这种礼法结合的法律形式也带来了一个负面的后果:"中国两千年来,以道德代替法制,至明代而极,这就是一切问题的症结。"③国家的司法公信不是依赖于法律制度的建设,而是维系于个别知县官员的严格执法所形成的道德楷模的力量,北宋时期的包拯就是最好的范例。如此执法如山的青天在整个封建社会只具有典型性,而不具有普遍性,所产生的司法公信的力量只能是有限的,整个

---

① 司马迁:《史记》,长沙:岳麓书社,1988年,第522页。
② 商鞅:《商君书全译》,张觉译注,贵阳:贵州人民出版社,1993年,第102页。
③ 黄仁宇:《万历十五年》,北京:生活·读书·新知三联书店,2006年,第4页。

国家的司法制度不能让民众产生信赖感,他们对司法的预期是消极的,除非他们运气好碰到如包拯似的"青天"。因为封建社会大多数的官员发自内心相信道德在社会治理中的决定性作用,严格执法不适合于当时中国国情,明朝模范司法官僚海瑞就是最好的例证。和很多官僚不同,海瑞不相信治国的根本大计是在上层悬挂一个抽象的、至善至美的道德标准,而责成下面的人在可能的范围内照办,行不通就打折扣。而他的尊重法律,是按照规定的最高限度执行。在法律教条文字不及之处,他主张忠实地体会法律的精神,不能因为条文的缺漏含糊就可以忽略。但是,这样严格执法的法官在当时的官场及社会中被视为"异类"。"海瑞从政二十多年的生活,充满了各种各样的纠纷。他的信条和个性使他既被人尊重,也被人遗弃。就是说,他虽然被人仰慕,但是没有人按照他的榜样办事,他的一生体现了一个有教养的读书人服务于公众而牺牲自我的精神,但这种精神的实际作用却至为微薄。他可以和舞台上的英雄人物一样,在情绪上激动大多数的观众;但是人们评价他的政治措施,却不仅意见分歧,而且分歧的程度极大。在各种争议中最容易找出的一个共通的结论,就是他的所作所为无法被接受为全体文官们办事的准则。"[①]

海瑞的悲剧在封建时代具有典型性。他的严格执法给国家的司法增加了一定的公信力,但是其积极的影响是微弱的。"因为,我们的帝国在制度上存在的困难是:以熟读诗书的文人治理农民,他们不可能改进这个司法制度,更谈不上保障人权,法律的执行和解释离不开传统的伦理,组织上也没有对付复杂的因素和多元关系的能力。"[②]因此海瑞型的"青天官僚"的个人道德之长,仍不能补救组织和技术之短。

(四)清末民初——开启了近代司法民主与公信的序幕

至清末民初,中国司法呈现出一个新的格局:外部由于西方列强攫取了中国的领事裁判权,中国的司法主权不能独立;内部政府腐败加剧,国家到了国将不国的边缘。在这内忧外患的艰难处境中,"稍知大体者,咸以养成法治国家为要图"。[③] 以沈家本为代表的法律人正视急剧变化的中国社会现实和世界发展的潮流,在清政府的支持下,坚持改革法制必须采取会通中西的原则。为此,他积极组织力量翻译西方国家的法律,聘请西方国家的法律专家参与立法工作。在他主持修律的短短几年内,制定出了具有资本主义性质的法典法规。尽管清末

---

① 黄仁宇:《万历十五年》,北京:生活·读书·新知三联书店,2006年,第156页。
② 黄仁宇:《万历十五年》,北京:生活·读书·新知三联书店,2006年,第157页。
③ 梁启超:《饮冰室合集文集之二十九》,北京:中华书局,1989年,第121页。

修律存在很多问题,但是它第一次打破了延续两千多年的封建专制主义的法律体系,在中华民族的法制历史上,具有划时代的意义。自此,中国传统的封建法系解体了,开始仿照大陆法系的架构建立中国近代的法律体系。1906年由法部制定了《大理院审判编制法》,1907年9月法律馆又编成了《法院编制法》,在该法16章164条中规定:"凡机体之设备,审级之制度,官吏之职掌,监督之权限,一一赅载",其中明确规定了行政主官及检察官不得"干涉推事之审判"。"自此颁布《法院编制法》后,所有司法之行政事务,著法部认真督理,审判事务著大理院以下审判各衙门,各按国家法律审理。从前部、院权限未清之处,即著遵照此次奏定各节,切实划分。""嗣后各审判衙门,朝廷既予以独立执法之权,行政各官即不准违法干涉。"[①]尽管这种效仿西方法制的制度改革在清廷礼教派与西方列强的双重蹂躏下不能不流于形式,司法独立与公信只是停留在文字层面的宣示,但是它在客观上也促进了中国由封建司法向近代司法的转变,具有积极的历史意义。

辛亥革命以后,孙中山在南京成立中央临时政府,颁布了《临时中央裁判所官职令草案》《法官考试委员会官职令》《法官考试令》《律师法草案》等司法性文件,实行审判独立、检审分离以及辩护等现代司法制度,体现了资产阶级民主共和国自由、平等的思想理念,从而真正开启了近代司法民主与公信的序幕,普通民众对司法公正的意识开始觉醒。但是南京临时政府存在的时间极短,其司法系统没有得以建立就被"北京政府"所代替。资产阶级自由、民主的价值追求很快被军阀独裁统治扼杀在摇篮中。在频繁的军阀征战中,中国的司法状况混乱不堪,政权频繁的更迭更使司法公信没有任何的社会基础保障。

(五)从1927年大革命到新中国成立——我党建立起革命性司法公信力

大革命时期,"北京政府"的司法体制基本上形同虚设,由于各地农民运动蓬勃发展,彼时的基层司法官员往往是称霸一方的土豪劣绅,司法主体、制度、组织距离现代意义的司法体制相去甚远。但是应该看到,中国的封建司法自此完全瓦解,由此为开端,中国的近代司法制度开始在农村生根发芽,并迅速扩张。自1927年起,中国共产党在全国建立了多个农村革命根据地,实行工农民主,新生的苏维埃政权根据本地情况建立起了各自的司法体制,革命的司法机关也随之创建。红色政权下的司法体制实行司法与行政合一制,司法人员多是来自基层的工农群众,不具有职业化特征,审判往往与肃反、惩治反革命等政治性词汇等

---

① 史宝安:《大清宣统政纪》卷二八,北京:中华书局,2008年。

同,散发着浓厚的革命气息。在这段时期,司法审判与检察制度的主要任务是建立革命秩序、树立革命政权的公信力,其所实行的人民陪审、公开审判以及巡回审判都带有革命司法的印记,在那个特定的历史时期,这样的司法体制对于团结广大工农群众、壮大农村革命政权具有积极作用。[1]

抗日战争时期,各地抗日民主政府依据党的人民共和国的理论和抗日民族统一战线的政策,继承苏区人民司法的优良传统,围绕"创造与建立适合于新民主主义政治的人民大众的司法制度"的目标,建立了根本区别于剥削阶级的新民主主义的司法制度,并在司法实践中得到全面、认真的贯彻执行,取得了极其重大的成就。"1942年至1945年各级司法机关处理的刑事案件达到35 313起,涉诉的民事案件,甚至历史上遗留下来的缠讼经年的民事案件,经过司法机关的依法断处,都得到了公平合理的解决。由于刑事案件的减少和民事案件的妥善处理,各抗日根据地出现了历史上少有的夜不闭户、邻里和睦的景象,社会秩序空前安定。"[2]在国民党独裁统治之下的城市地区,司法呈现出浓厚的封建残余与官僚专制色彩,其本质是保护地主、买办、大资产阶级的利益,民众苦不堪言,司法公正自无从体现;而在广大的农村革命根据地,司法制度的构建却取得了令人瞩目的成就,普遍实行三级三审制、陪审制度等。陕甘宁边区政府要求"司法机关审判案件时,须切实照顾边区人民生活,切实调查研究案件的具体情况";1943年《晋冀鲁豫边区高等法院工作报告》指出:司法工作要科学化,倡导实事求是,反对形式主义。我国新民主主义法治建设到了抗日战争中期进入了成熟的发展时期,这个时期的法治建设充分地体现了马克思主义的法律学说同中国革命司法实际的紧密结合,马锡五审判方式的出现就是这种结合在审判工作中的典型范例。其主要特点可以概括为:"第一,深入基层,调查研究,彻底判明案件真相;第二,就地审判,不拘形式,在群众参加下处理案件;第三,简便手续,便利人民诉讼。"[3]马锡五审判方式在陕甘宁边区和其他抗日根据地的普遍推广,产生了巨大的积极影响。它有力地涤荡了旧司法对抗日根据地的不良影响,扫除了脱离群众、脱离实际的教条主义和主观主义的思想作风,人民群众得以直接参与行使司法权,使司法在群众中建立了极大的公信力。

---

[1] 高铭暄,陈璐:《略论司法公信力的历史沿革与实现途径——谨以此文纪念〈法学杂志〉创刊三十周年》,《法学杂志》,2010年第7期。

[2] 张希坡,韩延龙:《中国革命法制史 1921—1949(上)》,北京:中国社会科学出版社,1987年,第424页。

[3] 张希坡,韩延龙:《中国革命法制史 1921—1949(上)》,北京:中国社会科学出版社,1987年,第507页。

解放战争初期,除东北解放区之外,其他解放区基本沿用抗日根据地的司法建制。随着人民解放战争不断取得胜利,各解放区逐渐连成一片,大解放区人民政府相继成立,相应地建立了大解放区的司法机关,在东北称为最高人民法院东北分院,在华北称为华北人民法院,它们都是大解放区人民政府的组成部分。同时,为了保证土地改革的顺利进行,执行1947年10月10日颁行的《中国土地法大纲》,各解放区先后成立了人民法庭,或设于县和区,或设于区和村,专门处理土地改革中的案件,为解放农村生产力,消灭封建剥削制度残余提供了法律制裁途径;设立军事法庭和特别法庭,审判战犯以及汉奸卖国贼,彻底肃清敌伪残余势力。此外,这一时期的纲领性文件也对司法原则作了规定,例如陕甘宁边区政府制定的《陕甘宁边区宪法原则》规定:"除司法机关、公安机关依法执行职务外,任何机关、团体不得有逮捕审讯的行为。人民有不论用何种方法控告失职的任何公务人员之权,对犯法人采用感化主义。"在司法制度上,确立了"各级司法机关独立行使职权,除服从法律外,不受任何干涉"的原则。这项规定按照林伯渠在第三届参议会上的政府工作报告的解释,就是"司法机关对法律负责,进行独立审判,不受任何地方行政的干涉"①。虽然这些司法实践体现了革命战争时期司法附属于、服务于政权建设的鲜明特色,但是其中蕴藏的精神与价值都是建立现代司法公信力的初步经验,为新中国确立司法领导体制提供了直接经验。

(六) 新中国成立后到现今——司法公信的继续、中断与重建

新中国成立之初的司法制度吸收了抗日战争、解放战争期间我们党在领导司法工作中所积累的经验,进一步实行人民司法。1949年《中国人民政治协商会议共同纲领》第十七条规定:"废除国民党反动政府一切压迫人民的法律、法令和司法制度,制定保护人民的法律、法令,建立人民司法制度。""什么叫人民司法?这问题虽然议论得很多,但司法工作者中相当多的一部分人员仍未弄清楚。人民司法的基本精神,是要把马(克思)、恩(格斯)、列(宁)、斯(大林)的观点和毛泽东思想贯彻到司法工作中去。人民司法基本观点之一是群众观点,与群众联系,为人民服务,保障社会秩序,维护人民的正当权益。"②"人民司法工作者必须站稳人民的立场,全心全意地运用人民司法这个武器,尽可能采取最便利于人民的方法解决人民要求我们解决的问题。一切这样办了的,人民就拥护我们,不然人民就反对我们。"③"我们现时政法工作的任务,就是要继续巩固人民民主专

---

① 杨永华,方克勤:《陕甘宁边区法制史稿》,北京:法律出版社,1990年。
② 董必武:《董必武政治法律文集》,北京:法律出版社,1986年,第117页。
③ 董必武:《董必武政治法律文集》,北京:法律出版社,1986年,第275页。

政,继续改善我们国家的政治生活,进一步加强立法工作,健全我们国家的法制,更紧密地团结全国的广大人民来共同建设社会主义,同时更有效地同社会主义的敌人进行坚决的斗争。因此,教育我们的干部和人民群众严格遵守法制,也就成为今后国家工作中的重要一环。"[①]在人民司法原则的指导下,这一时期法治建设成果令人欣喜,司法机构建制已初具规模,成立了最高人民法院、最高人民检察署和中央人民政府法制委员会,并相继颁布了《中华人民共和国人民法院暂行组织条例》《中华人民共和国人民法院组织法》等司法性文件,司法的公信程度伴随着新中国的成长在人民心目中迅速扎根。

从1957年下半年到1966年,是中国法治建设停滞阶段。1957年的反右派运动,使我国的司法制度建设在错误的政治运动中经历了曲折与倒退,司法权威与公信力遭遇了重大挫折。这一时期的指导思想漠视法律的作用,崇尚人治,批判1954年颁布的《中华人民共和国宪法》和《中华人民共和国人民法院组织法》《中华人民共和国人民检察院组织法》所规定的各项司法制度,并最终在"文革"中酿成砸烂公、检、法这种极端摧残中国法治的举动,直接造成了国家司法体制瘫痪的后果。在那个法律虚无主义的年代,司法公信被轰轰烈烈的群众专政所淹没。

1966年到1976年,是中国法治建设遭到破坏的阶段,在这一时期,不受制约的人治使中国社会进入了非正常运行的轨道,中国被推入了十年浩劫的"文革"时期,法治在"造反有理"和"砸烂公检法"口号下遭到彻底破坏,民主与法治不复存在,更谈不上司法的公信力了。

1976年至今,是司法公信力的重建时期。随着"十年浩劫"的结束,国家治理开始走上正常轨道。1978年最高人民法院召开第八次全国人民司法工作会议,提出社会主义司法原则和新时期司法工作的任务,对司法工作进行拨乱反正,我国的司法工作才逐渐步入正轨。在"思想解放"运动的推动下,通过对历史的深刻反思和批判以及对其他国家经验的借鉴和对世界发展趋势的客观分析,国人悟出了一个道理,即社会的发展和稳定必须依靠法治。自此,中国的法治事业在"文革"的废墟上开始进入重建时期,并取得了历史性的进步。1997年党的十五大报告对依法治国方略作了明确阐述,并将其作为国家建设的长期目标确定下来;1999年第九届全国人大二次会议通过的宪法修正案正式将依法治国基本方略写进宪法;2007年党的十七大又把建设公正、高效、权威的社会主义司法制度作为全面落实依法治国基本方略的重要途径之一。党的十八届四中全会通过了《中共中央关于全面推进依法治国若干重大问题的决定》,中国的法治建设

---

① 董必武:《董必武政治法律文集》,北京:法律出版社,1986年,第514页。

进入了历史的新纪元,法治的发展发生了质的变化,特别是近年来推进的司法改革运动,国家的法治建设取得了世界瞩目的成就。自此,司法具有公信力成为依法治国、建设社会主义法治国家题中的应有之义,被赋予无比崇高的地位并作为司法体制改革的重大目标之一。

二、司法公信力的功能价值:从工具理性到价值理性

Functional 一词的意思为"有作用的;实用的。指具有或执行某一功能"[①]。《牛津英语大辞典》将功能(function)解释为功能主体在进行某项活动或采取某种行动过程中所发挥的作用或履行的职责。在此意义上,"功能"即意味着"作用",当代德国法理学家伯恩·魏德士就法的功能问题曾这样表述:"在最一般的表述中,法首先是政治共同体用以安排、调整和形成(重构)人类共同生活的必要组织和统治工具。从法的普遍的形成功能中,还可以延伸出其他的功能(保持功能、保障功能、裁判纠纷的功能、满足功能等)。"[②]司法公信力的功能指司法公信力在与外部社会发生作用的过程中所产生的作用价值。考察司法公信力发挥作用的整个过程,可以得出司法公信力的价值功能是:对于司法主体而言——有助于司法权威的实现与扩展;对于民间社会而言——有助于社会诚信体系的构建与完善;对于司法目标而言——有助于社会秩序的形成与维护;对于全体公民而言——有助于法治信仰的培育与养成。

(一)司法主体——司法权威的实现与扩展

司法公信是司法权威的基础。司法的主要功能是裁判纠纷,定分止争。要实现司法的前述功能,其基础性的前提是民众信任司法及自觉地服从司法裁判。"对于社会控制来说,尤其对现代文明条件下的社会控制来说,大概没什么比造就一个法律权威更有效和更经济的了。因为一个社会一旦树立起权威,那就意味着人们的行为不需要太多的社会压力,就会趋向理性的社会合作,在一定意义上来说,现代社会控制的核心问题就是营造一个现实的法律权威。而司法对社会控制总体上来说也是通过确立法律权威来起作用的。"[③]如果司法没有公信力,或者司法的公信力不足,其直接的后果是公民认为司法没有权威性,就不能积极地遵守法律,积极地履行司法裁判所确定的法律上的义务,司法裁判所确认的权利也将变成一纸空文。1995 年 10 月 3 日,当伊藤法官准备公布陪审团对

---

① 薛波:《元照英美法词典》,北京:北京大学出版社,2014 年,第 589 页。
② 伯恩·魏德士:《法理学》,丁晓春等译,北京:法律出版社,2013 年,第 38 页。
③ 程竹汝:《司法改革与政治发展》,北京:中国社会科学出版社,2001 年,第 7 页。

第二章 司法公信力的历史沿革及其功能价值研究

辛普森案的裁决结果时,数以万计的美国人打开了电视机,"总统离开总统办公室加入正看电视的工作人员队伍。另一位有希望的总统候选人,原定于东部时间上午10点宣布是否参加竞选,推迟至判决之后宣布。全国各体育馆都停止了运动。工厂、邮局和医院手术间的工作都停止了。甚至在以色列,赎罪日(Yom Kippur)假期已经开始,为纪念这种神圣的日子是不能看电视的,成千上万的犹太人进入约旦电视台来观看裁判结果"[1]。为什么这么多人关注这个案件,更令人惊奇的是,为什么当法官宣布与观众心中预期相反的裁判结果时,甚至事实上认为辛普森"杀了人"的陪审员合理地裁决辛普森无罪的时候,美国的民众为什么能平静地接受法院这个世纪审判的裁判呢?答案很简单,那是因为法院的司法公信力,正是因为美国法院的司法公信力使美国的司法裁判具有无比的权威,人们尽管心中不服陪审团的裁判,但法院的司法权威让他们接受法律上的裁判。所以,我们说司法公信是司法权威的基础,没有司法公信力,也就没有司法权威。

司法权威是司法公信力的自然结果。按照德国社会学家马克斯·韦伯的观点,司法的权威是一种理性的权威,是一种构建在制度的基础上,并通过制度而获得的司法公信力。这种公信力主要包括两方面的内容:"(1)国家司法机关通过其职权活动在整个社会中建立的公共信用;(2)社会公众普遍地对司法主体、司法行为、司法过程、司法结果、司法制度等所具有的心理信任和心理认同,并对司法结果自觉尊重、遵从的一种社会状态和社会现象。司法公信与司法权威是一个事物的两种发展层次,只有量的不同,没有质的区别。"[2]2000年美国总统大选的两位主角是共和党的小布什(George W. Bush)和民主党的戈尔(Albert Gore)。由于计票纠纷引发了十几桩法律诉讼案,官司从佛罗里达的地方法院一直打到联邦最高法院。在万众瞩目之中,最高法院以5比4作出裁定:"推翻佛州最高法院命令继续人工计票的决定。"法院多数意见认为:"佛州最高法院的判决存在着宪法问题,违反了平等法律保护条款,必须给予上诉一方(布什阵营)补救。最高法院的这一裁决,把小布什送进了白宫,而戈尔尽管获得了比小布什多的全国普选票,但是仍然痛失总统宝座。"[3]一个拥有三亿多国民、上千枚核弹的超级大国,司法公正为何交由九人守护?人们又凭什么信任这九个人的司法能力和职业操守,就是因为在前述案件中,美国人民见证了这些守护公正者们的法治信

---

[1] 艾伦·德肖维茨:《合理的怀疑:辛普森案如何影响美国》,金成波等译,北京:中国法制出版社,2016年,第7页。

[2] 江必新:《法治国家建设与司法公信:以贯彻十八大精神为背景》,北京:人民法院出版社,2013年,第140页。

[3] 北京法院网:《布什诉戈尔案》,https://bjgy.bjcourt.gov.cn/index.shtml,2011年10月9日。

仰和人格魅力。正是一个个案件的公正裁决,积淀了司法的公信力,使司法具有无比的权威。因此,我们可以得出结论:司法权威是司法公信力的自然结果。

(二) 民间社会——社会诚信体系的构建与完善

中共中央总书记、国家主席、中央军委主席、中央全面深化改革领导小组组长习近平2016年6月27日下午主持召开中央全面深化改革领导小组第二十五次会议并发表重要讲话。会议强调:"加快推进对失信被执行人信用监督、警示和惩戒建设,有利于促使被执行人自觉履行生效法律文书决定的义务,提升司法公信力,推进社会诚信体系建设。要建立健全跨部门协同监管和联合惩戒机制,明确限制项目内容,加强信息公开与共享,提高执行查控能力建设,完善失信被执行人名单制度,完善党政机关支持人民法院执行工作制度,构建'一处失信、处处受限'的信用惩戒大格局,让失信者寸步难行。"[1]我国正处于社会的转型时期,由于我国没有经历过市场经济的洗礼,在向市场经济转型的过程中,由于市场体系不完备等原因,致使市场各类信用危机严重。尤其是市场诚信危机引发了其他领域的诚信危机,如官员与学术的腐败,导致政务、司法、学术等失信于民。不履行合同,利用电信诈骗的犯罪大量涌现,法院判决执行难等等,都是社会缺乏诚信的后果所致。

对于市场信用的缺失,对其进行治理的基本思路是通过立法培育信用市场,规制信用中介机构及其征信活动,通过加强刑事立法打击诈骗、拒不执行法院判决犯罪等,由此强制要求市场主体诚信交易,通过立法淘汰失信行为人,为市场机制发挥作用创造条件。因此,我国社会诚信体系建设的切入点在于市场的诚信立法,市场诚信属于社会诚信体系的基础与核心,应通过制度的方式优先解决。但立法只是建构社会诚信体系的基础,提高司法公信力才是科学构建我国社会诚信体系的关键。清代学者张聪贤的《官箴》写道:"吏不畏吾严,而畏吾廉;民不服吾能,而服吾公;公则民不敢慢,廉则吏不敢欺。公生明,廉生威。"司法具有强制性的特征,在社会转型期,一方面通过司法自身的公信力引导公民自觉遵守规则,形成积极守法的习惯;另一方面,通过司法的强制作用,迫使社会不诚信者履行法律义务,使权利人的权利得以实现。

司法与政治、经济、文化和社会生活的各个方面紧密相连,政治、经济、文化和社会生活对司法有着巨大的影响,与此同时,司法对政治、经济、文化和社会生

---

[1] 习近平:《推进社会诚信体系建设 让失信者寸步难行》,https://www.gov.cn/xinwen/2016-06/27/content_5086105.html,2016年6月28日。

活也有巨大的反作用。良好的司法公信力,无疑将对政治、经济、文化和社会生活产生巨大的辐射和带动作用,促使政治、经济、文化和社会生活的方方面面都尊崇诚信,从而有助于促进整体社会诚信体系建设。

总之,司法公信力是社会诚信体系的重要组成部分,也是社会诚信体系建设的起点,没有司法的公信,就没有社会的诚信。通过提高司法公信力来提高社会的诚信度,是构建法治社会的必由之路。

(三) 司法目标——社会秩序的形成与维护

秩序,既可看成是一种既定的状态,即指自然和人类社会的一切事物按一定规律的安排所形成固定的、有规则的合理关系状态,也可以看成是自然、社会运动过程的一致性、连续性和确定性。社会秩序在很大程度上是依赖社会规范建立起来的,而在所有的社会规范中,法的作用是最重要的,因为法律可以建立起一种符合社会需求的强制秩序,这体现出法的社会秩序价值,通过建立和维护有力的社会秩序,来满足人们的社会生活的需要。

在法的众多价值中,秩序价值虽然不是法的最核心的价值,但它是最基础的价值:"首先,秩序是人类生存的基础。人类生活在社会秩序中,是人类能动性的表现,也是人的意义所在;其次,秩序是社会发展的基础。社会稳定与社会发展有着重要关系,而社会稳定的前提就是社会秩序;再次,秩序也是阶级统治的基础。在诸多理想和利益的追求之中,统治阶级时刻以建立、巩固自己的统治秩序为基础;最后,秩序是人们追求自由、平等、效益、人权等目标的基础。法建立和维护一定秩序,往往是保障人们更高价值追求的先决条件。"[①]

宗教、法律和道德都是进行社会控制的工具,对当代社会而言,法律是进行社会控制的最主要的工具。"当社会学家们研究通过各种形式的团体和协会以及社会关系进行社会控制的时候,法学家们不得不考虑社会控制的一种特殊方面,即法律秩序,以便与更广义的有关权利与义务的秩序相区别。"[②]在运用法律控制社会形成有序的社会秩序过程中,立法机关与行政机关不可能对规则进行统一、连贯和理智的适用,在运用法律的过程中,自由裁量是最能配合实现法律秩序的目的的,但是它需要受到培养的理性思维和经过训练的判断能力,立法及执法的官员在这方面的训练都是有缺陷的。只有法官能通过司法实现有效控制社会形成社会秩序的目标。因为,"首先,对于法官司法的法律宣布和判决两项

---

① 卓泽渊:《法理学》,北京:法律出版社,2004年,第133页。
② 罗斯科·庞德:《法理学》(第二卷),封丽霞译,北京:法律出版社,2007年,第280页。

职能来说,它结合了确定性和灵活性两种可能,这比其他任何形式的司法行为(主要指立法和执法机关)都要优越;其次,在法官司法的过程中,法官的权力有着立法者和行政官员的权力不能获得或不能有效获得的控制;第三,法官将根据法律而不是外界的刺激、一般舆论和地方阻力来进行判决"①。因此,法官司法长期以来一直被证明是在众多的控制手段中最为可靠的一种。美国独立战争期间及以后,一些忠于政府的人所主张的"立法先行"与法官即使在受到民众报复威胁下仍然坚定不移地维护他们的法定权利的做法就是一组对比。南非共和国针对外国人的立法和行政措施与首席大法官科茨(Kotze)面对总统专横任意的干扰所表现出来的坚决维护法律的态度也形成了鲜明的对比。

因此,具有公信力的司法是维护社会正义的重要机制,法治已经成为人们的一种生活方式。在现今的世界,每个文明的国家无不通过司法制度的设计让权利受到侵害者容易接近司法,司法机关也成为人们寻求权利救济的最信赖的机构。"在20世纪,法律逐渐以新的面孔出现,成了弱者的保护者,成了人们获得社会公正的工具和对抗大公司和大企业的武器。人们深刻地意识到,在以实现人人平等的美好理想为制度目标的社会中,在一个由规则而不是由暴力统治的社会里,法律是一种重要的资源,代表具有象征性的权力并代表着现行的社会秩序结构,因而法律代表着权威。"②在由规则统治的社会里,法律不仅代表着象征性的权威,更代表着现行的社会秩序,良好的司法公信力会对整个社会秩序的建构和维护发挥极其重要的作用。

(四) 全体公民——法治信仰的培育与养成

信仰一词最早与宗教相关联,对法治的信仰这句格言是从对宗教的信仰移植而来,表明了法治与信仰的关系恰如宗教与信仰的关系一样密切。纵观西方的历史,宗教对法律的影响巨大,呈现为一种同构的关系:"它们之间互相渗透,任何一种法律制度与宗教共享某种要素——仪式、传统、权威和普遍性。人们的法律情感赖此得以培养和外化。否则,法律将退化为僵死的教条。同样,任何一种宗教内部也都具有法律的要素,没有这些,它就会退化成为私人的狂信。"③

基督教的历史也是西方法律同步发展的历史:由于基督教的影响,古典时期以后的罗马法改革了家庭法,在六、七、八世纪查士丁尼及其后继者编订了庞大

---

① 罗斯科·庞德:《法理学》(第二卷),封丽霞译,北京:法律出版社,2007年,第365页。
② 萨利·安格尔·梅丽:《诉讼的话语:生活在美国社会底层人的法律意识》,郭星华等译,北京:北京大学出版社,2007年,第240页。
③ 伯尔曼:《法律与宗教》,梁治平译,北京:中国政法大学出版社,2003年,第40页。

的法律汇编,这种做法也是受到了这样的鼓舞,即基督教要求法律的系统化;十一世纪末到十二世纪初,西方世界产生了一个等级教会,一个只服从于罗马主教绝对专制权威的法律实体,也产生出了一种适用于教会的新法律,同时也产生出各种适用于各个王国的新型法律;十六世纪后,西方法获得了新生,是基于这样的新教观:凭借上帝的恩宠,个人具有通过运用其意志来改变社会的能力,新教这种个人意志的观念成为近代财产法和契约法发展的核心。宗教中体现了法律的原则,法律中也蕴含着宗教的教条,法律最终以道德为基础,而道德最终建立在宗教之上。"正如没有宗教的法律会丧失它的神圣性和原动力一样,没有法律的宗教将失去其社会性和历史性,变成为纯粹个人的神秘体验。法律和宗教乃是人类经验的两个不同方面,但它们各自都是对方的一个方面。它们一荣俱荣,一损俱损。"[①]对宗教的信仰培育了对法治的信仰,像信仰宗教一样信仰法治,这是西方法治的成长模式,也是西方法治成功的奥秘所在。

人们对法律的信仰和对司法的信仰有着逻辑的互动关系。"法律只有在受到信任并且因而并不要求强制力的时候,才是有效的;依法统治者无须处处都依赖警察……总之,真正能阻止犯罪的乃是守法的传统,这种传统又根植于一种深切而热烈的信念之中。"[②]我国与西方国家不同,没有基督教信仰的宗教传统,如何让我们的人民对司法产生认同感、归属感和依赖感呢?那么我们的法律信仰源泉在哪里呢?答案很简单,这种信仰只能来源于公正的司法。在司法公信力处于良好的状态下,人们就会亲近法律,就会相信司法途径是有效解决矛盾纠纷的重要途径,法律就容易被内化和升华为人们心中的一种传统和精神,一旦绝大多数公民心中有了法律精神,并用法律精神来指引自己的行为,社会整体的法律信仰便油然而生。人们的权利主张依赖于法律,而"司法最终救济"又是法定权利实现的重要途径,人们对法律的信仰,无疑会促成社会对司法信仰的形成,而对司法信仰的形成又反过来进一步加强了人们对法律的信仰,因为司法无非是法院将法律适用于具体案件的活动。因此,人们对法律的信仰和对司法的信仰是相互影响、相互作用的,二者具有逻辑的互动关系。

因此,是司法本身的公正让人们相信法治的力量。如果司法丧失公信力,那么人们对司法乃至法律的信仰也无从谈起。所以司法公信力对于人们的权利意识和对法律信仰的培育有着极其重要的意义。

[①] 伯尔曼:《法律与宗教》,梁治平译,北京:中国政法大学出版社,2003年,第68页。
[②] 伯尔曼:《法律与宗教》,梁治平译,北京:中国政法大学出版社,2003年,第47页。

第三章

司法公信力现状的实证研究——以江苏为考察样本

党的十八大以来,特别是党的十八届四中全会以来,我国全面推进依法治国,在改革发展稳定、内政外交国防、治党治国治军的过程中不断强调法治的重要意义,无不以法治为框架、用法治作支撑、由法治来贯穿,开启了构建中国特色社会主义法治体系和建设社会主义法治国家的新征程。江苏省作为我国的经济、文化强省,毫无例外地以法治建设为引领,将各项工作纳入法治轨道,取得了丰硕的改革成果。

从2013年开始,我省法院系统以提高司法公信力为司法改革的根本目标,进行了全方位的司法改革。在经历了十年多的改革后,法院是否能得到人民的普遍信任,法院裁决是否能得到当事人的自觉服从,这些问题是评价司法公信力的重要标准。江苏省作为改革的排头兵,其司法公信力现状究竟如何,司法改革的得与失如何?为客观考察以上问题,本课题组把对江苏司法公信力现状的实证研究分为两大板块展开,一方面,针对法院工作人员、涉案当事人、社会公众三类不同对象,分别设计了三份不同的调查问卷,力求通过问卷统计出来的数据探究江苏省司法公信力现状;另一方面,对从2013年到2022年江苏法院的司法统计数据进行大数据分析,通过分析具体的司法数据勾勒出司法裁判公正、效率与效果的总体轮廓,进而得出十年司法改革的成效与缺憾,为进一步提升江苏司法公信力提供对策建议。

一、问卷调查:江苏司法公信力的主观印象

(一)法院自我的内部评价:对司法权运行过程及结果的考察

人民法院是司法权运行的主体,是司法活动的重要参与者。在司法公信力的评判中,其中一个重要的维度就是司法系统自我认知与社会公众的期待之间的契合程度,因此对法院系统进行评估就相当有必要。一方面,法院法官的法学素养较高,不论是对国家有关法治改革的文件的解读,或是对法律专业知识的理解,相较普通社会大众而言理解程度更深,对法治改革的方向把握也更为准确,故在司法公信力现状的考察中可以将司法实务界人士的自我认知作为观察视角;另一方面,党和国家进行改革的最终目的是服务人民,提升社会成员的生活水准,尤其在"四个全面"的战略布局中,全面依法治国为全面建成小康社会这一战略目标提供基本动力、基本支撑、基本保障,为确保人民的合法权益不受侵害,在实现中国梦的进程中必须提供司法保障。既然改革的成果应当由人民来评鉴,法治程度的评价中就应当关注公众对司法现状的意见。在这二者间,一方是司法服务的提供者,另一方是司法服务的享用者,他们的认知差别就是司法公信力的缺憾部分。

针对法院的法官,课题组制定了如下调查问卷,该问卷共 21 个问题,内容主要包含司法权运行过程与运行结果两大方面,具体又可分为:在司法权运行过程中,考察法官对全省司法现状的自我认知,在便民、公开等方面的司法服务水平现状,以及在保障诉权、保持中立、司法廉洁等角度反映出的个案程序公正状况;在司法权运行结果中,评估案件经审理的判决与执行效果。

该类问卷面向 50 位江苏省内各地各级人民法院法官发放,共收回 50 份有效问卷,有效率为 100%。

问卷1:针对法官的调查问卷

1. 您认为江苏省司法公信力在我国各省市区(港澳台地区未统计)中排名如何?	A. 排名前列(1~5名)	B. 比较靠前(6~10名)	C. 中等位置(11~25名)	D. 排名靠后(26~31名)
2. 您认为江苏省司法公信力相较前些年有何变化?	A. 大幅提升	B. 略有提升	C. 变化不明显	D. 有所下降
3. 您认为江苏省法治水平如何?	A. 非常高	B. 比较高	C. 一般	D. 较差
4. 您认为江苏省法官的履职能力如何?	A. 非常高	B. 比较高	C. 一般	D. 较差
5. 您在总体上如何评价江苏省各法院的便民利民诉讼工作?	A. 非常好	B. 比较好	C. 一般	D. 较差
6. 您认为江苏省各法院诉讼服务设施是否齐备?	A. 齐备	B. 基本齐备	C. 不齐备	/
7. 您认为在江苏省,当事人获取诉讼信息的难易程度如何?	A. 总是能及时获取	B. 基本上能及时获取	C. 获取较难或获得迟缓	D. 总是难以及时获取
8. 您在总体上如何评价江苏省各法院的司法公开工作?	A. 非常好	B. 比较好	C. 一般	D. 较差
9. 您认为江苏省司法公开范围中哪几项还需要提升?(多选)	A. 立案公开 E. 文书公开	B. 庭审公开 F. 审务公开	C. 执行公开 /	D. 听证公开 /
10. 您认为江苏省各法院在诉权保障方面的工作开展得如何?	A. 非常好	B. 比较好	C. 一般	D. 较差
11. 您在总体上如何评价江苏省各法院在文书送达方面的工作?	A. 及时高效准确	B. 按期送达	C. 大部分能送达	D. 未送达率高

续表

问卷1：针对法官的调查问卷			
12. 您是否能在一般的审限内完成案件审判？	A. 总是可以	B. 大部分案件可以	C. 较少案件可以	D. 都需要延长审限
13. 您认为哪些方面可能严重影响诉讼效率的提升？（任选）	A. 当事人诉讼能力低	B. 当事人滥用诉权	C. 送达、取证周期长	D. 案多人少
	E. 新型案件层出不穷	F. 审判管理工作严格复杂	G. 疲于应付各类绩效考核	H. 审判与辅助工作划分不清
14. 在案件审判过程中，您是否经历过外界因素干扰审判的情形？	A. 从未经历	B. 少部分案件	C. 大部分案件	D. 几乎所有案件
15. 您认为江苏省各级法院的司法规范总体情形如何？	A. 非常规范	B. 比较规范	C. 基本规范	D. 不规范
16. 您在审判过程中是否能够准时开庭？	A. 总是准时	B. 绝大多数可以准时	C. 偶尔能够准时	D. 几乎不准时
17. 您认为江苏省各法院是否还存在吃拿卡要、违规收费的现象？	A. 没有	B. 极少存在	C. 大量存在	D. 通过其他方式收取
18. 对于案件的处理，您倾向于何种结案方式？	A. 司法审判	B. 调解	C. 和解	/
19. 结合上题您所选择的结案方式，倘若您是案件的当事人，您能够接受这样的处理结果吗？	A. 完全接受	B. 勉强可以接受	C. 难以接受	/
20. 在您工作的法院，近3年的被改判发回重审率平均是多少？	A. 10%以上	B. 5%～10%	C. 1%～5%	D. 1%以下
21. 在您工作的法院，执行案件的执行率如何？	A. 80%以上	B. 50%～80%	C. 20%～50%	D. 20%以下

1. 自我评估

该问卷的第一部分为人民法院法官对江苏省内司法现状的自我评估，总体而言，受访法官对江苏省司法现状较为满意。从问卷的结果来看，本部分四道问题的选项分布结果较为一致，反映出了问卷的有效性。

（1）公信力水准

1. 您认为江苏省司法公信力在我国各省市区（港澳台地区未统计）中排名如何？	A. 排名前列（1～5名）	B. 比较靠前（6～10名）	C. 中等位置（11～25名）	D. 排名靠后（26～31名）
各选项结果人数	29	20	1	0

受访法官中有29人认为江苏省司法公信力在我国"排名前列",占受访人总数的58%;有20人认为排名"比较靠前",占受访人总数的40%;仅有1人认为排名在"中等位置",占受访人总数的2%;受访人中没有人选择"排名靠后"的选项。从本题明显可以看出法官们对江苏省的司法公信力水准比较满意,共计98%的法官认为江苏省司法公信力在31个省市区中排在比较靠前的位置,这是对江苏省法治改革成果的肯定,也是对司法系统依法公正裁判工作的自信。

2. 您认为江苏省司法公信力相较前些年有何变化?	A. 大幅提升	B. 略有提升	C. 变化不明显	D. 有所下降
各选项结果人数	17	29	4	0

江苏省各级法院在近些年都采取了以提升司法公信力为目的的改革举措,从司法公开、司法服务、司法效率等方面都进行了大刀阔斧的改革。从该题的选项结果分布便可以看出法官们对改革成效的肯定:有17人认为近年来江苏省司法公信力"大幅提升",占受访人总数的34%;有29人认为"略有提升",占受访人总数的58%。认为有提升的受访者占总数的92%,仅有4人认为"变化不明显"。

(2) 法治水平

3. 您认为江苏省法治水平如何?	A. 非常高	B. 比较高	C. 一般	D. 较差
各选项结果人数	16	30	4	0

法治水平是影响司法公信力的重要因素,某一地区的综合司法水平高,该地区的社会成员对司法活动的认可度随之也会处在一个较高的水平上,同时案件当事人也会更易于接受法院的裁判,缠诉滥诉的可能性更低。从本题的选项结果分布看,受访法官中有16人认为江苏省法治水平"非常高",占受访人总数的32%;有30人选择了"比较高"的选项,占受访人总数的60%;仅有4人选择"一般",占受访人总数的8%;本题同样没有人选择第四个选项,没有人认为江苏省法治水平"较差"。在本题中,共有92%的法官认为江苏省的法治水平都处在比较好的水准上,延续了上一题中法官们对自己职业工作的自信。

(3) 法官履职能力

4. 您认为江苏省法官的履职能力如何?	A. 非常高	B. 比较高	C. 一般	D. 较差
各选项结果人数	12	33	5	0

法官履职能力的高低将直接影响案件的处理结果,由于法官的学识等方面

的差别,对法条或案件基本事实的理解可能存在偏差,并将最终体现在案件的处理结果上,由此可能导致案件处理有失公正,即使是"良法",也可能会产出"恶果",最终使得司法公信力大打折扣,因此考察法官的履职能力十分必要。本题中,有12名受访法官认为江苏省法官的履职能力"非常高",占受访人总数的24%;有33人认为"比较高",占受访人总数的66%;有5人认为法官履职能力"一般",占受访人总数的10%。认为江苏省内法官履职能力在比较高及以上的人数占受访总人数的90%。

上述四题有着其内在逻辑性,我们应当知道,要实现法治,就需要不断提升司法公信力的水平,在我国的中国特色社会主义法律体系已经形成的基础上,法治不能只依靠立法,徒法不足以自行,必须要通过法官适法将其应用到具体的案件中去,故以上四题的内涵实际上是相辅相成的。从总量上而言,均有90%及以上的法官认为江苏省目前的司法现状比较好,相较前些年的情况也有所改善,表明法官群体比较认同江苏省司法改革的成果。

2. 司法服务水平

不论是从人民主权论的宪法理念而言,或是从全面推进依法治国理念而言,人民都有充分享受及时的、高效的司法服务的权利,具体而言就体现在便民利民诉讼、司法公开等方面上。问卷的第二部分通过便民利民诉讼、司法公开两项内容,着重考察了江苏省内司法服务水平的现状。

(1) 便民利民诉讼

5. 您在总体上如何评价江苏省各法院的便民利民诉讼工作?	A. 非常好	B. 比较好	C. 一般	D. 较差
各选项结果人数	15	30	5	0

在便民利民诉讼水准部分,问卷设计了3道问题进行评估,首先是在总体上考察法官对江苏省法院便民利民诉讼工作的评价。

在本题中,有15名法官认为总体上该项工作开展得"非常好",占受访人总数的30%;有30名法官认为"比较好",占受访人总数的60%;有5人认为便民利民诉讼工作开展得"一般",占受访人总数的10%。从数据上看,90%的受访法官在总体上都给予了正面性的评价("非常好"或"比较好"),表明江苏省的司法便民利民在总体上能够得到大多数法官的认可。

6. 您认为江苏省各法院诉讼服务设施是否齐备?	A. 齐备	B. 基本齐备	C. 不齐备	/

				续表
各选项结果人数	37	13	0	/
7. 您认为在江苏省,当事人获取诉讼信息的难易程度如何?	A. 总是能及时获取	B. 基本上能及时获取	C. 获取较难或获得迟缓	D. 总是难以及时获取
各选项结果人数	43	6	1	0

近年来,江苏省内以江苏省高院为代表,率先启动诉讼服务中心硬件设施改造工程,合并、整合机构,优化内部资源、职权配置,提升了司法服务的针对性和有效性。2015年,在全省范围内开通运行12368诉讼服务热线和诉讼服务网,这是全国首家全省三级法院统一建设、统一运行的综合性诉讼服务平台,也是江苏法院诉讼服务中心向"一体化、信息化、智能化"综合服务机构转型升级的重要步骤,在案件查询、联系法官、投诉举报等方面提供了高效便捷的在线服务。因此在上述两题中,几乎所有的受访法官都认为司法服务改革具有成效,基本上能为当事人提供及时、高效的服务。但必须注意的一点是,仍不乏一部分受访者认为在司法便民方面做得还不够好,只是基本上符合这项工作的基本要求,反映出司法便民工作仍有待进一步完善。

(2) 司法公开

8. 您在总体上如何评价江苏省各法院的司法公开工作?	A. 非常好	B. 比较好	C. 一般	D. 较差
各选项结果人数	17	21	10	2

习近平总书记针对全面推进依法治国问题,提出"努力让人民群众在每一个司法案件中都感受到公平正义"。如何让人民群众感受到公平正义,法院应当通过加大司法公开力度,积极回应人民群众对司法公正公开的关注和期待来实现。近些年,江苏省在司法公开工作上积极推进,依托互联网和在线技术,江苏省各级法院关闭原有的相对独立的网上诉讼服务中心,建设了全省三级法院统一的江苏法院诉讼服务网,以技术手段促进司法公开。在该题的选项结果分布上,17名受访者认为江苏省各法院的司法公开工作实施"非常好",占受访人总数的34%;21名受访者认为"比较好",占受访人总数的42%;10人认为仅是"一般",占受访人总数的20%;还有2人认为"较差",占受访人总数的4%。从本题可以分析出,虽然在技术上实现了大升级,但一些法官认为公开的力度和实际还有提升的空间,司法公开仍有流于形式的现象。

9. 您认为江苏省司法公开范围中哪几项还需要提升?(多选)	A. 立案公开	B. 庭审公开	C. 执行公开	D. 听证公开
	E. 文书公开	F. 审务公开	/	/

续表

各选项结果人数	7	17	32	28
	5	19	/	/

早在 2009 年,最高人民法院专门就落实公开审判的宪法原则,扩大司法公开范围,拓宽司法公开渠道,保障人民群众对人民法院工作的知情权、参与权、表达权和监督权,维护当事人的合法权益,提高司法民主水平,规范司法行为,促进司法公正的诉讼实际需要,制定了《关于司法公开的六项规定》,文件发布时间虽然比较早,但在现在看来该《规定》所要求推进的六项公开指标(立案、庭审、执行、听证、文书、审务公开),在今天仍有适用的空间。

本题在六项指标的基础上,要求受访者选择仍可提升的事项,从问卷结果分析来看,意见较为统一,超过一半的受访法官认为执行、听证公开需要进一步提升,超三成法官认为庭审、审务公开制度有待完善,而立案、文书公开由于近年来各地普遍积极推进,因此只有少数法官认为还有改进空间。

结合司法公开部分的两题来看,江苏省司法公开依托于新技术、新手段,取得了一定的成效,尤其在立案登记和文书公开方面,电话、网页都能实现快速查询,当事人和社会公众都能较为简便地获取到相关信息。但司法审判更为关键的庭审、执行、审务公开等方面的公开力度仍有较大的努力空间。司法公开的实质在于以公开促进公正,以程序公正带动实体公正,进一步推动审判各环节的公开、排除人情干扰因素,保证法院裁决依法进行。

3. 个案程序公正问题

(1) 诉权保障

10. 您认为江苏省各法院在诉权保障方面的工作开展得如何?	A. 非常好	B. 比较好	C. 一般	D. 较差
各选项结果人数	9	27	12	2

诉权是公民向司法机关提出的权利救济请求权,是宪法规定的公民基本权利。只有先保障了公民的诉权,才能去谈司法公正的问题,这是把文本中法条演变为现实中的法律的重要步骤。诉权保障的核心问题即解决立案难的问题,法院不依法立案,司法问题就会转变成信访问题、社会问题,那么司法公信力就无从谈起。诉讼案件立案难问题主要集中于行政案件和民事案件中,在法律明文禁止的前提下,过去曾出现过法院人为设置法外障碍的情形,如要求原告出示被告住址证明、提供被告下落不明证明等,这些行为都严重侵害了当事人的诉讼权利。

立案登记制的推行在较大程度上化解了人民群众普遍反映的立案难的问题,但诉权保障不仅体现在立案问题上,诉讼中当事人的权利保障也是需要考虑的问题,这些问题也都反映在了本题的选择分布中。受访法官中有72%的法官认为江苏省各级法院对当事人的诉权保障"比较好"或"非常好",尚有28%的法官表示该项工作开展得"一般"或"较差"。有法官表示为了审判效率,仍存在限制发言时间等侵害诉权的现象,这一点不同程度体现在各层级法院,基层法院法官认为对诉权的保障,高院或中院往往比较规范。

11. 您在总体上如何评价江苏省各法院在文书送达方面的工作?	A. 及时高效准确	B. 按期送达	C. 大部分能送达	D. 未送达率高
各选项结果人数	18	17	15	0

早在2015年,江苏全省法院试行法律文书电子送达,电子送达实行自愿原则。受送达人同意适用电子送达的,立案人员或承办法官、书记员应当引导其填写身份证号、手机号码等必要信息,并签订同意电子送达方式确认书。除法律规定的判决书、裁定书、调解书、决定书不得适用电子送达外,案件受理通知书、开庭传票、应诉通知书、举证通知书等11种司法文书均可通过电子方式送达。电子送达方式省事省钱,更提高了司法效率,但也存在当事人逃避接收诉讼文书的情况。在受访的法官中,18人认为文书送达"及时高效准确",占受访人总数的36%;17人认为能"按期送达",占受访人总数的34%;15人认为"大部分能送达",占受访人总数的30%。文书送达作为保障当事人诉权的一项内容,关系到当事人的合法利益,通过电子送达与传统送达方式结合,100%的受访法官认为江苏省法院的文书传递送达基本能满足司法审判、执行等工作的需要。

(2)司法效率

12. 您是否能在一般的审限内完成案件审判?	A. 总是可以	B. 大部分案件可以	C. 较少案件可以	D. 都需要延长审限
各选项结果人数	8	33	5	4

我国诉讼法为各类案件的审判大多明确规定了一般审判时限,在法定的特殊情形下,经法定程序,审限可以延长,这类规定是为了保证审判的效率,避免人为拖延案件审理,保障案件当事人的合法权益,在保证公正的前提下兼顾司法效率。案件久拖不决,将严重降低司法在社会公众间的公信力。

从本题的选项结果分布来看,33人表示"大部分案件可以"在规定的一般审限内完成审判,占受访人总数的66%;8人表示"总是可以",占受访人总数的

16%；认为在绝大多数或所有情况下都需要延长审限的占受访人总数的18%。对于作为案件审判者的法官而言，审判活动存在许多不确定的因素，例如案情复杂可能需要多次开庭、鉴定周期过长、重新计算审限等情况，可能导致在原有的法定审判期限内无法审结，审判时间大大拉长；此外，在案件数量逐年提升和案件审判终身责任制的双重背景下，法官审判压力显著提升，倘若案件存在法定的延长审限的情形，法官往往愿意通过延长审限来缓解自身压力。基于上述原因，由于审限的延长而造成司法效率降低的现象仍不鲜见。

13. 您认为哪些方面可能严重影响诉讼效率的提升？（任选）	A. 当事人诉讼能力低	B. 当事人滥用诉权	C. 送达、取证周期长	D. 案多人少
	E. 新型案件层出不穷	F. 审判管理工作严格复杂	G. 疲于应付各类绩效考核	H. 审判与辅助工作划分不清
各选项结果人数	14	10	16	28
	9	18	13	15

本题旨在具体评估制约江苏省内法院司法效率进一步提升的原因。在司法实践中可能有各种各样的原因，因此需要说明的是，本题设置的8个选项是课题组在前期调研中司法实务者反映强烈的排在前几位的制约因素。在不限制受访者选择数量的前提下，从各选项结果来看，受访法官普遍认同以上各制约因素。其中"案多人少"成了超半数受访者认同的制约因素，一方面不仅在江苏省内，全国各地都存在着不同程度法官流失的现象，工作压力大，薪资水平缺乏竞争力，是造成法官数量流失的主要原因；另一方面各地案件数不断上升，2016年江苏省全省法院新收案件1 528 201件，同比增长8.67%，在人员流失和员额制改革的双重压力下，法官审判时既要注重量，更要注重质，因此审判效率难有显著提升。随着司法改革的不断深入，审判管理工作的要求日趋严格，诉讼文书、材料要求准确细致，对法官都是更严格的考验；烦琐的绩效考核制度，使得法官既要追求办案进度和质量，还要追求各项考核指标，疲于应付，不能集中精力于审判之中；此外，大量案件当事人诉讼能力较低且没有律师代理，导致庭审工作反复，更有当事人滥用诉权，随意申请管辖权异议、延期开庭，并且存在虚假陈述、虚假证言等情况，增加法院调查工作量。

（3）司法中立

14. 在案件审判过程中，您是否经历过外界因素干扰审判的情形？	A. 从未经历	B. 少部分案件	C. 大部分案件	D. 几乎所有案件
各选项结果人数	0	27	23	0

我国宪法第一百三十一条明确规定:"人民法院依照法律规定独立行使审判权,不受行政机关、社会团体和个人的干涉",本条规定指明了司法审判不受外界干涉的重要原则。司法机关的独立性和中立性是实现司法正义的根本保证,而法治的基本准则就是依照法律规定依法作出裁判,倘若任何人都可以干预司法,那么法治就形同虚设,法治将转变成人治。因此排除外界因素干扰、坚持依法裁判是提升司法公信力的关键环节。在司法实务中,人情干扰是影响司法中立的突出要素,100%的受访法官都遭遇过外界因素干扰独立审判的情形,这表现出了一个明显的信号,即司法活动中普遍存在着干预现象,司法中立仍有待进一步的改革举措来保障。

(4) 司法廉洁

15. 您认为江苏省各级法院的司法规范总体情形如何?	A. 非常规范	B. 比较规范	C. 基本规范	D. 不规范
各选项结果人数	7	20	23	0

不论是长期以来的各项法院内部工作规范标准,或是对外公布的诉讼法律法规,又或是司法改革中的具体规定,都对法院的司法工作规范作了安排。没有规矩不成方圆,司法活动作为一种国家权力,具有其天然的严肃性,具体体现在司法活动中必须依规范执行。从总体上看来,受访者普遍认为江苏省内各法院在司法规范方面基本上都达到了标准,其中7人认为已经"非常规范",占受访人总数的14%;20人认为"比较规范",占受访人总数的40%;23人认为"基本规范",占受访人总数的46%。

16. 您在审判过程中是否能够准时开庭?	A. 总是准时	B. 绝大多数可以准时	C. 偶尔能够准时	D. 几乎不准时
各选项结果人数	14	36	0	0

评价司法规范的一项具体指标是法官是否如期准时开庭,法官是否守时。是否如期开庭,不仅体现的是法官对工作的尊重与热情,更是法官对待当事人与律师、代理人的心理写照。法官无故推迟开庭,既违反法院内部管理规定,也损害了当事人对司法系统的期盼与信任。在当前受案数每年均创新高的现实压力下,法官的审判量很大,在案情复杂或庭审程序重复的情况下,很有可能发生上一个案件还没审完,下一个案件开庭时间就到了的情况,针对此类问题,一方面需要法院内部协调,尽量避免出现冲突的情况,另一方面如出现此类突发情况,法官应及时通知当事人和代理人。具体到实践中的情形,在法官的自我评价方面,以受访的50

名法官为代表,14人认为自己总是能够准时开庭,占受访人总数的28%;36人表示在绝大多数情况下都是可以准时开庭的,占受访人总数的72%。在工作量和投诉率的考评压力下,法官在没有正当理由的情形下,也是不愿意推迟开庭的。

17. 您认为江苏省各法院是否还存在吃拿卡要、违规收费的现象？	A. 没有	B. 极少存在	C. 大量存在	D. 通过其他方式收取
各选项结果人数	23	19	0	8

司法廉洁与司法中立紧密相关,在权力交易的背后往往隐藏着金钱利益的输送,权钱交易极大损害了遵法守法的社会风气,破坏了法治的基本原则。司法不廉的深层次破坏作用,不仅在于有损司法公正公信,更会扩展到司法系统之外造成对整个社会更广泛的伤害,甚至扭曲社会价值观和道德风尚,不利于诚信、友善、公正、法治等当代核心价值观的形成。在党的十八大后的强力反腐行动中,司法界也有不少法官落马,必须遏制司法腐败,才能实现司法的正义。

经过数年的反腐攻坚战,全社会逐渐恢复到风清气正的环境中来,在本题的选择上,23名受访者认为江苏省内各级法院已经不存在吃拿卡要等腐败现象,19人认为这类现象几乎不存在,这两类人占到了受访人总数的84%,表明"不敢腐、不能腐、不想腐"的司法氛围已经逐渐形成。但有8名受访者认为司法的腐败仍然存在,只是转变成为更加难以察觉的形式,如何清除这些隐案中的害群之马,是提升江苏省司法公信力的关键之所在。

4. 司法权运行结果的评估

(1) 定分止争

18. 对于案件的处理,您倾向于何种结案方式？	A. 司法审判	B. 调解	C. 和解
各选项结果人数	16	25	9

当一个案件起诉至人民法院后,其处理方式大多是审判、调解或和解,从程序的角度而言,案件通过审判的方式终结,无疑是最为正式、最为权威的,故其程序也是最为复杂的,因此案件通过司法审判的周期也比较长,在追求案件审结率和审理效率的背景下,调解与和解能够弥补司法审判活动的不足,尤其又以法官作为主导的调解方式,因其效率高而适用愈加广泛。在本题的选项结果分布上,就可以看出当前法官结案手段的倾向性。受访者中有16人选择倾向于"司法审判"方式结案,占受访人总数的32%;有34人选择"调解"或"和解"方式,占受访人总数的68%,其中"调解"方式受到了一半受访者的推崇。

当事人将案件诉至法院,最为期待的就是得到公正的审判,但现实往往是法院的调解率高于审判率,当事人最后很可能通过调解的方式解决纠纷。但调解是当事人间互相妥协的一个结果,存在着完全合法的一方最终获得了部分权利救济结果的可能性,在公众对司法审判的期待与实践中调解大量适用的矛盾之间,反映出的是当事人及律师、代理人可能对调解结果的不甘与对法院追求调解率的无奈。而就获得类似于部分权利救济的结果而言,对法院的公信力无疑是有损的。

19. 结合上题您所选择的结案方式,倘若您是案件的当事人,您能够接受这样的处理结果吗?	A. 完全接受	B. 勉强可以接受	C. 难以接受
各选项结果人数	33	15	2

案件处理的结果是定分止争,不论是审判、调解或是和解,一旦做成,都能达到这一要求,但司法权的行使不能只是追求最基本的单纯解决问题,而是应当将矛盾纠纷较好地化解掉,缓和当事人之间的冲突对立。故案件在结案时需要使当事人能接受案件的处理结果,从本题的选项结果来看,17 名法官对于自己所经常适用的案件处理方式的结果并不是完完全全能够接受的,这一比例占到了受访者总数的 34%;即便是只有 2 人认为"难以接受",这一比例也达到了 4%。既然连处理案件的法官都不一定能完全接受处理的结果,又怎么奢求当事人能够满意法院的处理呢?

(2)案件质量的总体趋势

20. 在您工作的法院,近 3 年的被改判发回重审率平均是多少?	A. 10%以上	B. 5%~10%	C. 1%~5%	D. 1%以下
各选项结果人数	7	8	27	8

案件质量评价体系是人民法院为实现司法公正和高效的价值目标,运用计划、组织、指挥、协调和制约等机制,对审判工作各环节进行科学的管理,以保证审判工作公开、公正、高效、有序地运行。案件质量的总体趋势可以通过上诉率、申请再审率等各项审判指标反映出来,本题以被改判发回重审率为评价指标进行考察。在事先的调研中,我们了解到一个年度某一法院的被改判发回重审率多则可以达到 5%或以上,少则不到 1%,根据数据分布,我们作出了如选项所示的分类标准,比较符合现实情况。本题的数据表明,绝大多数受访法官所在法院年平均被改判发回重审率在 1%至 5%之间,这与我们前期调研获得的全省年平均被改判发回重审率相近,根据有关统计,2017 年 1 月至 8 月间江苏省被改判发回重审率为 2.06%。值得注意的是,在受访者中,有 7 名法官所在的法院年

平均被改判发回重审率超过了10%,一个如此之高的被改判发回重审率,或许难以使该地区的案件当事人对法院的裁决产生足够的信任。

(3) 执行效果

21. 在您工作的法院,执行案件的执行率如何?	A. 80%以上	B. 50%~80%	C. 20%~50%	D. 20%以下
各选项结果人数	18	16	16	0

长期以来,不仅是江苏省,甚至全国范围内普遍存在执行难的问题,一方面执行案件通常费时费人,在法院总体法官人数未大量增加的情况下,执行案件总数却呈现出逐年递增的现状,另一方面司法公信力并未提升到一定高度,"老赖"们并不在意司法的裁判,且没有很好的配套执行措施,形成了未执行率居高不降的事实。近年来,司法改革的一项任务就是破解执行率不高的症结,通过建立完善失信被执行人名单制度,震慑了一大批抗拒执行司法判决的当事人,社会公众普遍认可与满意这一举措,在一定层面上提升了司法公信力。从本题的选项结果分布上看,所有的受访法官所在法院执行案件的执行率都达到了20%以上,其中18名法官所在法院执行率达到80%以上,占受访法官总数的36%,反映出江苏省执行案件执行率正在不断提高。最高人民法院要求各地"用两到三年时间基本解决执行难问题",2017年江苏省高级人民法院工作报告中明确表述:"举全省法院之力攻坚执行难",在具体数据上,2016年全省全年执结421 018件,执结标的金额1 831.85亿元,同比分别增长12.16%、45.16%。同时,会同省检察院、省公安厅完善拒不执行判决、裁定案件办理机制,71名拒不执行判决、裁定罪被告人被追究刑事责任;并强化运用搜查、拘传、拘留、罚款等手段,集中开展"现场执行""凌晨执行""假日执行",尽最大努力实现胜诉当事人合法权益。

小结

本问卷在前几项集中考察了处于司法实务一线的人民法官对江苏省司法公信力与法治状况的评价,从整体上而言,受访法官们普遍认为当前江苏法治建设水平较高,并且经过多年的改革举措,认为现已处在我国各省市区的前列。总体而言,以受访的法官们为代表,法官群体大多认为江苏省的司法公信力处在一个比较高的水准之上,也体现出了江苏省司法工作者对江苏司法改革的自信。问卷从第5题开始,是从可能影响司法公信力提升的几方面要素,对受访法官进行评估,具体而言,从司法服务水平的便民利民诉讼工作、司法公开、个案程序公正的诉权保障、司法效率、司法中立、司法廉洁,司法权运行结果评估的定纷止争、案件质量的总体趋势、执行效果等方面进行详细考察。在对以上各方面评判的过程中,受访法官表现出了一种"谨慎的乐观"的态度,一方面法官们肯定了江苏省各法院在上述方面的努力和成效(在问题选项的选择上大部分认为可以给到"比较好及以上"的评价),但同时也反映出了一些在司法实践中暴露出来的问题。总体评价与分类评价的数据看似存在不吻合的现象,但课题组认为这并不矛盾:运用木桶效应来思考这一问题,虽然各项评分可能在全国来说并不一定都是最靠前的,但在各方面都能保持在一个较高的水平上,就好比是一个装水的木桶,每块木板的高度都比较高,又不存在明显的短板,那么它装的水就比较多,而有些木桶虽然有几块木板长度很长,但却有一部分的木板长度不足,自然装的水就不多了。在这组比喻中,各木桶装的水量即是司法公信力的水准,虽然江苏省的各项指标并不是都很"拔尖",但由于"综合素质"较高,因此法官群体在总体上评判时,依然会给予较高的评价。

在中共中央关于"四个全面"的战略布局提出后,以法院改革为代表的司法改革火热推进,实现全面依法治国所要求的"司法机关要公正司法、严格执法"是改革的推进方向,其中司法公信力的提升就是其中的重要环节。司法机关公正裁判,能够引导社会形成一种尊法守法信法的优良风气,此类风气形成后,社会纠纷将更依赖于司法的居中裁判,真正实现法院定纷止争的功能,这即是司法公信力显著提升的表征。虽然在法官们的自我评价上体现出了较高的评价,但问题依然存在,当前法院的公信力还有待进一步的提升,需要不断弥合现存的公众期待与现实状况之间的差距。

(二)当事人的评价:案件亲历者对司法的信任状况

人类文明发展至今天,在世界范围内普遍推崇依法治理,其中依照法律规定开展司法活动是基本的治理方式。司法公正及司法公信力的状况如何,集中反映的是一个国家的法治发展水平,也是衡量一个国家和地区法治化状况的基本指标。正因为法律是维护公民合法权益的最后一道屏障,所以人民群众对司法便有了更高的期望,法院是否能公正居中裁决,将影响人民的法治信仰与信任;除了法官之外,对具体案件的过程与结果感触最深的莫过于案件当事人。作为案件的亲历者,是否在个案中感受到了公平正义,将严重影响到司法公信力在个人层面的价值判断。

党的十八大以来,习近平总书记站在党和国家战略全局的高度,多次就法治建设发表重要论述,形成了习近平法治思想,对推进法治建设作出全面部署。关于建设目标,提出全力推进平安中国、法治中国建设。关于总体布局,提出全面推进科学立法、严格执法、公正司法、全民守法,坚持依法治国、依法执政、依法行政共同推进。关于执政方式,将法治作为党治国理政的基本方式,强调党领导立法、保证执法、支持司法、带头守法。关于根本宗旨,强调坚持人民主体地位,保证公民在法律面前一律平等。关于工作方针,强调加强宪法和法律实施,维护社会主义法治的统一、尊严、权威,形成人们不愿违法、不能违法、不敢违法的法治环境。关于司法工作目标,提出"努力让人民群众在每一个司法案件中都感受到公平正义",所有司法机关要紧紧围绕这个目标来改进工作。

种种改革举措,其核心只有一个,就是"努力让人民群众在每一个司法案件中都感受到公平正义",就是要努力满足人民群众对司法公正的殷切期望。所以在进行司法公信力评估时,必须将人民的期望值当作重要指标看待。为考察案件亲历者对当前江苏省司法水准及司法公信力现状的评价,课题组设计了如下调查问卷,问卷共12个问题,内容主要包含两大方面:当事人对涉诉案件的满意度情况、当事人涉案的客观表现。

本问卷面向近5年在江苏省内各级人民法院参诉涉诉的民事、行政案件当事人发放,共发放问卷200份,收回有效问卷185份,问卷有效率为92.5%。本部分的受访者总数将以185人为计算标准。

问卷2:针对案件当事人的调查问卷				
1. 近5年您一共参加了几次诉讼?(上诉、再审视为另一次诉讼)	A. 1次	B. 2~5次	C. 6~9次	D. 9次以上
2. 您最近一次参加诉讼是在江苏省内的哪一级法院?	A. 高级人民法院	B. 中级人民法院	C. 基层人民法院	/
3. 您最近一次参加诉讼是否本人出庭?	A. 本人应诉	B. 委托代理人应诉	C. 本人与代理人共同应诉	/
4. 您对案件的处理结果总体而言是否满意?	A. 非常满意	B. 大部分满意	C. 勉强接受	D. 不满意
5. 在您参诉应诉的过程中,法院工作人员的服务水准如何?(工作态度、专业知识等方面综合评价)	A. 很高	B. 比较高	C. 一般	D. 较差
6. 您认为在您参加诉讼的过程中,会存在哪方面的顾虑?(多选)	A. 起诉难 E. 案件处理不公	B. 久拖不决 F. 执行不到位	C. 诉讼费用高 /	D. 案情复杂 /
7. 您认为您的案件是否得到了公正的处理?	A. 完全公正	B. 比较公正	C. 基本公正	D. 不公正
8. 您认为哪项原因最为影响案件公正处理?	A. 权钱交易	B. 人情干扰	C. 法官技能	D. 追求指标

续表

问卷2:针对案件当事人的调查问卷				
9. 您认为江苏省司法腐败现象程度如何?	A. 很严重	B. 比较严重	C. 不严重	D. 不知道
10. 您认为江苏省法官专业素质如何?	A. 很高	B. 比较高	C. 一般	D. 较差
11. 在您遇到纠纷时,向法院提起诉讼是否是您的第一选择?(以您实际情况为准)	A. 是	B. 多数情况下是	C. 不会主动选择	/
12. 您所参与的诉讼是否是一审终结?	A. 均是	B. 大多数是	C. 均不是	/

1. 受访当事人参诉涉诉基本情况

1. 近5年您一共参加了几次诉讼?(上诉、再审视为另一次诉讼)	A. 1次	B. 2~5次	C. 6~9次	D. 9次或以上
各选项结果人数	96	85	4	0

从回收有效的185份问卷看,其中96人近5年参加了1次诉讼,占受访者总数的51.89%;85人近5年参加了2~5次诉讼,占受访者总数的45.95%;仅有4人参加的诉讼比较多,达到了6~9次,平均每年参加1场以上的诉讼,这一群体的比例在所有受访者中占到了2.16%。虽然近些年江苏省的诉讼量呈现出较高的增长率,但还是有一半左右的受访者5年内只参加了1场诉讼,这一现象的背后可能存在至少两种可能的原因:一,表明司法手段并未成为社会公众解决争端的最首要方式,在某些方面而言,这与当前司法公信力并未提升到一个较高的水准不无关系;二,当事人经过法院的处理后表示服判,不再上诉,反映出的是司法公信力得到了普遍接受。这两种可能的原因可以产生不同的判断结论,当事人究竟是怎样的一种心态,结合后面的问题可以做出判断。

2. 您最近一次参加诉讼是在江苏省内的哪一级法院?	A. 高级人民法院	B. 中级人民法院	C. 基层人民法院
各选项结果人数	44	74	67

从本题的选项结果分布来看,受访者中74人最近一次参诉是在中级人民法院,占受访人总数的40.00%;67人表示是在基层人民法院参诉,占受访人总数的36.22%;44人在高级人民法院参诉,占受访人总数的23.78%。由于民事案件与行政案件一审绝大多数情况下都是发生在基层人民法院,而从本题的选项

结果来看,在中级人民法院和高级人民法院参诉的比例合计达 63.78%,表明的是大量的案件最终还是选择上诉,这一现象的根本原因在于基层人民法院的处理并没有能够起到定纷止争的效果,同时也反映出当事人对于法院的信任不足。

3. 您最近一次参加诉讼是否本人出庭?	A. 本人应诉	B. 委托代理人应诉	C. 本人与代理人共同应诉
各选项结果人数	47	31	107

司法活动具有专业性和复杂性,对于普通公众而言,在未经过专业学习的情况下,对于一些法律条文都难以理解,更不论复杂严谨的诉讼程序了,因此在维护自己的权利时,大多数当事人都选择聘请律师或掌握法律知识的人作为代理人。结合本题的选择而言,有 47 人选择在不委托代理人的情况下自行出庭,这一比例占到全部受访人的 25.41%,而绝大多数受访者都委托了代理人应诉。

在本章第一部分对司法效率的评估中提到(问卷 1 第 13 题),有 28% 的受访法官认为阻碍司法效率提升的原因之一就是当事人的诉讼能力低,导致诉讼中大量工作重复进行。但从本题的结果来看,绝大多数受访者应诉都委托了代理人,在此情形下诉讼能力低的可能性较低;此外,在本人应诉的情形中亦存在掌握相应法律知识的例子,显然也并非会造成诉讼工作重复。

2. 当事人对涉诉案件的满意度情况

4. 您对案件的处理结果总体而言是否满意?	A. 非常满意	B. 大部分满意	C. 勉强接受	D. 不满意
各选项结果人数	31	59	66	29

一个案件的最佳处理结果,即是在法律的范围内,使本案的当事人各方均感到满意,以对案件的满意实现对司法的信服。从本题的选项结果分布来看,对案件处理结果总体上感到"非常满意"的有 31 人,占全体受访者的 16.76%,对案件结果"大部分满意"的有 59 人,占全体受访者的 31.89%;认为"勉强接受"的有 66 人,占全体受访者的 35.68%,这三类群体合计 156 人,比例达 84.32%,这一数据的背后表明绝大多数受访案件当事人最终还是能接受案件的处理结果,究其深层原因,一方面我国实行两审终审制,案件上诉经过上下两级法院的处理后,一般而言已经是最终处理,当事人只能接受这一结果;另一方面以当事人的视角来看,上级法院的业务能力相对而言更高,由素质更高的法院再次处理后,当事人比较能接受案件的结果。但需要注意的是,仍有 29 人对案件的结果表示

"不满意",比例达到15.68%,这一数字与认为"非常满意"的群体相近,虽然其中包含只经过一审的情形,但即便如此,还是能反映出司法公信力有待进一步提高的现实要求。

5. 在您参诉应诉的过程中,法院工作人员的服务水准如何?(工作态度、专业知识等方面综合评价)	A. 很高	B. 比较高	C. 一般	D. 较差
各选项结果人数	24	54	91	16

当事人参与司法诉讼活动,除了要与法院的法官接触之外,还要与法院的司法辅助人员等群体"打交道",当事人在办事、参诉期间能直观感受到他们的服务水准,司法工作人员的办事热情低、工作能力差将使当事人对法院司法工作的服务水准产生负面评价,进而降低对司法公信力的认同感。从受访的当事人群体中来看,接近一半(49.19%)的当事人认为法院工作人员的服务水平仅在及格线上,给予了"一般"的评价;给予正面评价(水平"比较高"或"很高")的共计78人,占受访者人数的42.16%;有16人给予了负面评价(服务水平"较差"),占受访者人数的8.65%。近些年,各地行政机关推进"微笑服务"改善工作,在综合政府大厅工作人员中评选"微笑标兵"等举措,目的是着力提升行政工作人员的服务水准及服务质量,并使其成为一项常态化的工作。针对当事人反映的司法工作人员服务水准问题,除了加强业务能力学习之外,还可以借鉴行政机关的"微笑服务"举措,综合提高司法工作人员的司法服务水准。

6. 您认为在您参加诉讼的过程中,会存在哪方面的顾虑?(多选)	A. 起诉难	B. 久拖不决	C. 诉讼费用高	D. 案情复杂
	E. 案件处理不公	F. 执行不到位	/	/
各选项结果人数	24	88	42	37
	92	52	/	/

我国自古以来便有"厌诉"的情结,直到新中国成立后,现代的司法审判制度正式建立起来,这一状况才有所改善;但即使在法治教育推行了几十年的今天,通过诉讼解决纠纷依旧并未成为当前社会的主要渠道,甚至在考虑到诉讼时间、金钱成本等原因的背景下,当事人选择"私了"的情形更为普遍。从本题的选项结果分布来看,影响当事人起诉应诉行为的原因有很多,在问卷给定的范围中,认为案件可能"处理不公"与"久拖不决"的受访人数最多,分别达到受访者总数的49.73%和47.57%;认为可能"执行不到位"的人数比例达到28.11%;顾虑到"诉讼费用高"而可能会犹豫是否起诉的人数占全体受访者的22.70%;顾及

"案情复杂"的比例占 20.00%；认为"起诉难"的人数比例最少，仅为 12.97%。综合上述数据，可以得知当事人参诉应诉的意志受到多方面因素的影响，其中表现最明显的是，在经过立案登记制改革过后，立案难的问题得到了极大的改善，因此在本题的调查中，选择"起诉难"的人数最少；但在司法公正与司法效率问题上，由于法律的规定更为宽泛，更具灵活性，"人为操作空间"较大，故当事人对此仍保持着较为谨慎的态度。

7. 您认为您的案件是否得到了公正的处理？	A. 完全公正	B. 比较公正	C. 基本公正	D. 不公正
各选项结果人数	30	55	42	58

司法权强调居中裁判，法官对案件的处理唯一应当尊崇的就是法律的规定。对于法官来说，其工作所追求的目标，应当是谁胜谁败与自己利益无关，而且也应当无关。司法机关最为重要的职责就是通过正当程序、依法裁判，使败诉方能够"心安"地接受于己不利的结果，从而让社会纠纷得以消弭，社会关系得以修复。本题与上一题实际上是存在一定的关联性的，只有案件得到了公正处理，当事人才会欣然接受参诉的结果。结合第 4、第 7 两题来看，很大一部分认为案件处理"不公正"的受访人最终选择了"勉强接受"案件处理结果。固然，案件经过依法处理后当事人应当接受这一结果并据此做出相应行为，但正如对于法律本身而言，有良法与恶法之分，案件的处理同样有好坏之分，不公正的案件处理结果"强迫"当事人接受，这本身就是对法治的破坏。当然，公正本身也是一种价值判断，当事人在主观上有可能将不利于自身的案件处理均归为不公正，因此也不可片面地据此认定个案的公正与否。

8. 您认为哪项原因最为影响案件公正处理？	A. 权钱交易	B. 人情干扰	C. 法官技能	D. 追求指标
各选项结果人数	53	56	37	39

影响个案公正可能存在很多要素，课题组在前期调研中特就此向参与诉讼的当事人进行调查，根据反馈，当事人认为在独立审判、司法腐败、内部管理等方面可能影响案件公正处理，针对这些方面，挑选了四项最可能影响案件公正处理的具体因素设置问题。从结果的分布来看，56 名受访当事人表示"人情干扰"最为影响案件公正处理，占受访人总数的 30.27%；53 名受访者认为"权钱交易"是影响案件公正处理最为首要的原因，占受访人总数的 28.65%；39 人认为法院的绩效考评迫使法官们"追求指标"，影响了案件公正处理，这些人群占到了受访人总数的

21.08%;剩余37人认为"法官技能"低将致使案件处理有失偏颇,在新型案件层出不穷的背景下,法官不能及时学习,并跟上法治发展进程,审判水准将日益下降。以上指标中并没有出现压倒性的现象,表明案件的当事人对于司法公正的看法是不一的,原因是多层面的,司法公信力的提升依然任重道远。

9. 您认为江苏省司法腐败现象程度如何?	A. 很严重	B. 比较严重	C. 不严重	D. 不知道
各选项结果人数	16	44	83	42

在本问卷的第4、6、7、8等题目中,其结果的分布中大多体现出当事人对案件处理结果的不满意程度比较高,认为在司法公正层面上还存在较大的问题,尤其在第8题中,近三成的受访者认为"权钱交易"是影响司法公正最为重要的原因,还有超过三成的受访者认为"人情干扰"是影响司法公正最为重要的原因,而"人情干扰"执法的背后极有可能也存在利益的输送,因此可以粗略视作有大约60%受访者认为金钱利益最容易影响司法公正。从本题的结果来看,44名受访者认为江苏省司法腐败现象的程度依然"比较严重",占受访者总数的23.78%;认为司法腐败程度"很严重"的有16人,占受访者总数的8.65%。上述两者合计占比32.43%,这一结果与第8题的结果极为吻合,大部分人认为司法腐败现象依旧存在,且仍比较严重。认为江苏省司法腐败程度"不严重"的有83人,占受访者总数的44.86%;42人表示"不知道",占受访者总数的22.70%。

10. 您认为江苏省法官专业素质如何?	A. 很高	B. 比较高	C. 一般	D. 较差
各选项结果人数	33	85	57	10

法官是案件的裁判者,法官素质的高低将直接影响案件的处理质量。自新中国司法制度建立至今,我国的法官素质在不断地提高,统一的国家司法考试为选录法官设立了基本的门槛,尤其是近些年大量高学历法律专业毕业生进入法院系统,法官整体的素质有了较大的提升。从本题的结果来看,当事人也比较认同这一改变,其中85人认为江苏省法官专业素质"比较高",33人认为法官专业素质"很高",合计占比63.78%,受访者中的大多数认可江苏省内法官的专业素质;受访者中57人认为法官的整体专业素质"一般",达到了及格线水平;仅有10名受访者认为江苏省法官的专业素质"较差",占受访者总数的5.41%。站在案件当事人的角度,他们对于法官的专业素质方面总体上还是满意的,法官过硬的专业技能能够提高司法机关在公众间的公信力。

3. 客观表现

从案件当事人的角度对司法公信力进行评估,一方面要从主观层面上进行评价,在上一部分已经重点考察了当事人对案件的整体满意度,具体在案件处理结果、司法服务水准、个案公正处理、法官职业素养、司法廉洁等方面进行了评估,以调查问卷结果分析的形式进行了展现;在这一小节里,将主要以参诉涉诉当事人的客观表现作为评判标准,以问卷结果与官方统计数据共同作为研究依据。

(1) 对诉讼的利用

"一般而言,当事人对司法的利用水平,除了能反映社会矛盾的发生频率与剧烈程度(随着人与人之间的经济社会交往日益频繁,涉诉矛盾自然也会增多),在一定程度上也能反映当事人对司法解决纷争的信任度与期待值。"[①]在法治社会中,存在着这样的一种理想状态,一方面由于社会法治水平较高,公众的法治观念较强,在行为时普遍以法律为行动指引,自觉维护法律的权威,不侵害他人的合法权益,在全社会形成一种尊法守法信法的风气思潮,社会成员间的纷争较少,因此诉讼总量变少,适用司法权的频次也降低;另一方面,当社会成员间发生冲突需要处理时,会更积极主动地请求司法权介入处理。在这种状态中,社会成员回避司法是一种正常的理想状态,是基于彼此尊重、宽容与尊法的心态,但在当前社会中,我们并未完全建立了一个法治社会,或者说在形式上我们具备了一定的"外观",但内在的"实质"尚未彻底实现,因此社会上的矛盾与冲突是普遍存在的。此时回避司法并不是一种正常的心态,这既是法律体系本身对部分社会关系的控制失准,也意味着我国的成文法受到了民间传统规范与习惯的冲击与排斥,深层次的原因即是司法的权威与公信力不足。

11. 在您遇到纠纷时,向法院提起诉讼是否是您的第一选择?(以您实际情况为准)	A. 是	B. 多数情况下是	C. 不会主动选择
各选项结果人数	72	79	34

根据本题选项结果的分布来看,72名受访者将诉讼视为解决纠纷的第一选择,占受访者总数的38.92%,79名受访者认为在大多数情况下向法院起诉是解决纠纷的首要途径,占受访者总数的42.70%,此两类群体合计151人,占到了受访者总数的大部分(81.62%),而剩下的34名受访者表示向法院起诉这种情形不可能由己方主动适用,自己只可能被动应诉。虽然从比例上看18.38%并不算多,但他

---

① 张忠厚,卓泽渊:《中国司法公信建设研究》,北京:人民法院出版社,2014年,第63页。

们却是排斥诉讼的"顽固分子",这一群体是司法公信力提升过程中的一大难题。

2010年以来江苏省各级人民法院受理、结案情况统计[1]

年度	各类案件受理总数	各类案件结案总数	刑事案件受理	民事案件受理	行政案件受理	执行案件受理
2010	950 593	902 527	55 919	597 505	5 960	232 951
2011	988 665	943 650	61 998	650 198	5 768	214 867
2012	1 003 642	952 839	71 903	681 990	6 178	191 025
2013	1 238 381	1 063 965	66 584	556 527	6 441	315 323[2]
2014	1 392 440	1 165 234	70 826	619 052	10 063	390 501
2015	1 633 486	1 341 019	81 984	885 745	21 746	398 794
2016	1 820 788	1 471 778	75 289	680 536	13 617	466 747

从2010年以来的统计数据显示,江苏省各级法院的案件受理总数呈现出逐年上升的态势,平均都保持有10%以上的增长率,2010年至2016年仅仅6年间,各类案件受理总数从950 593件增长至1 820 788件,增长到2010年的1.92倍。如此之高的案件增长率,一方面说明了经济社会发展较快,各群体间可能出现各类的冲突,并将之诉至法院处理,这是正常的社会变化,另一方面说明了当事人选择司法途径解决问题愈加频繁,在侧面上可以反映出司法的公信力是在逐渐提升的。

再从刑事、民事、行政、执行案件各类别的案件受理数量来看:2010年至2016年这6年间,刑事案件受理量从55 919件增长至75 289件,增长0.35倍;民事案件受理量从597 505件增长至680 536件,增长0.14倍;行政案件受理量从5 960件增长至13 617件,增长1.28倍;执行案件受理量从232 951件增长至466 747件,增长1.00倍。在刑事、民事、行政三类案件中,行政案件受理量增长率最高,其次是刑事案件,而民事案件受理量增长率最低。尤其可以看到,在2014—2015年间,行政案件受理量增长了一倍以上,这一现象与2015年新修改的《中华人民共和国行政诉讼法》的实施有着紧密关系,其中立案登记制的实施,法院由立案审查制转变为立案登记制,对人民法院依法应该受理的案件,做到有案必立、有诉必理,能有效保障当事人的诉权,因此大量"民告官"案件终于"进入了法院",从而在案件受理量上实现了大幅增长,对司法公信力的提升有着显著作用。

---

[1] 数据均来源于江苏省高级人民法院工作报告(2010—2016年)。
[2] 该年江苏省高级人民法院工作报告中仅列明新收执行实施案件数。

结合两个表格的两组数据,在问卷的结果显示中,仍有将近两成的受访者表示司法诉讼不是他们解决纠纷的首要选择,而在江苏省各级法院受理案件量的显著增长上似乎显示出司法诉讼正成为当事人解决纠纷的优先途径。两者之间并不显示出高度的一致性,看似存在着矛盾,但实际上两者可以解释得通:在案件受理量上,增长率较高的是行政案件,在上一段已经提到,在立案登记制改革之后,行政案件"立案难"的问题得到了很大程度的解决,当事人对行政机关作出的决定不服,除去必须行政前置处理的案件外,多数情况下都可以直接向法院提起诉讼,既然立案的问题得到了解决,相较申诉或其他途径,当事人当然更愿意由法院居中裁判,因此对此类当事人而言进行诉讼大多是首要选择,而增长率较高的刑事案件,当事人似乎也没有别的选择;而对于调查问卷的数据而言,在前文已经强调过,受访群体是近5年在江苏省内各级法院参诉应诉的民事、行政案件当事人,结合案件受理量可以看到,虽然民事案件的增长率相对而言较低,但其基数最高,且对于民事案件而言,司法裁判存在时间较长、费用较高等劣势,当事人不愿意选择通过诉讼解决纠纷的可能性也就更大,故体现在选项结果分布上就存在一定比例的受访者不首推诉讼方式。

(2) 对裁判的服从

12. 您所参与的诉讼是否是一审终结?	A. 均是	B. 大多数是	C. 均不是
各选项结果人数	72	49	64

我国实行两审终审制,意味着当事人对一审法院的裁判结果不服,可以提出上诉,将案件交由二审法院作出终审判决。法律规定了此项制度是为了保障当事人的合法权利,由两级法院审理可以最大程度避免因司法不公、个人对案件理解的偏差等原因造成当事人的合理诉求被侵害的风险。但在司法公信力的评判标准中,一审终结率却是一项重要的考核标准,虽然法律规定当事人享有上诉的权利,但并不是鼓励案件当事人均采取这种手段,在法官素质不断提升的背景下,一审法院的判决质量基本上是有所保障的,频频启动二审对司法资源也会造成浪费。因此考核一审终结率,既能评价一审法官的审判能力,也能评价当事人对法院司法公信力的认可度。

从本题的选项结果分布来看,185名受访者中,其参诉应诉的所有案件都是一审终结的有72人,人数最多,占全体受访者的38.92%;大多数情况下一审终结案件的受访者有49人,占全体受访者的26.49%;参诉应诉的所有案件一审都不能终结的有64人,占全体受访者的34.59%。

小结

本问卷的受访对象是近5年在江苏省内各级法院参诉应诉的民事、行政案件当事人,在对江苏省司法公信力的评估中,对司法活动和过程有着亲身经历的当事人,是研究中不可缺少的一部分群体。通过对调查问卷结果的分析,以185份有效问卷的受访者为代表的当事人,整体上对司法公信力的现状评估处于一种比较满意的状态。从具体的内容上看,对于案件的处理结果,当事人的满意程度并不高,对案件处理结果的接受也并非全都出于对法官裁判的认可;相较法官对自身的评价,当事人对法院司法服务水准的综合评价更低;在司法公正裁判方面,当事人也认为存在着多方面的原因制约着其进一步提升;司法腐败的问题也比法官自我认为的更严重。

当然,当事人所选择的问卷结果可能受多种原因的影响,例如:司法裁判的处理结果并不完全符合自身的利益需求,而基于"报复性心理"倾向于选择更为负面的评价;当事人对于法院司法改革的现状不甚了解,对一些提升司法公信力的举措感知不足,仅凭社会的一般印象作出选择;在改革、政策宣传的不断烘托下,对司法改革有着不符合社会发展规律的过高期待等,以上这些原因都可能会影响问卷所应当反映的真实结果,因此在进行司法公信力现状分析的时候,也不可仅仅依据当事人所反映的情况作出片面的评价。

(三) 公众的评价:公众对司法公正的信赖与质疑

在对司法公信力的评价维度中,存在着三类主体:法官为代表的法院工作人员、作为案件亲历者的当事人以及对司法公信力有着最朴素认知的一般社会公众。在前两个部分中,已经考察了法官和当事人的评价,这一部分将对公众的评价作具体的分析。

1. 对公众的司法满意度的社会调查

问卷3:针对社会公众的调查问卷				
1. 您认为江苏省司法公信力在我国31个省市区(港澳台地区未计入)中排名如何?	A. 排名前列(1~5名)	B. 比较靠前(6~10名)	C. 中等位置(11~25名)	D. 排名靠后(26~31名)
2. 您认为江苏省司法公信力相较前些年有何变化?	A. 大幅提升	B. 略有提升	C. 变化不明显	D. 有所下降
3. 您认为江苏省法治水平如何?	A. 非常高	B. 比较高	C. 一般	D. 较差

续表

问卷 3:针对社会公众的调查问卷				
4. 总体而言,您对当前江苏省司法工作的满意度如何?	A. 非常好	B. 比较好	C. 一般	D. 很差
5. 当前江苏省司法工作中哪些方面令您感到满意?(多选)	A. 司法公开	B. 司法公正	C. 司法效率	D. 司法服务
	E. 司法效果	F. 司法廉洁	/	/
6. 您认为江苏省司法腐败现象程度如何?	A. 很严重	B. 比较严重	C. 不严重	D. 不知道
7. 在您遇到纠纷时,向法院提起诉讼是否是您的第一选择?	A. 是	B. 多数情况下是	C. 不会主动选择	/

为调查一般社会公众对江苏省司法公信力现状的满意度,课题组设计了如上调查问卷,该问卷共7道问题,从抽象到具体进行设问。该份问卷共发放200份,收回有效问卷173份,问卷有效率为86.5%。本部分的受访者总数将以173人为计算标准。

2. 对公共司法满意度的调查数据分析

1. 您认为江苏省司法公信力在我国31个省市区(港澳台地区未计入)中排名如何?	A. 排名前列(1~5名)	B. 比较靠前(6~10名)	C. 中等位置(11~25名)	D. 排名靠后(26~31名)
各选项结果人数	69	87	15	2

站在不同的视角看待问题,会产生不一样的结果。本题在问卷1中同样有体现,但公众的评价与法官的自我评价之间就存在着一定的认识差距。在本问卷中,认为江苏省司法公信力在全国"排名前列"的有69人,占全体受访者的39.88%,而在问卷1中这一数据是58%;认为排名"比较靠前"的,本问卷有87人选择,占全体受访者的50.29%,这一数据在法官的自我评价中则是40%;认为排名"中等位置"或"排名靠后"的,本问卷共有17人选择,占全体受访者的9.83%,而在法官的评价中只有1人选择,占全体受访法官的2%。从这一题可以体现出,司法公信力在一般的社会公众与法院工作人员之间存在着较大的认识差距,基于对司法改革的认识不同,又或是出于对自身职业的认同,法官群体对司法公信力水准的总体认识偏高,而社会公众则认为当前江苏省司法公信力在全国范围内的排名并没有那么高,还有进一步提升的空间。

2. 您认为江苏省司法公信力相较前些年有何变化?	A. 大幅提升	B. 略有提升	C. 变化不明显	D. 有所下降
各选项结果人数	48	78	42	5

上文已经提到,江苏省各级法院在近些年都进行了以提升司法公信力为目的的改革举措,从司法公开、司法服务、司法效率等方面都进行了大刀阔斧的改革,以司法服务为例,2013年,围绕打造人民满意的服务型司法行政机关总目标,江苏省提出构建"智慧法务"工作新格局的战略目标,并从四个方面有效推动全省司法行政"智慧法务"建设的落地生根:一是推动"智慧决策",提升了司法行政服务全省工作大局的能力;二是推动"智慧服务",提升了司法行政服务人民群众的能力;三是推动"智慧管理",提升了司法行政参与社会治理的能力;四是推动建立"智慧组织结构",提升了司法行政的整体工作效能。通过强化司法行政信息化建设,更好地服务全省工作大局。以技术手段提升司法服务水平,让社会公众对司法活动产生信任感与可靠感,是改革的目的之所在。

但从本题的问卷数据分析来看,认为近年来江苏省司法公信力水平相较前些年"大幅提升"的有48人,占全体受访者的27.75%,而在法官的自我评价中,这一比例是34%;认为相较前些年只是"略有提升"的有78人,占全体受访者的45.09%,这一比例在法官群体中是58%;认为"变化不明显"有42人,占全体受访者的24.28%,这一比例在法官群体中是8%;还有5名受访者认为甚至"有所下降",占全体受访者的2.89%,这一比例在法官群体中是0。从百分比上看,一般社会公众多数认为江苏省司法公信力在一系列的改革举措后有所提升,但这一提升的幅度不明显,或者可以说,一些改革的举措对于当事人而言并不认可,甚至认为只是流于形式。

3. 您认为江苏省法治水平如何?	A. 非常高	B. 比较高	C. 一般	D. 较差
各选项结果人数	29	64	59	21

在全面依法治国的进程中,伴随着人民日益增长的物质文化需要,在不断推进和完善法治建设的过程中,公民的法律意识和法治观念有了较大的提高,社会成员对法治的基本判断能力有了明显的提升,因此将一般社会成员的评价纳入综合评估中具有重要的参考意义。某一省的法治水平并非仅仅在司法工作上有所体现,在全面依法治国的战略布局中,行政权、司法权等均应当纳入考评的范围。从本题的选项结果分布来看,选择江苏省法治水平"非常高"的有29人,占全体受访者的16.76%,对比问卷1中的第3题,选择"非常高"这一选项的受访法官有16人,占受访者总数的32%;本题中选择"比较高"的受访者有64人,占全体受访者的36.99%,而受访法官中有30人选择了该选项,占全体受访法官的60%;本题有59名受访者认为江苏省法治水平只是"一般",占全体受访人的34.10%,而在受访法官群体中仅有4人选择了该选项,占全体受访法官的8%;

还有21名受访的一般大众认为当前法治水平还"较差",这一比例占到了全体受访者的12.14%。

4. 总体而言,您对当前江苏省司法工作的满意度如何?	A. 非常好	B. 比较好	C. 一般	D. 很差
各选项结果人数	36	61	66	10

公众对司法工作满意度指公众将对司法行政工作的法律服务、法律保障、法治建设等具体效果的感知与他们的期望值相比较后形成的一种失望或愉快的感觉程度。公众对司法行政工作满意度评价与当地司法行政机关是否具有"忠诚、为民、公正、廉洁"的价值追求,能否给予公众"优质服务,获得感高"的服务体验,能否有"心系安危,满足需求"的行为感受直接相关。从本题的选项结果分布来看,认为江苏省当前的司法工作"非常好"的受访者有36人,占全体受访者的20.81%;认为司法工作开展得"比较好"的有61人,占全体受访者的35.26%;认为司法工作开展得"一般"的比重最大,有66人,占全体受访者的38.15%;认为司法工作开展得"很差"的有10人,占全体受访者的5.78%。将本题与上题的结果综合对比来看,四个选项的占比相差均不大,表明在一般社会公众的眼中,法治建设与司法工作是紧密相关的。

5. 当前江苏省司法工作中哪些方面令您感到满意?(多选)	A. 司法公开	B. 司法公正	C. 司法效率	D. 司法服务
	E. 司法效果	F. 司法廉洁	/	/
各选项结果人数	83	58	60	88
	47	52	/	/

提升司法公信力,必须充分了解社会的司法需求,从司法权运行的各环节入手,准确把握人民群众对司法权的期待,大致可分为以下几个部分:一是社会公众期待司法更易接近,人民群众获得及时、便捷、充分、公正的司法救济;二是社会公众期待司法核心职能进一步凸显,司法工作更加高效、确定、公正、卓越;三是社会公众期待法院充分发挥审判机关职能,有效化解矛盾纠纷,维护社会和谐稳定;四是社会公众期待司法管理更加科学、职业保障更加充足,法院干警拥有卓越的职业水准,在参诉应诉时能够获得更优质的司法服务。

从本题的选项结果分布来看,司法服务与司法公开两项工作位居前列,其中认为"司法服务"工作令人满意的有88人,占全体受访者的50.87%,认为"司法公开"工作令人满意的有83人,占全体受访者的47.98%,将近一半的受访者认为司法服务与司法公开这两项工作改善明显,令人满意。近年来,江苏省启动诉讼服务中心硬件设施改造工程,合并、整合机构,优化内部资源、职权配置,提升了司法服务的针对性和有效性;2015年,在全省范围内开通运行12368诉讼服务热线和诉讼服务网,在案件查询、联系法官、投诉举报等方面提供了高效便捷的在线服务。这两项改革成效明显,最终反映在大众满意度之上。

司法效率、司法公正、司法廉洁的满意度排在"第二梯队",其中对"司法效率"感到满意的有60人,占全体受访者的34.68%;对"司法公正"感到满意的有58人,占全体受访者的33.53%;对"司法廉洁"感到满意的有52人,占全体受访者的30.06%。在所有的选项中,对"司法效果"感到满意的人数最少,只有47人,占全体受访者的27.17%。

综合上述的数据来看,当前江苏省在司法改革过程中虽然取得了一定的成效,但总体来说司法工作还存在一定的问题:首先,即便是在受访者中满意度最高的"司法服务"工作,选择比也只是刚刚过半,说明包括"司法服务"在内的所有工作都需要进一步的提升;其次,司法工作中虽有多个环节与各项指标,但其内部也存在着"权重比",就司法活动的最终目的来说,应当实现定纷止争、化解社会矛盾的目标,故"司法效果"工作应当占据较高的权重,而从数据上可以看到,公众对司法效果的评价并不高,显然对法院的裁判、调解等手段的处理结果并不太满意,因此法院如何处理各类案件,如何提高公众对法院判决的遵从度,是今后在司法公信力改革中必须要面对的问题。

6. 您认为江苏省司法腐败现象程度如何?	A. 很严重	B. 比较严重	C. 不严重	D. 不知道
各选项结果人数	23	41	28	81

提高公众对人民法院的信任感,是提升司法公信力的重要途径;而信任感的提高的核心又在于司法公正,除了要提升法官的司法裁判能力、建立相应制度避免法官受外界因素干扰审判,还要确保法官具备防腐拒变的能力,使法官真正能秉持内心信仰,依据法律规定作出公正的判决。从本题的选择项结果分布来看,认为当前江苏省司法腐败现象"很严重"的有23人,占全体受访者的13.29%;认为司法腐败现象"比较严重"的有41人,占全体受访者的23.70%;认为腐败"不严重"的有28人,占全体受访者的16.18%;有近一半的受访者(46.82%)表示对司法腐败状况并不了解。即便是在全面反腐已经执行了多年的情况下,依旧有36.99%的受访者认为当前司法腐败现象"很严重"或"比较严重",其背后可能的原因是,一方面社会舆论多倾向于报道各地的司法腐败案,虽然某些案件并不是发生在江苏省内,但公众一般考虑的是整个"职业共同体"的形象,所谓"一颗老鼠屎,坏了一锅汤",故司法廉洁的满意度并不能有效地提升;另一方面,

在中央八项规定出台之后,仍然有法官接受当事人吃喝宴请,还有更为隐蔽的形式,此类事件一旦为案件另一方所了解,必将大肆宣传,因此即便很多社会公众没有亲自参加过诉讼,依旧对司法腐败的状况有所耳闻。

提升司法清廉度,只是依靠建立电话、网站等举报渠道并不能解决问题,解决之道除了着力提升法官的防腐拒变能力之外,更要建立相应的制度,排除人情、金钱、利益干扰司法,当前推行的案件过问记录制度只是第一步,今后在保证司法公正审判方面还需要进一步完善。

7. 在您遇到纠纷时,向法院提起诉讼是否是您的第一选择?	A. 是	B. 多数情况下是	C. 不会主动选择
各选项结果人数	67	48	58

多年前,民间流传着一句话"有事找警察",虽然这句话的提法本身并不科学,但无疑这句话表明了当时公安工作得到了大部分公众的认可,实际上也有助于公安在公众间的公信力的进一步提升。在评价法院的公信力的过程中,也可以借鉴这一思路,当前公众遇到纠纷时是否第一时间想到人民法院,在一定程度上也能评价司法公信力在公众心中的地位。从本题选项的结果分布来看,有67名受访者认为向法院起诉是其遇到纠纷的首要选择,这一群体占全体受访者的38.73%;48人认为大多数情况下会选择向法院起诉,占全体受访者的27.75%;有58名受访者表示"不会主动选择"使用司法诉讼途径解决纠纷,这类人占全体受访者的33.53%。虽然倾向于选择诉讼方式解决纠纷的受访者占到了大多数(66.47%),但还是有3成左右的受访者比较排斥诉讼,固然当前在提倡建立多元化的纠纷解决机制,且诉讼费用和诉讼效率并不能符合所有公众的预期,但司法诉讼作为最权威的纠纷解决机制,需要赢得的是社会公众的敬仰与信任,而不是抗拒。在今后的一段时期内,对公民进行普法教育的现实需要依然存在。

小结

政法战线要肩扛公正天平、手持正义之剑,以实际行动维护社会公平正义,让人民群众切实感受到公平正义就在身边。在全面推进依法治国的进程中,让人民群众共建共享法治建设的成果,让最需要法律阳光的人享受到同等关爱,这是法治建设的根本要求。

近年来,在法治中国的基础上,江苏省进一步提出了建设"法治江苏"的具体内涵,把推进共享法治作为服务"强富美高"新江苏的主线,"以构建符合国情、覆盖城乡、惠及全民的公共法律服务体系为主攻方向,强化需求导向,破解发展难题,厚植发展优势,促进共建共治,增加人民群众的获得感幸福感,以砥砺奋进的创新实践,满足人民群众的法律需求,让法治的温暖阳光照遍每个角落"[1]。

尽管在政策的层面上作出了部署,但司法公信力的提升不是一朝一夕就能实现的,课题组在经过调研与问卷分析后,发现在现实中依然存在着不少亟待改进的方面:第一,尽管在总体上的评价大多体现为正面的评价,但落实到具体层面上,反映出来的满意度并不高;第二,在法官学历等综合素质不断提高的背景下,服判率并未有显著提升;第三,经过多年的普法教育,公民的法治意识总体而言有所提升,但滥用诉权的现象也随之增多;第四,法院工作人员与社会公众对司法公信力水准的评判依然存在着一定的分歧,法官的自我评价普遍高于一般公众的评价。各方面问题集中在一起,实际上反映出来的就是公众的矛盾心理——对司法公正的信赖与质疑。

纵观本章的调查数据,我们在把握与分析江苏省司法公信力状况的时候,既不能仅依照法院法官的自我认知来评判现实状况,因为出于对自身职业与职业共同体利益的维护,这种自我的评判不可避免地会存在"虚高"的现象,仅以此作为分析的依据会使我们陷入盲目乐观的陷阱中去;同时,我们也不能片面地信赖当事人或一般社会公众的判断水准,就当事人而言,在回答问卷的问题时,很可能会受到自身情绪与经历的影响(虽然司法亲历者的背景能使其对司法现状具有更为切身的体会,但倘若判决结果不能如意,当事人就很有可能在选项的选择上倾向于负面评价),进而使整体评价值偏低,就一般公众而言,未亲身感受司法工作的各环节,那么在评价时就很可能受社会舆论导向的影响,问卷所反映的结果就可能出现往复(在不同的舆论环境时期呈现出不同的结果分布)。

正如在本章节的开头便提到的,对江苏省司法公信力的判断不应当是"公说公有理,婆说婆有理",而是应当将各类受访主体的价值判断进行综合,不断缩小各方的判断标准间的差距,重点考察社会公众的需要,在经科学论证后稳健推进改革,而不是一味追求某些高数值。

二、司法统计数据:江苏司法公信力的指数分析

为更加科学、直观地反映江苏司法公信力的状况,及时发现与改进在司法公信力建设过程中的薄弱环节,本课题组调取了江苏法院系统 2013—2023 年的大部分的司法数据,并将司法数据分成四个板块:其一,司法公信力的基本价值因素——公正高效的裁判结果;其二,司法改革的成果——影响司法公正制约司

---

[1] 柳玉祥:《坚持创新发展 让人民群众共享法治阳光》,《新华日报》2017 年 9 月 28 日,第 12 版。

能力的体制、机制因素;其三,司法公信力的主体因素——司法人员的能力与素质;其四,司法公信力的心理因素——司法公开和公众的法律信仰。从前述的四个方面采集较为全面的司法数据,通过对数据的分析,在对司法过程系统化检视的基础上,考察出有数据支撑的司法公信力的现状,发现其中影响司法公信力的主要因素,以便寻求提高司法公信力的具体路径。

(一) 执法办案——审判与执行

适用法律审判案件与审判结果的执行是人民法院的基本工作职能,高效公正的判决与执行是塑造司法公信力的基础。因此,着眼于审判质量、效率和效果及案件执行的效率与效果,本课题组采集了六项数据,这些数据与司法公信力有着直接的关联度,从中可以判断出我省在不同时期司法公信力的状况。

1. 司法裁判的公正度:显现逐步提高的态势,但离公正的理想标准仍存在差距

司法裁判的公正程度是衡量各级人民法院和法官司法水平的明确与具体的标杆,也是评价法官司法能力的主要标准。为此,课题组选取了2013—2022年江苏省法院有关案件质量的司法统计数据,涵盖了实体公正、程序正义、审级监督等方面。具体为:生效案件申诉、申请再审率,该数据主要反映当事人对已经发生法律效力的案件提起申诉与提起再审申请的情况,体现了当事人对裁判的信服和对当事人权利的保护情况;生效案件改判发回率,该指标主要反映生效案件中经再审被改判和发回重审案件的情况,体现生效案件审判的质量;上诉率,该指标主要反映当事人不服一审判决和裁定,而向上级法院提出上诉的情况,从制度上体现了对当事人权利救济的保障情况;二审改判发回率,该数据主要反映二审法院对一审上诉案件作出改判和发回重审的情况,一定程度上体现了一审案件的质量和对当事人权益的保护;抗诉案件维持率,该数据主要反映对检察机关提出刑事二审和再审的抗诉案件,法院予以维持或驳回的情况,也反映了案件的审判质量;行政机关负责人出庭应诉率,该指标主要反映行政案件中作为被告的相关负责人出庭应诉的情况,反映了行政机关对法院司法权威的尊重程度,有利于司法公信力的塑造与维护;民商事案件调解撤诉率,该指标主要反映一审民商事案件中经承办法官做工作,以调解和当事人撤诉的方式结案的情况,体现了法官做当事人服判息诉工作的能力;实际执行率,该数据主要反映各级法院对生效判决的执行情况,体现了执行案件的办理质量;妨害司法罪裁判、执行威慑数据,该指标主要反映各级法院对有能力执行而拒不执行法院判决的被执行人的

惩处情况,体现了法院排除不当干扰、维护司法权威、塑造司法公信力的能力和水平;审限内结案率,该数据主要反映案件在法定期限内审结、当事人的权益及时得到保护的情况;涉诉信访案件办理数,该数据主要反映涉法涉诉信访的办理情况;司法建议数,该数据主要反映法院对相关单位提出的司法建议的情况,体现了法官通过案件审理与调研,发现有关社会管理方面存在的问题并根据法律提出相关建议、参与社会治理的水平;公报、指导性案例入选数,在最高法院论文获奖数,调研成果数,该数据主要反映全省各级法院被最高法院公报案例、指导性案例录用的情况,体现了法官总结审判经验的能力与水平。前述的司法统计数据尽管不一定能精确、科学地反映司法裁判的公正状况,但从量化评价的角度看,这些数据是在遵循司法规律的基础上得出的,对评价案件的质与效不仅具有法理的依据,而且也被司法实践所验证是正确的。当然还有很多司法统计数据也能反映司法公信力的状况,但前述数据是最主要的,或者说是与司法公信力最为直接相关的,这些数据可以直观地以量化的方式反映出江苏省各级法院的司法裁判与执行的公正性与效率性。

表1 受案增长率

年度	受案数	前一年受案数	增长率
2013	1 238 381	1 003 642	23.39%
2014	1 392 440	1 238 381	12.44%
2015	1 633 486	1 392 440	17.31%
2016	1 820 788	1 633 486	11.47%
2017	2 037 311	1 820 788	11.89%
2018	2 165 962	2 037 311	6.31%
2019	2 260 045	2 165 962	4.34%
2020	2 025 000	2 260 045	−10.40%
2021	2 048 000	2 025 000	1.14%
2022	2 087 000	2 048 000	1.90%

提起诉讼是当事人的法定权利。该指标主要反映当事人利用司法保护自己合法权益的基本情况,也从制度上体现了司法对当事人权利的救济保障情况。表1显示自2013年至2022年十年来全省法院受案增长的状况。从数据上看,江苏各级法院的受案增长情况呈如下特点:其一,各级法院的受案数在2013—2019年逐年增长,而且增长的速度平均在12.45%左右,增长速度非常迅猛。自2019年起,

增速迅速下降,特别是 2020 年实现了负增长,最近两年实现了微增长。其二,前期快速增长的原因是社会矛盾交织导致的诉讼案件增多,但通过社会各界的共同努力,特别是展开了多元化的诉源治理工作,尽可能把纠纷消灭在源头,所以自 2020 年起,受案数增速缓慢,说明诉源治理工作取得了积极的成效。

表 2　受案结案率

年度	受案总数	当年结案数	结案率
2013	1 238 381	1 063 965	85.92%
2014	1 392 440	1 165 234	83.68%
2015	1 633 486	1 341 019	82.10%
2016	1 820 788	1 471 778	80.83%
2017	2 037 311	1 704 596	83.67%
2018	2 165 962	1 862 204	85.98%
2019	2 260 045	1 987 489	87.94%
2020	2 025 000	1 796 000	88.69%
2021	2 048 000	1 808 000	88.28%
2022	2 087 000	1 864 000	89.31%

表 2 反映了自 2013 年以来受案与结案的情况。自 2013 年至 2022 年,全省各级法院当年平均结案率保持在 85% 左右,说明大部分案件在当年能实现案结事了,当事人的合法权益能够得到及时的维护。从数据上看,仍有 15% 左右的案件未能当年结案,说明各级法院的审理效率仍有较大的提升空间。

表 3　生效案件申诉、申请再审率

年度	生效案件数	申诉、申请再审数	申诉、申请再审率
2013	1 063 965	12 158	1.14%
2014	1 165 234	15 473	1.33%
2015	1 341 019	19 916	1.49%
2016	1 471 778	22 755	1.55%
2017	1 704 596	19 514	1.14%
2018	1 862 204	17 437	0.94%

表 3 反映了 2013—2018 年的生效案件的申诉及申请再审数量,从 2013 年到 2018 年,全省法院共受理申诉及申请再审案件 107 253 件,平均每年受理

17 875.5件,申诉及申请再审案件数在生效案件中所占的比例为1.25%,也就是说,在每年的生效案件中,每100件中就有1.25件要求申诉或申请再审的案件,总体而言,申诉或申请再审的案件数量并不多,说明案件判决的质量总体较好;但另一方面,从发展趋势看,申诉或申请再审的数量呈逐年增长趋势,反映出息诉服判的数量在逐年减少,案件的质量尚需提高。

表4 生效案件改判发回率

年度	生效案件数	裁定再审数	改判发回数	改判发回率
2013	1 063 965	1 728	587	33.97%
2014	1 165 234	1 698	758	44.64%
2015	1 341 019	2 054	978	47.61%
2016	1 471 778	2 717	1 407	51.79%
2017	1 704 596	2 513	948	37.72%
2018	1 862 204	2 219	853	38.44%

表4主要反映了两方面的数据,一个是申诉或申请再审的案件被裁定再审的数量,一个是经再审后被改判或发回的数量,前者反映出申诉或申请再审后被裁定再审的难易度,从表上的数据可以看出,从2013年到2018年,全省法院生效案件总数为8 608 796件,被裁定再审数为12 929件,占总生效案件数的0.15%,总体比例很小,说明被裁定再审案件的难度很大,除非原判"确有错误",否则不会进入再审程序,说明在申请再审案件中,原生效裁判绝大多数是正确公正的裁判。2013年以来再审案件结案的统计数据表明,生效裁判经再审审理最终被确认为"确有错误"而被发回重审而改判的有5 531件,六年的平均发改率为42.36%,从变化趋势看,尽管江苏省每年新增的案件数量在大幅增加,但发改率比较稳定,显示出案件的总体质量较好;但另一方面,依然有大量的案件被发回重审并改判,说明一审的审判质量有较大的提高空间。

表5 抗诉案件发改率

年度	改判发回重审案件数	抗诉结案数	抗诉案件发改率
2012	157	542	28.97%
2013	83	324	25.62%
2014	46	140	32.86%
2015	116	267	43.45%

续表

年度	改判发回重审案件数	抗诉结案数	抗诉案件发改率
2016	118	185	63.78%
2018	122	374	32.62%
2019	379	592	64.02%
2020	211	428	49.30%
2021	175	322	54.35%

表5反映出近9年来江苏省各级法院接受检察机关提起抗诉案件的受理及审理的总体情况,自2012年以来,我省检察机关提起的抗诉案件结案数平均每年352.7件(2017、2022两年数据空缺),改判发回重审平均每年156.3件,2014年最低为46件,2019年最高为379件。抗诉案件发改率平均为43.88%,不论是检察机关抗诉的结案总数还是改判发回率都彰显出检察机关对法院生效案件质量的总体公信度在不断地提高;说明各级法院生效案件的质量呈现为不断向好的态势,司法的公正度在不断地提升,司法的公信力也在不断地得到提升。

表6 行政机关负责人出庭应诉率

年度	负责人(平均)出庭应诉率
2013	90.00%
2014	86.10%
2015	88.86%
2016	83.14%
2017—2022	97.80%

表6的数据反映出近10年来行政机关负责人出庭应诉的情况,出庭应诉率平均为93.49%,数据表明我省行政机关负责人出庭应诉的情况普遍较好,在绝大多数的行政案件中,行政机关负责人能出庭应诉,体现了司法的权威性在加强,行政机关对司法的敬畏度在提升。目前存在的问题是全省各个地级市行政机关负责人出庭应诉率呈现为不平衡状态,如2014年全省行政机关负责人出庭应诉率为86.10%,省内41个县(市、区)行政机关负责人出庭应诉率达100%。2021年全省行政机关负责人出庭应诉率为94.80%,盐城地区达100%;2022年全省行政机关负责人出庭应诉率保持在95%左右,盐城、镇江、苏州地区达100%。行政机关负责人出庭应诉有力推动了行政机关依法行政和行政争议的及时化解。近年来,全省行政机关负责人出庭应诉率提升较快,主要原因是:一

方面是行政机关负责人的法治意识的增强;另一方面是江苏省法院加强行政执法与司法良性互动,联合江苏省司法厅建立了预防化解行政争议7项机制。

表7 民商事案件结案率

年度	民商事案件受案数	民商事案件结案数	结案率
2013	708 062	645 392	91.15%
2014	791 236	667 578	84.37%
2015	811 436	780 557	96.19%
2016	1 008 518	841 493	83.44%
2017	1 010 356	857 338	84.86%
2018	1 035 092	870 125	84.06%
2019	1 054 849	889 972	84.37%
2020	945 877	781 000	82.57%

表7的数据反映出近年来江苏法院民商事案件的司法裁判的受案与结案状况。近年来,江苏各级法院坚持以改革思维破解人案矛盾,把纠纷多元化解和案件繁简分流有机结合起来,实现"简案快审、繁案精审"。完善基层纠纷多元化解工作网络,在交警、劳动仲裁、消费者协会等部门和组织设立巡回法庭,在社区、乡村设立审务工作站。特别针对物业纠纷案件持续增长态势,积极研究应对措施,推动增设纠纷化解前置程序,加大纠纷分流化解工作力度。更好发挥诉调对接平台功能作用,进一步健全对接联动机制,对诉至法院的纠纷,积极引导当事人选择非诉方式进行调解,同时防范以诉外调解为由拖延立案、不调不立现象的发生;抓紧建立特邀调解员、特邀调解组织名册,有条件的法院探索调解程序前置工作。充分发挥小额诉讼程序、简易程序、速裁程序的制度优势,基层法院诉讼服务中心全部设立速裁组织;简化简案送达、开庭,探索采取令状式、表格式、要素式等方式制作裁判文书。数据反映了2013—2020年民商事案件的当年结案率保持在80%以上,力争做到案结事了,司法裁判的社会效果明显。

表8 实际执行率

年度	执行案件中执行完毕结案数	执行案件受理数	实际执行率
2013	261 170	315 323	82.83%
2014	307 988	390 501	78.87%
2015	375 377	481 302	77.99%

续表

年度	执行案件中执行完毕结案数	执行案件受理数	实际执行率
2016	421 018	466 747	90.20%
2017	537 968	540 110	99.60%
2018	614 202	700 827	87.64%

表8反映了2013年到2018年,全省法院受理执行案件2 894 810件,执结2 517 723件,执行案件初步实现良性循环。其中,2016年执结421 018件,执结标的金额1 831.85亿元,同比分别增长12.16%、45.16%。加强执行工作信息化、规范化建设,全面推行司法网拍制度,2013年到2016年在"淘宝网"拍卖成交125 276件拍品,成交金额649.64亿元。2016年实际执行率达到90.20%,破解执行难成效明显。但也可以看到,以2016年为例,尚有近10%的案件得不到执行,也就是说仅这一年全省各级法院有45 729件生效案件的当事人的胜诉权益不能得到实现,这一部分当事人仅仅获得了法院的一张胜诉的"空头支票",尽管这部分不能够实现胜诉权益的客观原因是多样的,但对于具体当事人而言,裁判得不到执行会严重影响他们对司法裁判的信任度。

2019—2022年,省法院没有公布当年受理执行案件的数据,但江苏高院公布了执结的案件数量。2019年全年执结各类案件634 028件,执行到位1 135亿元;2020年执结68万件,执行到位1 085.6亿元,平均结案时间同比减少11.2天;2021年全面升级江苏"854"执行模式,实现简案快执、难案攻坚,执结53.7万件,执行到位1 109.6亿元;2018年至2022年江苏各级法院以全国约1/20的执行人员承担了近1/10的执行案件,执结案件304.5万件,执行到位4 522亿元。从数字上看,兑现胜诉权益效果明显,应归功于江苏各级法院全面落实中央综合治理执行难"一号文件",开展调研式督察,推动从源头上切实解决执行难。

表9 妨害司法罪裁判、执行威慑数据

年度	拒执罪数	司法拘留人数	公布失信被执行人数
2013	缺	5 270	2 860
2014	223	9 669	31 766
2015	60	12 349	364 600
2016	71	14 829	299 976
2017	缺	16 389	366 398

续表

年度	拒执罪数	司法拘留人数	公布失信被执行人数
2018	349	14 496	缺
2019	163	18 125	283 000
2020	116	2 260	缺

表9反映了为加大案件执行力度而采取的司法措施,主要采取对有能力执行而拒不执行法院判决的被执行人追究刑事责任,判处拒不执行判决、裁定罪,对不执行法院判决的被执行人处以司法拘留,媒体上公布失信的被执行人名单,限制乘坐高铁、飞机及高消费等。自2014年到2020年,被判以拒不执行判决、裁定罪总数982人,2013年至2020年被司法拘留的总数达到93 387人,被公布的失信被执行人的总数达到1 348 600人。强化运用搜查、拘传、拘留、罚款等手段,集中开展"现场执行""凌晨执行""假日执行",尽最大努力实现胜诉当事人合法权益。由于强化了民事执行的手段,取得了明显的执行效果。另一方面也很遗憾地看到,仅2016年一年就有299 976人被公布为失信被执行人,意味着大量的案件得不到执行,严重地阻碍了胜诉当事人权益的兑现,极大地损害了司法的公信力。

2. 司法效率状况:通过深化审判机制改革,司法效率极大提高,但超审限未结仍一定程度存在

自2013年以来,江苏法院推进审判流程管理改革,严格审限管理,加强长期未结案件清理工作,防止案件久拖不决,2013年全省法院法定正常审限内结案率为96.26%,同比上升0.86个百分点,2013年全省法院共受理案件1 238 381件,这意味着有约46 315件案件未在审限内结案;2014年全省法院法定正常审限内结案率为90.84%,共受理1 392 440件,有约127 547件没有在审限内结案。

从2013年到2022年,江苏法院推行案件繁简分流,着力提高诉讼效率,减轻当事人的诉累,通过学习与推广"眉山经验""马鞍山经验"等,强调诉调对接,引导当事人选择人民调解、商事调解、行政调解等方式化解矛盾,使法院正常审限内的结案率维持在一个较高的比例;但同时我们也看到,仍有大量的案件不能在审限内结案,更糟糕的是,一小部分案件长期超限未能审结,成为"钉子户"案件。长期未结的案件不仅使诉讼双方的法律关系处于不确定的状态,而且严重影响当事人的工作与生活,使社会矛盾激化,严重影响司法公信力的建设。

表 10 涉诉信访案件办理数

年度	涉诉信访案件办理数	同比下降率
2014	21 006	17.70%
2015	18 110	13.79%
2016	16 523	8.76%
2018	13 271	19.68%

表 10 的数据表明,近年来涉诉信访的办理效率高,虽然上访数量呈逐年下降趋势,但上访数量依然巨大。

近年来,江苏法院实行完善诉访分离机制,依法把涉诉信访问题引入诉讼程序解决。稳妥推进律师参与化解和代理涉诉信访案件试点工作,引导信访群众理性表达诉求,依法维护权益。制定涉诉信访事项依法终结办法,会同省检察院、省公安厅联合出台依法处理信访活动中违法犯罪行为的指导意见,依法维护信访工作秩序。涉诉信访案件保持了连续七年的下降趋势。但在调研中发现,尽管上访案件的数量呈逐年下降趋势,但信访仍是当前法院工作面临的压力之一,阻碍着目前进行的司法改革,严重地影响司法的权威与司法的公信。主要问题是:其一,信访数量大,化解难度大。以 2015 年为例,共办理涉诉信访案件 18 110 件次,相当于当年审执结案件数的 1.35%,大量的上访案件增加了法官的工作量,使本已不堪重负的法官更加艰辛;其二,上访的案件很多属于重复上访,问题复杂难以处理。上访的案件很多是历史原因或者改革过程中造成的,缺乏明确的法律依据,处理的难度大,有的信访根本难以处理,无疑增加了法院的负担;其三,违法上访现象大量存在。实践中违法信访现象屡见不鲜,上访者动辄在法院大门口拉起横幅、堵门拦车、高声喊叫,扰乱法院的正常工作秩序;其四,信访不信法大量存在。有些上访者所上访的案件裁决本早已经生效或已经经过再审申请的裁定,上访者不但不积极履行裁判文书所确定的义务,反而越级上访,甚至进京上访,信访不信法,置法律确定的义务于不顾,相信上级能推翻判决,实现其非法的利益。

表 11 司法建议数

年度	司法建议数	同比增长率
2014	761	12.16%
2015	923	21.29%
2016	1 040	12.68%

续表

年度	司法建议数	同比增长率
2017	1 096	5.38%
2018	1 734	58.21%
2019	1 140	−34.26%
2020	1 326	16.32%
2021	1 524	14.93%

表11反映出自2014年以来,人民法院针对审判中发现的问题而向有关部门提出的司法建议数呈逐年增长的趋势,平均每年提出司法建议1 193件,平均年增长率为13.34%。彰显了人民法院及时反馈审判案件中发现的经济发展、社会治理中存在的隐患和突出问题,促进了司法机关与其他国家机关特别是行政执法机关之间的良性互动,实现更好的司法效果。

表12 公报、指导性案例及全国法院刑事、民商事、行政等十大典型案件入选数

年度	公报、指导性案例入选数	全国法院刑事、民商事、行政等十大典型案件入选数
2013	10	3
2014	10	5
2015	12	6
2016	13	4
2018	21	2
2019	8	31
2020	10	4
2021	10	3
2022	8	3

表12的数据表明,自2013年到2022年年底,江苏省法院共有102件案件入选最高人民法院指导性案例和公报案例,入选的总量居全国第一;有61件案件入选每年评选的全国法院刑事、民商事、行政等十大典型案件,入选的总量居全国第一;江苏高院每年组织省内的各级法院围绕当年的审判工作展开司法调研,形成调研报告,自2013年至2016年有177篇论文在全国法院学术研讨会上获奖。前述数据表明江苏法院的司法能力建设不断加强,并取得了丰硕成果,司法能力是实现司法公正的基础,也是提高司法公信力的前提。

(二) 人权保障

人权保障是提升司法公信力的重要基础。推进以审判为中心的诉讼制度改革,充分发挥庭审在查明事实、认定证据、保护诉权、公正裁判中的决定性作用,切实依法保障人权。本节采集以下数据说明江苏法院如何提高刑事司法水平来保障人权,进而反映出江苏司法公信力的概况。主要采集刑事案件辩护率、非法证据排除数、无罪判决数等来反映人权保障的基本状况。

表13 指定律师辩护数、刑事案件辩护率

年度	指定律师辩护数	刑事案件辩护率
2013	3 611	67.26%
2014	2 731	71.31%
2015	2 568	76.87%
2016	2 626	80.01%
2018	12 117	全覆盖
2019—2022	缺	全覆盖

刑事案件辩护率指标主要反映判处三年以上有期徒刑的罪犯获得辩护的情况,体现了对被告人人权的保护。自2013年刑事诉讼法修改以来,刑事案件的律师辩护率逐年提高,反映了当事人自己的人权保护意识的加强,也反映出法庭根据证据裁判的原则的彻底贯彻;江苏法院系统依法保障被告人合法权益,依法通知法律援助机构为符合条件的被告人指定律师,2016年指派律师参加辩护人数达到2 626人次;为更好地贯彻庭审中心主义的原则,全力防范、纠正冤假错案,一方面体现了庭审在查明事实中的作用和庭审实质化的推进情况,另一方面也反映了侦查机关对审判权威的尊重,有利于法院查明案件事实、准确适用法律。自2018年始,深化以审判为中心的刑事诉讼制度改革,发挥庭审在查明事实、认定证据、保护诉权、公正裁判中的决定性作用,推进律师辩护全覆盖,被告人的辩护权得到有效保障。

表14 无罪判决数、非法证据排除数

年度	无罪判决数	非法证据排除数
2013	10	143
2014	26	缺
2015	51	224

续表

年度	无罪判决数	非法证据排除数
2016	27	缺
2017	38	缺
2018	43	207
2019	36	157
2020	24	128
2021	32	缺
2022	46	缺

表14的指标反映两方面的情况：其一是无罪判决数，从2013年至2022年，宣判包括公诉、自诉案件被告人在内的333人无罪，平均每年33.3人。反映了江苏法院通过庭审程序对被告人作出无罪判决的总体情况，体现了对被告人人权的保护和法院司法公正的水平；其二是非法证据排除数。2013年非法证据排除数为143个，2015年达到224个，反映了各级法院通过庭审程序对非法证据的排除情况较为良好，体现了法院较高的司法公正水平。

（三）司法改革

司法改革是提高司法公信力的制度性基础。因此，从审判权力运行和人员分类管理等方面设置了3项反映司法改革成就的指标，更为直观地体现了改革的成效，促进了司法公信力的提升。

表15 当场立案率

年度	当场立案率
2014	95.02%
2015	97.20%
2016	99.26%

该指标主要反映各法院在立案登记制下，对起诉或申请（包括一审民事起诉、一审行政起诉、一审刑事自诉、国家赔偿申请、强制执行申请5类）当场予以立案的比例，反映了立案登记制的改革情况。我国自2015年5月1日起全面实施立案登记制，实行有案必立、有诉必理。表15中数据显示，2014年全省法院当场立案率95.02%，到2016年已经达到99.26%，说明江苏各级人民法院严格执行立案登记制，有效杜绝了有案不立、有诉不理和拖延立案等现象。由于全面

落实立案登记制改革,全省法院当场登记立案率始终保持在95%以上,让"立案难"这一历史性问题真正成为历史。

表 16　院庭长人均办案数

年度	全省院、庭长办案数	占全部审执结案件数量百分比
2014	395 794	33.97%
2015	556 238	41.48%
2016	607 625	41.29%
2017	880 827	51.67%
2018	1 101 244	59.14%

院庭长人均办案数主要反映各级法院的院庭长直接办理案件的情况,体现了审判权力运行机制改革中破除行政化的倾向,"让审理者裁判,裁判者负责"的情况。表 16 反映出 2014 年院庭长办案数占比为 33.97%,到 2015 与 2016 年,院庭长办案数提高了近十个百分点,院庭长的办案数占所有结案总数的近一半。说明了江苏各级法院全面推进以法官为中心的审判团队的建设,促进审判权公正高效运行。明确院庭长的办案标准,实现了院庭长办案的常态化和全覆盖,极大地提高了司法公信力。

表 17　一线法官人均结案数

年度	一线法官人均结案数
2012	141.3
2013	157.48
2014	194.07
2015	167.36
2016	172.32
2017	257
2018	270
2019	295.4
2020	293.2
2022	317.5

该指标主要反映一线办案部门法官平均每年办理案件的数量,体现了司法改革后投入办案一线的审判力量的情况及一线法官的工作量。表 17 显示出 2012 年以来一线法官人均结案数。2012 年为 141.3 件,2014 年达到 194.07

件,2015年与2016年基本持平,说明自第一轮司法改革以来,一线法官办理案件的人均数量没有大幅的增加或减少,一线办案部门法官占比比较合理,这当然有利于提高司法公信力。

(四) 司法公开

司法公开有利于实现公众的知情权、参与权和监督权,有助于提高司法的感知和认同度。因此,着眼于审判执行的全过程考察了三项指标,即陪审员的参审率、裁判文书上网数(率)和庭审直播数。

表 18 陪审员参审率

年度	陪审员参与审理案件数	陪审员参审案件率
2013	139 363	93.27%
2014	196 148	92.16%
2015	229 036	94.63%
2016	368 793	98.25%
2018	270 250	96.75%
2019	282 808	97.82%

该指标主要反映人民陪审员参加陪审的情况,体现了司法民主和司法公正的基本价值,有利于提升司法在人民群众中的信任度。江苏各级法院努力加强司法与社会的沟通交流。表18显示,自2013年起,启动实施人民陪审员的"倍增计划",2013年人民陪审员人数达到7 674人,全年参审案件139 363件,占一审普通程序案件的93.27%;2014年达到13 356人,参与审理案件196 148件;2015年,参与审理案件达到229 036件。实现了充分发挥人民陪审员的参审职能,依法保障陪审权利。由于大量的陪审员参与审理各类案件,大大地提高了司法的民主度,也使司法审判的全过程处于人民陪审员的监督之下,不仅提高了案件的质与效,也使公众能够通过参与案件的审判,提高他们对司法的熟悉度,进而提高司法的公信力。自2018年至2022年,江苏各级法院广泛接受社会监督,3.4万名人民陪审员参审案件93.7万件,召开新闻发布会3 611场,及时回应社会关切。习惯在监督下办案正在成为法官的普遍自觉。

表 19 裁判文书上网数

年度	上传至互联网的裁判文书数
2013	125 434

续表

年度	上传至互联网的裁判文书数
2014	530 000
2015	693 933
2016	791 819
2018	1 169 938
2019	1 351 000
2020	1 897 000

裁判文书上网数主要反映各法院裁判文书在互联网上公布的情况。自 2013 年以来，江苏法院系统运用信息化手段确保应当上网公开的裁判文书全部上网公布，2013 年裁判文书上网率仅为 11.79%，到了 2014 年则达到 45.49%。2015 年上传到互联网（中国裁判文书网）的裁判文书达到 693 933 份，同比增长 30.93%，2016 年上传到互联网（中国裁判文书网）的裁判文书达到 791 819 份，裁判文书上网率达到了 53.8%。2020 年至 2022 年江苏各级法院坚持以公开促公正、以透明保廉洁，庭审直播和裁判文书上网数量持续位居全国前列，让正义以看得见的方式实现。

表 20　庭审直播数

年度	庭审直播数
2013	920
2014	3 055
2015	16 650
2016	41 488
2018	402 269
2019	1 000 000
2020	595 000
2021	637 000

庭审直播数主要反映法院通过各类媒体向社会公众直播案件开庭的情况。江苏法院主动将司法活动置于社会公众的监督之下。加强审判流程的信息公开，通过网站、12368 短信平台向当事人推送立案、庭审、结案等 12 个流程节点信息，特别是加大庭审互联网直播力度，表 20 反映出 2013 年，庭审直播数仅为

920件,2014年达到了3 055件,到2015年全省法院直播庭审16 650场次,同比增长445.01%,到2016年全省法院直播庭审41 488场次,同比增长149.18%。

(五) 司法为民

司法为民是人民法院工作的根本出发点和落脚点,有利于赢得公众对法院的信任和信赖。因此,着眼于便民利民、方便群众诉讼,考察了12368短信平台服务总人次、诉讼服务中心提供服务总人次、网上立案率等指标,以此可以直观地看出司法公信力的状况。

表21　12368平台、诉讼服务中心服务总人次

年度	12368平台服务总人次	诉讼服务中心提供服务总人次
2014	缺	804 485
2015	128 756	683 327
2016	190 794	915 632
2018	缺	870 000

12368诉讼服务平台、诉讼服务中心服务总人次反映出社会公众使用12368诉讼服务平台、联系法官等的总体情况。"2015年元旦,江苏三级法院统一的12368诉讼服务平台正式启动运行。这是集诉讼服务、立案登记、涉诉信访等多项功能于一体的综合服务平台,是江苏法院诉讼服务中心向'一体化、信息化、智能化'转型升级的重要标志。"[①]表21反映出2015年12368诉讼服务平台服务总人数达128 756人次,诉讼服务中心服务总人数达到683 327人次,到2016年12368诉讼服务平台服务总人数达190 794人次,诉讼服务中心服务总人数达到915 632人次,为人民群众提供了更加高效便捷的诉讼服务。

表22　网上立案率

年度	网上立案数	当年立案总数	网上立案率
2015	25 779	1 633 486	1.58%
2016	104 245	1 820 788	5.73%
2018	236 575	2 165 962	10.92%
2019	313 680	2 260 045	13.88%

---

① 中国法院网:《一条热线　一个网站　一个团队　江苏法院统一诉讼服务平台启用》,https://www.chinacourt.org/article/detail/2015/01/id/1527180.shtml,2015年1月4日。

续表

年度	网上立案数	当年立案总数	网上立案率
2020	621 000	2 025 000	30.67%
2021	670 000	2 048 000	32.71%

该数据主要反映法院实施网上立案登记方便人民群众诉讼的情况。2015年江苏高院发布《江苏法院网上立案登记工作流程规定(试行)》,当事人或诉讼代理人通过江苏法院诉讼服务网网上立案系统提交民事诉讼状、执行申请书及相关证据材料,人民法院依据立案登记制的有关规定,通过网络对起诉和申请执行进行登记工作。表22反映出2016年网上立案数占所有立案总数的5.73%,是2015年网上立案数的404.38%,为人民群众提供了便捷的诉讼服务。

(六) 司法廉洁

司法廉洁是赢得群众信赖的基础,因此有关司法廉洁方面的指标能反映出司法公信力的状况。本课题主要从过问、干预案件数,律师及当事人投诉率,违法违纪数等方面考察司法廉洁的状况并以此观察司法公信力的状况。

过问、干预案件数主要反映各级法院中有无干警过问、有无外部人员干预案件审理的情况,从制度上体现防范过问和干预案件审判的原则。2015年3月30日中共中央办公厅、国务院办公厅印发了《领导干部干预司法活动、插手具体案件处理的记录、通报和责任追究规定》,最高人民法院为落实前述的《规定》制定了实施细则,江苏各级法院认真贯彻落实。从2015年颁布前述的《规定》起到2016年底,从记录的领导干部干预、过问案件数字看,数量很少,一方面显示出领导干部及司法机关内部的工作人员自觉遵守法律规定,违规的案件数很少;另一方面也显示出前述《规定》所起到的"防火墙"的隔离作用,让领导干部清楚地认识到干预、过问司法案件可能要承担的法律后果。从记录的数据可以看出,该《规定》发挥了很好的制约作用,也显示出司法公信力的提升。

表 23 律师、当事人、案外人等投诉数

年度	律师、当事人、案外人等投诉办结数	律师、当事人、案外人等来信、来电总数
2014	全部	5 086
2015	全部	6 217
2016	全部	5 582

该数据主要反映律师、当事人、案外人等对法院审判、作风、形象等提出投诉的办理情况。从 2014 年起，江苏法院系统强化法院党组党风廉政建设主体责任，认真落实全面从严治党要求，加大对不问责的问责、不查处的查处力度。开通 24 小时举报录音电话，建立纪检监察举报网站，2014 年共受理举报投诉 5 086 件，这些投诉均得到认真办理。2015 年、2016 年律师、当事人、案外人等投诉数量没有大幅度的增加，并均已经得到认真办理。

表 24　违法违纪人数、被追究刑事责任人数

年度	违法违纪人数	被追究刑事责任人数
2013	52	19
2014	78	12
2015	104	12
2016	80	7
2017	49	缺
2018	79	6
2019	167	14
2020	95	11
2021	72	18
2022	50	7

该数据主要反映法官违法违纪和犯罪情况。2013 年以来，江苏省法院坚持把党风廉政建设与法官员额制、司法责任制改革一体推进、统筹部署，把纪律和规矩挺在前面，深入推进"两个责任"落实，制定下发"两个责任"清单及实施意见。对司法腐败"零容忍"，坚决惩治和清除害群之马，2019 年至 2022 年，全省法院共查处违法违纪人员 384 名，其中追究刑事责任 50 人。从违法违纪法官的数量上看，可能比起江苏省全体法官及司法干警的数量还是个很小的比例，但司法机关与别的行政机关最大的差别在于，行政机关的工作人员的腐败不像司法机关法官的腐败更能引起社会的公愤，普通民众更痛恨司法机关的腐败，因为司法机关是权利救济的最后一道屏障，如果这一道屏障也垮掉了，民众对整个社会的公正是否存在也会彻底丧失了信心，正如英国十七世纪著名思想家培根所言："一次不公正的裁判，其恶果甚至超过十次犯罪。因为犯罪虽是无视法律——好比污染了水流，而不公正的审判则毁坏法律——好比污染了水源。"他还有一句话："司法的处所乃是一个神圣的地方，所以不仅是法官的座席，就连那立足的

台,听证围栏都应当全无丑事贪污的嫌疑才好。"关于司法的清廉性,他已经说得够彻底的了。正因为司法的廉洁性具有如此特征,司法的腐败对司法的公正才具有如此之大的杀伤力。因此,可以得出结论,尽管在四年的时间有50名法官犯罪,但这是制约司法公信力提升最大的障碍。

三、江苏司法公信力的总体判断:进步很大但依然存在较大的提升空间

前述通过两种方式对江苏最近几年来的司法公信力状况进行了详细的考察,其一是评价的主体是民众,包含了普通民众、当事人、律师,这种评价带有大众性的色彩与方式,具有极强的主观色彩,但它代表的是民意的大众性基础,这是公众对司法的直观的信任度问题,体现了司法公信力的大众性和民主性;其二是通过采集的司法数据进行大数据的分析来评价司法公信力的现实状况。借助于信息化的手段,通过从司法的专业性和职业性上设计合理的指标,考察这些数据背后体现的司法工作的规律及推进司法改革的客观实绩,因为这些数据大部分通过互联网自动生成,一般无法被人为地调整或伪造,其客观真实性达到了最佳状态,因此具有客观性。通过对大数据的分析进而得出司法公信力的状况的结论无疑具有科学性。本课题组通过上述两方面的考察对江苏的司法公信力的实证状况有了基本的较为科学的结论。

其一,审判质效稳步提高、破解执行难成效明显与司法公信力反而趋弱之间存在悖论。

2013年到2022年,全省法院受理案件18 708 413件,审执结16 064 285件,其中2016年受理案件1 820 788件,审执结1 471 778件,同比分别增长11.47%和9.75%。全省法院2016年受理一审刑事案件82 652件,判处罪犯87 751人,同比分别增长3.06%和3.75%;受理一审民商事案件1 008 518件,审结841 493件,同比分别增长24.29%和7.81%;受理一审行政案件16 976件,审结13 714件,同比分别增长1.95%和3.17%。自2015年5月1日起全面实施立案登记制,实行有案必立、有诉必理。江苏法院不仅受理案件数连续四年居全国第一,而且案件审理质量和水平在全国也处于领先地位,2013年至2022年十年间有45件案件入选最高人民法院指导性案例和公报案例,有18件案件入选每年评选的全国法院刑事、民商事等十大典型案件,入选总量位居全国第一。

2013年到2018年,全省法院受理执行案件2 894 810件,执结2 517 723件,执行案件初步实现良性循环,执结标的金额4 370.60亿元。加强执行工作

信息化、规范化建设,全面推行司法网拍制度,2013 年到 2016 年在"淘宝网"拍卖成交 125 276 件拍品,成交金额 649.64 亿元。省法院与网易、江苏电视台等媒体合作,对徐州、无锡、苏州集中执行活动进行全媒体直播,累计超过 1 200 万人次在线观看,取得良好社会反响。[①] 2019—2022 年,省法院没有公布当年受理执行案件的数据,但江苏高院公布了执结的案件数量。江苏各级法院全面落实中央综合治理执行难"一号文件",开展调研式督察,推动从源头上切实解决执行难。开展执行领域突出问题专项整治,超 30 天未发放案款实现动态清零,违规执行案件全部整改到位,执行规范化水平显著提升。开展涉民生案件专项执行等,执行工作取得了极大的成效。

前述的数据反映出自 2013 年到 2022 年,江苏省法院系统经过两轮的司法改革,无论在审判的质效方面还是破解执行难问题上都取得了巨大的成绩,近十年来的司法统计数据为我们的结论提供了充分的论据。但人民法院的司法公信力并没有随着案件审判质效的不断提高而相应地提升,反而在许多表征上有下降的趋势:上诉案件的数量、申请再审案件的数量、涉诉信访案件的数量等的高居不下直接反映出当事人在一定程度上对司法的不充分信任;普通民众对个别被平反的刑事冤假错案的负面情绪也直接折射出群众对司法的不信任;社会舆论质疑司法的声音也充斥着社会的媒介,等等。所有这些都反映出审判质效稳步提高、破解执行难成效明显与司法公信力反而趋弱之间的悖论,也反映出人民法院的自我评价及司法的客观数据直接反映与社会评价之间的差距。

其二,当事人维权意识的增强与权利滥用现象之间存在悖论。

2013 年以来,江苏各级法院大力推进司法改革,积极回应群众关切,竭力满足群众的司法需求。严格执行立案登记制,有效杜绝有案不立、有诉不理和拖延立案现象。制定全省法院诉讼服务中心规范化建设和服务标准,以 2016 年为例,利用互联网登记立案 104 245 件,利用 12368 诉讼服务热线提供服务 190 794 人次,为人民群众提供更加便捷高效的诉讼服务。充分发挥审判监督职能作用,坚持有错必究,审结申诉、申请再审案件 22 755 件,审结再审案件 2 717 件,其中改判、发回重审 1 407 件。精心打造多功能涉诉信访管理平台,为群众提供多渠道信访途径,办理涉诉信访案件 16 523 件次,同比下降 8.76%,连续 8 年保持下降趋势。充分发挥国家赔偿的救济功能,依法审结国家赔偿案件 386 件。为符合条件的当事人发放司法救助资金 6 635.68 万元,为经济困难的

---

① 数据来源:江苏高院第十一次全省法院工作会议报告。

当事人缓减免诉讼费6 964.84万元。① 总之,江苏各级法院要求法官依法用权、服务百姓,回应人民群众的司法关切,极大地增强了人民群众的获得感与满意度。

但我们也应看到,在进行司法改革竭力满足群众司法需求的同时。由于立案等相关制度的改革,在极大地方便群众诉讼的同时,导致当事人诉诸司法越来越频繁,法院受案压力越来越大,其中存在着当事人滥用诉权的司法功利主义现象,如虚假诉讼、不服从裁判、规避执行、暴力抗法及以信访来谋求不正当的利益等。这种现象的发生,极大地损害了司法的公信力,使法院不得不研究建立滥诉规制机制,研究引发当事人滥诉情况的深层次原因,统一滥诉行为的认定标准、处理流程和规制方法等。

其三,司法自信的增强与司法公信不足之间存在悖论。

自2013年以来,江苏各级人民法院全力进行司法改革工作,取得了极大的成绩。一是司法能力不断增强。认真组织开展党的群众路线教育实践活动、"三严三实"专题教育和"两学一做"等学习教育。发挥先进典型榜样作用,2013年到2016年,全省法院有206个集体、327名个人受到中央、省有关部门和最高人民法院表彰奖励。加强教育培训工作,举办各类培训班146期,培训76 925人次。2018年—2022年江苏各级人民法院突出实战实用实效导向,培训干警53万余人次。注重培养高层次、复合型领军人才,培育全国、全省审判业务专家155人,全省青年法学家10人,入选省"333工程"17人。强化人才梯队建设,招录"名校优生"80人。持续开展办案竞赛、技能比武、最美法官评选活动,15场庭审、29篇文书获评全国百优,57个案例入选最高人民法院指导性案例和公报案例,居全国首位。677个集体、1 538名个人受到中央、最高人民法院和省有关部门表彰,"全国自强模范"王小莉、"人民满意的公务员"杜开林受到习近平总书记亲切接见,杨增超、戴宜等24名干警牺牲在岗位上,广大法院干警知重负重,用奉献和智慧应对案多人少,用信仰和担当守护公平正义,甚至用鲜血和生命诠释对党和人民的忠诚。② 同时大力推进信息化与审判工作深度融合,积极利用大数据、人工智能等现代信息技术,推动司法审判、司法决策和管理手段的变革。

二是队伍建设有力推进。坚持把党风廉政建设与法官员额制、司法责任制改革一体推进、统筹部署,把纪律和规矩挺在前面,深入推进"两个责任"落实,制定下发"两个责任"清单及实施意见。对司法腐败"零容忍",坚决惩治和清除害

---

① 数据来源:2016年江苏省高级人民法院工作报告。
② 数据来源:2022年江苏省高级人民法院工作报告。

群之马,2013—2017年全省法院共查处违法违纪人员343名,其中追究刑事责任50人。2018—2022年全省各级人民法院"严格落实中央八项规定及其实施细则精神,开展司法作风突出问题集中整治,严防'四风'问题反弹回潮。严格执行防止干预司法'三个规定'。坚决清除害群之马,查处利用司法权违纪违法人员463人,追究刑事责任56人"①。扎实开展司法巡查、审务督察和队伍风险点排查整治,着力营造风清气正司法环境。

三是司法责任制改革深入推进。按照"让审理者裁判、由裁判者负责"的要求,建立院庭长权力清单,健全法官业绩评价、审判责任追究等制度机制。全面推进以法官为中心的审判团队建设,促进审判权公正高效运行。明确院庭长办案标准,实现院庭长办案常态化和全覆盖,2016年全省法院院庭长担任审判长或独任审结案件607 625件,占结案总数的41.29%。深入推进人民法庭审判权运行机制改革,全省人民法庭审结案件339 364件。全省法院在收案数量继续增长的情况下,结案总数和法官人均结案数同比均有上升,审判质量和效率进一步提高。

四是司法人员职业保障制度改革逐步落实。在省委组织部的支持下,扎实推进法官单独职务序列改革,顺利完成对员额法官等级的确定工作。积极配合省人社厅、省财政厅制定实施意见,推动法官薪酬制度改革在全国率先落到实处。会同省委组织部、省委政法委等五部门联合下发《关于推进书记员管理体制改革实施方案》,明确书记员作为全省法院的司法雇员,纳入财政保障范围。会同省人社厅做好书记员岗位等级评定工作,首次为4 149名书记员颁发岗位等级证书。成立法官权益保障委员会,依法维护法官的合法权益。②

通过一系列的改革,法院的司法自信力大大增强。但法官司法自信的增强并没有使公众的司法公信力也同步提升。民众普遍缺乏对司法的亲近感和信任感,信上不信下、信访不信法现象仍然存在。江苏某中院最近问卷调查显示:社会公众对司法公正的信任度不高,60%的公众、64%的有诉讼经历者认为"有关系会影响到裁判结果",认为到法院诉讼"要找关系"的占41.3%,认为"非常需要找关系"的达到20.9%,司法的独立与中立受到严重质疑。律师群体中有51.23%的人对法院信任度一般,4.32%的人不信任法院;社会公众群体中这一比例分别为47.6%、7.1%。受访群体对法官信任度更低,律师群体中43.83%的人对法官信任度一般,25.31%的人不信任法官;公众群体中这一比例分别为

---

① 数据来源:2022年江苏省高级人民法院工作报告。
② 数据来源:2016年江苏省高级人民法院工作报告。

51%、8.4%。律师群体中,接近40%的人认为院庭长、审判长接访既能够提升法院公信力,也能有效解决争议,说明信上不信下现象较为普遍。①

其四,司法制度的不断健全与部分法官缺乏法律思维观念之间存在悖论。

自2013年以来,江苏法院司法改革蹄疾步稳。按照中央、省委和最高人民法院的部署要求,省法院积极加强沟通协调,在江苏省有关部门的支持下,协同有关部门制定配套文件34个。法官员额制改革试点任务基本完成,2016年共产生6 203名首批入额法官;司法责任制改革深入推进,全面推行以法官为中心的审判团队模式;司法人员职业保障制度改革逐步落实,法官单独职务序列基本建立。江苏虽不是第一批试点省份,但司法责任制改革和其他一些配套改革起点较高,走在全国前列,多项改革措施受到中央政法委和最高人民法院主要领导同志肯定。可以说,到目前为止,司法改革的配套措施基本完备,保障司法公正的各项制度基本建构完成。

在司法改革各项制度逐步完善的同时,部分法官的法治思维能力没有得到较大幅度的提高,仍有一些法官依然停留在司法改革前的思维状态,极大地影响了司法公信力的提升。具体表现为以下几个方面:1.部分法官法律思维缺乏。娴熟地运用法律思维和法律方法分析问题、解决问题是一名合格法官应具备的基本素质。然而在司法实践中,部分法官尤其是基层法官在审理案件时主要关注的是"如何解决好纠纷,而不是如何恪守职责,执行已有的法律规则,有关的法律规定往往只是法官处理纠纷的正当化依据,是一个必须考虑甚或在一定条件下有意规避的制约条件"②。这些法官常常不是根据法律在思考,更多时候是道德品质的道德评价、经济发展的经济分析或者社会稳定的政治考量。法律思维的缺乏易导致司法行为的专业性降低,缺乏专业性的司法很难取信于民。2.部分法官司法行为不规范。一名合格的法官应遵守法官纪律、司法礼仪和言行规范。但是,司法实践中,法官言行不规范的情形仍然存在。一是少数立案法官,出于私利或其他不正当考虑,该立的不立或拖延立案,不该立的反而立案。二是普通程序审理的案件,承办法官独自开庭,合议庭合而不议,人民陪审员陪而不审的情形时有发生。三是少数法官借委托鉴定、延期审理等"合法"借口,拖延案件审理时间。四是少数法官为了偏袒一方当事人,在庭审调查中故意避重就轻,滥用裁量权作出明显偏向一方的判决。3.部分法官工作作风不过硬。部分法官行为中存在不良作风,一是极少数法官存在"官本位"思想,"冷、硬、横、推、拖"的

---

① 数据来源:江苏法院调研报告论文集(2014年)。
② 苏力:《送法下乡:中国基层司法制度研究》,北京:北京大学出版社,2011年,第133页。

情形时有发生。有2.09%的受访涉诉当事人和1.72%的受访律师反映在立案过程中受到司法人员的刻意刁难。二是"吃喝风"禁而不绝,司法腐败仍然突出。在与法官的座谈会中,几乎所有的法官都承认有意、无意地接受过当事人的吃喝宴请,并认为这在熟人社会中很难避免。有超过一成的涉诉当事人、律师甚至是检察官反映法官在司法过程中存在徇私枉法的行为。[①] 2013年至2016年,江苏各级法院共查处违纪违法人员314名,其中追究刑事责任50人。说明相当一部分法官的法治思维能力欠缺,法治精神没有形成,法治观念依然淡薄,极大地影响了司法公信力的提升。

小结

基于上述分析,我们认为司法改革中四大悖论的存在凸显出司法改革中的问题,也是制约司法公信力提升的瓶颈。尽管司法改革的成就是令世界瞩目的,但与公众的日益增长的司法需求之间存在着一定的距离。我们既不能对司法改革的成就视而不见,以消极的心态对待正在进行的司法改革;也不能不顾公众的普遍心理而独自欣赏已有的成果。目前最为要紧的是,以改革为契机,在坚持法治精神的前提下,严守司法规律,努力从社会公众关心的地方做起,从社会公众不满意的地方改起,在前期司法改革的基础上进行中国司法的再改革,努力提升司法的公信力。

[①] 数据来源:江苏法院调研报告论文集(2014年)。

第四章

影响司法公信力的因素分析

影响司法公信力的因素是多元的、极为复杂的,可以从多个视角对影响司法公信力的因素进行分析:可以从法社会学、法文化学方面分析公众对司法的接受度;可以从国家的政治体制、司法体制的层面分析影响司法公信力的因素;也可以从科技发展的角度特别是新媒体发展的角度探讨影响司法公信力的因素,等等。本章将在前一章江苏司法公信力状况实证考察的基础上从背景因素、司法体制因素、司法主体的行为、法院的现实处境、司法能力等因素展开分析,进而找到影响司法公信力提升的主要因素,以便寻找提升司法公信力的可行路径。

一、背景因素:社会转型期的公众法律信仰的欠缺

改革开放以来,我国经济体制由计划经济体制转向社会主义市场经济体制,随着经济体制的转变,政治、文化、法律等也随之发生变化,社会结构开始转型。社会转型,即社会构成的诸要素如政治、经济、文化等在不同的社会形态之间发生的质变或同一社会形态内部发生的部分质变或量变过程。社会转型期间,社会结构发生巨变,社会的构成要素整体发生变化,其具体内容是结构转换、机制转轨、利益调整和观念转变。我国现今不断向现代化迈进,社会的各构成要素正不断发生部分质变或量变,我国正处于社会的转型期。具体而言,处于社会转型期的社会存在以下特征:

其一,从经济角度看,社会转型期的经济是从传统的计划经济体制转向社会主义市场经济体制。在计划经济体制下,社会主体在较大程度上失去经济自主性,政府在经济运行中发挥主导作用,社会具有依附性特征;而转向市场经济体制的社会具有更多自主独立性,在经济运行中,市场发挥主导作用。同时,从社会生产力层次上看,经济增长方式由粗放型向集约型转变,从制造业转变为更多发展第三产业,强调科技创新对经济增长的重要性。其二,从政治角度看,我国当前社会的结构转型与体制改革正向社会主义民主法治体制转变。政府职能由原有的"管理"定位转为"服务"定位,政府更多地放权于社会,由无限政府向有限政府转变。其三,从文化角度看,从同质文化社会向异质文化社会转型。社会转型期的文化体现多样化特征,具体表现为具有悠久历史积淀的传统文化与现代工业文明成果的现代文化二元并存,高雅文化、流行文化、通俗文化等并存。其四,从法律角度看,更加注重法律在社会治理中的主导地位,社会由伦理社会向法治社会转变。集中地表现在向民主政治体制转变,更加重视法律的社会治理作用,强调法治国家与法治社会的构建。

社会转型时期,随着政治、经济等社会要素的转变,人们的行为方式、生活方式、价值体系等都会随之发生变化。因此,转型期的社会现实极易与转型期的理

论目标形成较大落差。社会现实中，人们固有的行为方式难以轻易改变，原有的价值观念也根深蒂固，而社会转型要求社会整体要素的巨大改变，故而旧有的习惯与改革的需求形成冲突。这一冲突在司法领域中体现为公民对法律信仰的缺失，无讼观的历史传统、信访制度的频繁适用、对正确价值观念的排斥以及网络空间对负面消息的无限放大都阻碍着司法公信力在公民内心的建立。

（一）无讼观的历史传统

老子"人法地，地法天，天法道，道法自然"的和谐天道观，孔子"为政以德"的理想政治主张，孟子"亲亲而仁民"的大同理想等，都表明古人对人类社会与自然界和谐相处的追求。古人对人与自然界之间和谐的追求渐渐转为对人类社会中人与人之间友爱和睦的目标。这种"和为贵"的思想在中国法律文化基本价值取向中体现为"和谐"与"无讼"。故而，孔子曰："听讼，吾犹人也，必也使无讼乎！"[1]"无讼"理念的形成不仅是中国人对"和"理念的追求，也是中国特定的农业文化背景下的产物。当然，由于对"无讼"的向往，公众在长期的社会纷争处理中产生了"厌讼"的心态，统治者也为其统治的稳固而宣扬"息讼"思想，以至于"和谐"理念发生异变，使得公众对诉讼产生不信任和反感。

传统的无讼观是对人与人之间和睦相处的追求，诉讼作为一种解决纷争的方式，被看成相争相讼、不被公众信任的方式。纠纷发生后，公众在选择解决纠纷的方式时，由于对司法的信任感不足，不会将诉讼作为首选，其原因在于：

1. 不知诉

"不知诉"有两层含义，"一是不知可不可诉，二是不知如何诉。前者既是实体问题也是程序问题，后者是纯粹的程序问题"。[2] 首先，由于普法力度的不足以及我国幅员辽阔、人口众多的现实问题，大多数公民对于法律的认知不多，维权意识不强，对日常行为合法与否的判断力不强。在社会生活中，纠纷发生后通过诉讼追究法律责任是保障当事人权利的重要手段，但法律责任的确认须体现人类生存和发展的基本价值理念，例如公平、正义等，故而，立法应当符合正义，须与公意相符。对于较为明显的违法行为，深受道德观念影响的公民能够依据其普遍的是非观做简单判断，在这类行为侵犯其权益时，能够明确地判断其为"非法行为"而通过诉讼寻求救济。然而，随着社会生活的复杂化，日常生活中的

---

[1] 参见《论语·颜渊》。
[2] 刘云升、韩树军：《为当代中国农民的诉讼观辩解——农民"无讼"观根源的重新解读》，《河北法学》2005年第12期。

权益纠纷往往不能简单地通过是非观将其定性,加之生活秩序中出现了大量的技术性法律规范,公民法律知识的欠缺致使其在纠纷发生后不知可以诉诸法院。其次,由于对司法机构不了解,公民在有意利用法律手段解决纠纷时也不知如何行动。对于此类问题,政府应为公众建立提供法律帮助的机构或组织,如司法服务所、法律所等法律服务和咨询机构。尤其在中国广袤的农村,农村基层法律服务组织的缺乏,制约农民对解决纠纷途径的选择,也不利于司法公信力的建立。据统计,"1988年到1998年,乡镇司法所数量从2 824个增加到35 873个,专职司法员从43 618人增至52 875人,年平均增长率仅为2.4%和1.9%"。[1] 由此,法律服务机构的建立仍是提升司法公信力的重要手段。

2. 不能诉

首先,中国社会是一个熟人社会,熟人之间碍于情面不愿将纠纷诉诸公堂,这也是中国传统无讼文化形成的原因之一。中国古代社会经济是一种较为封闭的自然经济,这种较为落后的经济决定了社会主体之间少不了互助共济,因此无讼为友好相处的前提。虽然现今经济已得到快速发展,公民间的利益从整体向个体转变,但这种碍于情面的无讼观念已根植于公众心中。其次,已有的法律体系导致公民"不能诉"。在立法的指导思想上,部分需要强调权利的法却以管理为主,例如关于农村的立法,多侧重于管理法,而不是强调个人权利、增强农民对权利保护的意识。在法律的制定过程中,存在人大代表与选民相互间不认识、不了解的情形,无法代表选民的真实意愿。在立法技术上,忽视中国"半熟人社会"的国情,过度强调独立人格影响公民法律信仰的生成,妨碍了公民宪法权利的实现。

3. 不愿诉

首先,中国古代法律体系中民、刑不分的法律传统使公民畏惧诉讼可能带来的负面影响。我国古代的法律中民、刑不分,使人们产生"法者,刑也"的法律观,这种观念即使到现在在大多数普通公民心中仍然存在。故而,在日常生活中发生的纠纷,公民不愿意寻求法律救济,这就严重阻碍公民法律信仰的树立。其次,公民对官方司法体制的不信任,促使公民产生纠纷后"不愿诉","不愿诉"又反过来加剧公民对司法的不信任,由此形成恶性循环。社会贪腐情况的存在,使

---

[1] 参见《中国法律年鉴(1987—1997)》,第737~903页;《中国法律年鉴.1998》《中国法律年鉴.1999》,第10~25页。

得部分公民对国家机构不信任,产生"打官司就是打关系"的观念,不敢提起诉讼,对诉讼结果权威性表示怀疑,形成诉讼心理障碍。

"无讼"的传统诉讼观念严重影响法律信仰的确立。现代社会中现代法律制度早已确立并逐渐健全,但"无讼"观念作为一个在现代社会中所遗留的阴影仍然存在。"与制度文化的变迁比较而言,观念文化的变迁显得举步维艰,严重阻碍着人们法律意识的苏醒乃至成熟。"[1] "无讼"作为法律目标应努力追求,但"息讼""厌讼"绝不能成为纠纷解决的观念,现代型诉讼制度需要一套现代型诉讼观念为之服务。

(二) 信访制度的频繁适用

信访,是"群众来信来访"的简称,该制度设立的初衷是为了了解民情、反映民意,为人民与国家机关之间建立相互联系的桥梁。公民可以通过信访的方式,寻求解决问题的途径。信访的原意仅为反映民情的渠道,但在长期实践中,社会主体发现通过这种方式解决问题更加迅速有效。因此,信访的设立初衷被曲解,信访制度也异质化。我国信访制度发生的异变具体表现在"信访制度的政治参与和表达沟通功能逐渐萎缩,权力监督功能实效单一,而权利救济功能则过度扩张"。[2] 在司法实务中,信访制度了解民意、补充救济的功能发生扭曲,公众将其视为优先于司法救济的救济方式,产生"信访不信法"的现象,具体体现于:

其一,政治参与功能尚需加强。政治参与是实现民主的重要方式,法治国家的建立有赖于所有公民对政治生活的积极参与和充分表达个人意见。政治参与与意志表达也是各国都加以保护的公民的基本权利。我国信访制度的设立,既是为使公民能充分表达个人意志,也是让政府能通过这种方式了解公民的意愿,充分发挥民主,鼓励社会主体参与政治生活,以此保持党和政府与人民群众之间的联系,保障人民当家作主权利的实现。信访制度设立之初,是为推动人民群众参与到国家治理和社会变革中,党和政府通过有组织的政治动员来发动群众给上级党政机关和领导人来信来访。人民群众通过来信来访投入运动和斗争,是"大众动员型信访"[3]时期我国公民主要的政治参与方式和利益表达方式;同时,党和政府也可以此方式获取信息,了解政策实施的状况,以便不断完善。然而,十一届三中全会之后,我国的主要任务变为经济建设,运动式的"大众动员型信

---

[1] 张文香、萨其荣桂:《传统诉讼观念之怪圈——"无讼"、"息讼"、"厌讼"之内在逻辑》,《河北法学》2004年第3期。
[2] 孙大雄:《信访制度功能的扭曲与理性回归》,《法商研究》2011年第4期。
[3] 应星:《信访救济:一种特殊的行政救济》,《法学研究》2004年第2期。

访"失去其存在的基础,信访制度原有的政治参与和利益表达功能也因缺乏有组织的动员而减弱。但是,公民的政治参与与意志表达是任何时期都必须保证的,在市场经济条件下的社会中,信访制度在公民政治参与与意志表达方面所发挥的功能也是极其重要的。在市场经济下的社会生活中,社会生活更加丰富,社会主体间的利益往来更加频繁,对社会主体意愿表达的维护显得更为重要,信访制度便是社会主体在此时期自由表达个人意志的有效渠道。此外,"由于信访中批评建议权的行使受到公民的政治热情、受教育水平和参政议政能力等条件的制约,而申诉、控告和检举权的行使却几乎没有什么条件限制,因此,在具体信访实践中呈现出批评建议权的行使相对消极,而申诉、控告、检举权的行使相对积极的失衡状况。"[1]

其二,权利监督功能未充分发挥。信访制度具有社会监督的功能,社会主体可通过信访渠道对国家机关及其工作人员进行监督。依据《信访条例》的相关规定,信访的监督功能具有以下特点:(一)监督范围较广,行使公权力的行政机关、组织、个人都受信访监督;(二)监督过程具有互动性,信访能将信访人的监督与国家机关的监督有机结合,而信访人的监督体现在提出请求并要求参加事件的处理、陈述和质证方面。(三)信访监督的效率高,有关机关在接收信访后,能够及时迅速地处理,达到信访实效。然而,信访制度在实际运行中,其监督功能未充分发挥。受信访监督的主体是所有行使公权力的主体,但在现实生活中,信访制度变为社会主体集中举报贪污腐败案件的渠道。换句话而言,信访部门变为"综合举报中心",信访制度在其他方面的监督作用并未能充分实现。

其三,权利救济功能扩张过度。社会主体在权益受到侵害时,可通过信访渠道表达诉求、寻求救济,故而信访制度作为社会主体表达意愿的制度,也有其权利救济功能。在我国的权利救济机制中,"司法救济才是最主要的救济方式,信访救济只能是一种辅助性的、补充性的救济方式。然而,在权利救济机制的实际运行中,由于我国司法权威不够强大,人们对司法救济途径不能高度信任,信访制度的权利救济功能已经浸入其他各种救济途径之中。权利救济已经成为我国信访制度'最主要的功能'和'头号任务'。"[2]在现实生活中,民众对信访制度过度依赖,致使信访制度功能扭曲,也造成公众对司法救济的不信任。目前,对信访制度过度依赖以及运用的消极影响已经出现,长期上访、越级上访、集中上访等问题依然存在。

---

[1] 易虹:《宪政体制下我国信访制度功能的重构》,《求索》2007年第4期。
[2] 应星:《新中国信访制度的历史演变》,《瞭望东方周刊》2003年第4期。

社会主体在解决矛盾与纠纷时，倾向于通过信访路径而不是法律路径来维护权益，从而产生"信访不信法"的现象，这种异质的纠纷解决机制滋生了公民对司法的不信任。在司法实务中，某些当事人对"诉"与"访"的界限不清，认为在矛盾纠纷解决中，信访比诉讼更有效。当事人往往希望通过进京上访引起有关机关和领导的关注，从而给各级法院带来压力，但这种方式难以真正解决矛盾，也损害司法的权威。信访制度在社会中被广泛运用，其原因在于：

其一，从社会主体的思想上探析，传统的儒家法律思想是社会主体"信访不信法"的思想根源。我国古代社会长期弘扬儒家思想作为立国思想，这是为满足政治权威的需要。由于受传统的儒家思想的影响，社会中长期重礼教轻诉讼。在这种长期占主导地位的儒家文化的影响下，"权大于法""情大于法"等法律思想发展起来，并影响深远，影响人们对待纠纷的态度。因此，在中国古代，人们遇到矛盾纠纷时，会选择"找青天""鸣冤平反"等方式予以解决。再者，我国古代"刑民不分""司法与行政不分"的传统法律机制，促使"权大于法""鸣冤平反"法律思想的滋生，并成为公民心中朴素的正义观。这种长期形成的法律思想一直延续至今，在纠纷发生时，公民片面地认为可以依靠权力"陈述冤情""伸张正义"。因此在矛盾纠纷解决途径的选择中，他们不是选择依靠法律路径，而是坚信通过权力的方式更加有效，采取信访的方式去维护自己的权益。在这种根深蒂固的传统儒家法律思想指引下，人们在纠纷解决路径选择时，自然地避开法律，选择信访。

其二，从社会实务中看，以"信访"的方式解决矛盾往往比以法律手段解决矛盾成本低、效益高。从经济学的角度来看，利用法律手段解决矛盾纠纷，寻求司法救济成本也较高。首先，在诉讼初期，需要支付一定的诉讼费用、律师费用及参与诉讼的交通费、误工费、调查取证的费用，等等；其次，在案件审结后，为实现诉讼结果还需支付其他费用。与之相较，信访的成本低很多。首先，信访在受理时是不收费的；其次，信访不太需要调查取证，上访人可以节省为调查取证而花费的费用。在诉讼与信访两条路径同时可供选择，而收益基本相当或对能否维护其权益无法预期的情况下，社会主体自然情愿选择成本较低的信访。当然，在现实生活中，有时信访所需付出的成本要大于诉讼的成本，但由于其预期的收益可观，社会主体仍然会选择信访方式。在长期的信访实践中，出现一种怪象：上访案件通常都能较快地以上访者较为满意的结果得以解决。这种现象的出现，使得社会主体对信访的收益与成本之比率非常看好，公民在遇到矛盾、问题、困难或诉求需要解决和表达时，也总是热衷于采取信访的方式。

(三) 互联网时代负面消息的爆炸式传播

在快速发展的互联网时代，日常生活因互联网广泛的信息渠道而变得便利，但这种便捷的信息获取方式，在有助于发现社会真相的同时也可能为公众营造令人信服的假象。在互联网时代，自媒体也影响着司法的审判以及公众对司法的认知和信任。故而，当下出现所谓"媒治"一说。"媒治"，顾名思义，媒体成为社会治理的主体，即只要媒体报道，案件即可快速了结。这一新概念的提出无疑打破了人治转向法治的治理，是对法治权威的一大冲击。近年来，媒体曝光成为某些社会问题的快速解决通道，公众对媒体的依赖程度越来越高，传媒在民众眼中成为惩恶扬善的正义化身，甚至公权力对媒体也高度重视，"媒治"正逐渐影响着司法的公信力。

近年来，媒体影响司法裁决的案例数不胜数。例如，2001年在四川省泸州市发生的"泸州二奶继承案"中，便有学者认为是媒体对司法干预后的结果。[①] 本案中原告张某某与被告丈夫黄某某于1994年在被告与其妻子婚姻关系存续期间以夫妻名义生活，并育有小孩。2001年4月22日，黄某某因病去世，原告张某某拿出黄某某死前所立的公证遗嘱称，黄某某已将其夫妻共同财产中自己的部分赠予她，由于被告实际控制财产，遂诉至区法院。这一案件便是典型的"情与法""德与法"相冲突的例子。依据我国《中华人民共和国继承法》的相关规定，被继承人订立遗嘱的，继承人应当按照被继承人的意愿继承遗产。本案中，有被继承人黄某某的公证遗嘱，原告张某某便可以依照遗嘱继承财产。但最终法院确认遗嘱违背了"公序良俗"，因而无效。案件的结果较大程度受到舆论的压力与影响，舆论认为原告系"小三"，若其继承遗产无疑是对这种不道德行为的肯定，最终司法审判受舆论影响依据"公序良俗"判决。黄某某对其遗产的处分，是对其私权的处分，是完全依照法律从事的民事行为。在法律的调整范围内，应当维护法律的权威性，而不是依据舆论和道德裁判。这一案件的结果，是媒体导入的一种社会非理性因素造成，而类似情形在媒体无孔不入的今天越来越多。在这些案件中，所谓的"民意"和"媒治"堂而皇之地登上了神圣的法律殿堂，而此时的司法则显得黯然失色。

媒体舆论自然是公民发表言论、监督权力的有力武器，但一旦其成为盲目、非理性的扩音器，再加上某些利益集团为获取利益而肆意渲染，则可能成为破坏公正与法治最有力的武器。究其原因，媒体有时会发生异质、影响司法活动的独

---

① 徐昕：《司法过程的性质》，《清华法学》2010年第2期。

立,是因为媒体自身的本质及使命是需要获取公众的关注,故而其对社会现象的报道具有"感官正义"①的特点:(1)言辞夸张。为博得公众的关注,媒体往往在宣扬某一法律事实的发生时,利用一些夸张性的语句,例如"临时性强奸""最后的防线岌岌可危"等。在信息爆炸的时代,公民接收此类信息往往疲于验证其真实性,也无从验证其真实性,从而导致对司法活动的误解,损害公民对司法的信任。(2)利用公民的"正义感"歪曲案件事实。现代社会,由于贫富差距而导致占人口最大比例的普通公民对于公权力、富人等"高阶层"人士带有不满与偏见,同时对与自身相处环境类似的弱势群体抱以同情和同怜心理。个别媒体利用公民这种非理性的"正义感"歪曲或虚构案件事实的某些细节,以讹传讹,对司法活动的独立进行造成压力,甚至在司法裁决与所预期不符时,使公民不假思索地对司法失去信任。(3)挖掘真相的媒体沦为个人情感宣泄的工具。个别公众利用媒体牟取个人利益或宣泄个人情感,在发表某些信息时带有个人情感而使事实异质,在对一些的案件讨论过程中夹杂着部分网民对执法人员"滥用"国家权力的不满。这类对司法机关带有负面情绪的信息一经传播,会对司法权威造成严重的损害。

媒体因其本质属性,在报道事实时发生异质在所难免,而公民对媒体产生依赖有以下原因。其一,成本低。互联网发布信息的低成本,"加上'司法民意'影响诉讼的高回报,导致公民易从外部刺激网络上某些不负责或动机不纯的评价"。② 例如,2010年发生的××案。该案件终审判决之后,其父向法院提起诉讼,称被害方代理律师在网络上编造××为"官二代""富二代"的事实。2011年7月31日,法院判决被告向原告赔礼道歉,消除影响,支付精神抚慰金。然而,该律师通过网络编造事实所获得的受益远多于其在侵权败诉案中所应承担的责任。通过网络媒体发布信息表达意见,使得公民某些诉求获得关注的成本大大降低,且在网络媒体中发布某些事实的评价被追究责任的不多,使得网络成为高效、经济的发布平台。其二,成效显著。近年来,一旦某一事件在网络上曝光并广泛传播,则必然引起重视,事件的处理貌似比走正常程序要快得多。故而,公民对媒体的依赖感越来越强,造成"信媒不信法"现象。"媒治"貌似代表了一个"公民会审"时代的来临,这既是司法的不幸,更是公众的悲哀。

网络为社会主体提供表达意愿、参与社会治理、监督公权力运行的平台,有利于保障司法公正和独立,促进司法民主化,促进公共领域的建构,使协商性司

---

① 栗峥:《传媒与司法的偏差——以2009十大影响性诉讼案件为例》,《政法论坛》2010年第5期。
② 胡铭:《司法公信力的理性解释与建构》,《中国社会科学》2015年第4期。

法得以建立。但在给社会主体提供一个相对开放、自由的平台的同时,公众在网络上自由随意的意志表达对司法的运行会带来一定负面影响,具体体现为:其一,非理性评论影响司法审判独立。法院作为纠纷解决机构,公正独立审判是其运行的核心要素,而网络舆论常出现的非理性评论可能影响法院独立审判,造成网络舆论审判。一些网络舆论在陈述事实时往往是偏激、片面的,甚至是失实的,力图激起公众对某一方当事人的同情或愤恨。一旦法院被受舆论误导的民意压制,司法审判就难以保证公正、独立。其二,网络审判预设结果,影响司法公正。网络舆论通常占据道德制高点,以道德捍卫者自居,利用舆论对人们心理、道德、思想及其行为的巨大影响,形成一种先入为主的强势"审判预设",对案件作出定罪量刑或胜诉、败诉的结论。这种舆论很有可能对法院审理案件造成影响,对诉讼参与人在参与诉讼时的心态造成影响,违反"法院独立审理案件"的原则。再者,我国遵从"罪刑法定"原则,《中华人民共和国刑事诉讼法》也规定,未经人民法院审判,对任何人不得确定其有罪,网络舆论这种对案件结果的预设明显违反我国相关法律原则和法律规范。其三,不当的评论影响司法权威,损害法官形象。若法官在民众中毫无信任感、得不到社会的尊重,司法被认为毫无公正可言,那么司法机关就失去了应有的权威,司法系统也就失去了公信力,失去了作为公正守护者的地位。一些网络舆论利用互联网对司法机关过度贬损,对人民法院和法官的名誉、人格进行攻击,严重损害了法院的名誉,致使司法判决既判力、公信力降低,损害司法权威。

二、司法体制因素:司法体制的综合配套改革尚需深入展开

司法体制,是指司法机关设置、职权和相互关系的制度化。制度是根本,司法体制的完善是司法公信力建立的前提,司法体制出现问题会使公众丧失对司法的信任感。横向上司法机关地方化、行政化等因素将使得司法机关缺失应有的司法地位,纵向上上下级法院、上下级司法工作人员行政关系的增强将致使独立性缺失,加之各级法院功能的混同使得司法体制的公正、独立产生异化。

(一)横向上司法应有地位的减弱

司法机关作为裁决争议的国家机关,其公正性是核心,为保证其裁决的公正性,独立审判不受其他任何主体干预是保证。为保证司法的独立性,立法中创设了一些基本原则和制度,例如法律面前人人平等的原则、人民陪审员制度、公开审判和辩护制度、合议制度和回避制度、两审终审制和死刑复核制度、审判监督制度等。但在司法实践中,法院的独立性不足,其公信力也受到挑战,主要现象有:

1. 司法机关地方化现象依然存在

在本轮司法改革前,我国司法实践中存在较为严重的司法地方化现象,有研究者将其概括为"隶属关系地方化""司法管辖区与行政区划完全一致""司法经费和人事任免的地方化""司法运作中的地方保护主义"等几个方面。[①] 我国幅员辽阔,为便于行政管理,按照地理位置进行行政区域划分,以明确各层级和各地域国家机关间的权力划分,避免各机关间相互推诿。法院系统也按照行政区域划分来设置。因此,除最高司法机关以外,法院都设立在"地方"这个空间内,不可能完全超脱"地方"的影响,尤其长期以来,法院的人财物都由地方政府管控,使得法院无法完全独立于任何主体行使司法权。当然,"我国还设有一些跨行政区域的巡回法院,但也并没有因此而完全排斥按照行区划设置法院的做法,甚至毋宁说巡回法院正是建立在按照行政区划设置法院的基础之上,是对按行政区划设置法院的一种补充,而不可能完全取代之"。[②] 当然,按行政区划设置法院并不是司法机关地方化的原因,其形成的主要原因在于法院在机构设置、经费来源、法官产生等方面只属于地方、不属于中央的一种司法体制模式。"各级地方法院和检察院在人事、财务以及设施等方面完全受制于同级党政权力,案件管辖的范围也取决于行政区划,使得司法活动不可能独立,因而也就很难公正"。[③] 具体表现在:其一,按照我国干部管理的规定,司法机关的领导人员由本级地方党委与上一级法院、检察院共同管理;其二,司法财政的地方化,即法院、检察院的财政由同级人大审查批准、地方政府负担、纳入同级地方政府的预算;其三,司法权长期被当作地方事权,其权力的行使受地方党政机关干预严重。依据《中华人民共和国立法法》的规定,司法制度属于全国人大及其常委会立法的绝对保留事项,而全国人大及其常委会属于国家的权力机关,这也意味着司法事务属于中央事权。因此,司法权应当"中央化"。为此,《中共中央关于全面深化改革若干重大问题的决定》中实行省级人民法院、人民检察院对其下的市、县(区)级法院、检察院的人、财、物统一管理制度。这一措施从一定程度上弱化甚至割断了省级以下地方政府对法官、检察官的干预。但这又极有可能加强了省级党政对司法的制约,不仅有省级直接干预的问题,而且下级党政还可能通过省级实施间接干预。因此,司法体制地方化现象对司法公正独立的影响仍需重视。

---

① 杨小军:《法治中国视域下的司法体制改革研究》,《法学杂志》2014年第3期。
② 王广辉:《司法机关人财物"省级统管"改革的法律反思》,《法商研究》2016年第5期。
③ 季卫东:《司法体制改革的关键》,《东方法学》2014年第5期。

2. 司法体制行政化色彩依然较浓

在司法实践中,司法管理未能遵从司法规律,司法体制行政化趋势严重,主要体现在两方面。第一,从司法机关内部来看,司法机关内部的管理采取和行政机关一样的管理模式。就我国法院内部的管理模式来看:(1)各级人民法院之间的关系上下级行政化色彩依然存在,而我国宪法明确规定各级人民法院为监督与被监督关系。(2)法院内部组织机构和运作机理的行政化。法院内部组织结构按照行政机关的内部组织机构设置,设有院长、副院长、庭长、副庭长等行政性职务,明确体现为上下级关系,且法院的工作人员都有行政级别,对其待遇、人事等方面事项的管理都参照行政人员的管理。再者,法院的内部运作机理体现为领导模式,例如对案件审批的程序。第二,从司法活动外部而言,其特殊性和独立性不能完全受到尊重。具体表现在:(1)司法机关在我国的政治生活中常被要求承担除审判职能之外的工作,忽视其独立性。(2)对于司法工作人员,在司法活动中忽视其职业能力、法律地位等的特殊性,将其当作普通的行政管理人员。例如,将司法人员统一纳入行政体系中,给予相应级别,并按照级别进行管理;在对其录用之前,也需与其他普通公务人员的录用程序一样,须先通过公务员考试,而公务员考试与法律职业能力并无关联,这客观上是将司法工作人员作为一般的公务员对待。

3. 法院过度承担社会职能

为保持其公正与独立,法院作为审判案件的机构被动地参与到案件的审理当中,在刑事诉讼领域中这种诉讼模式也称为"当事人主义"。法院作为纠纷发生后的救济机构,应当与在社会中的其他主体保持距离。正如北京大学法学院苏力教授所说,法官"与社会的必要阻隔"是十分重要的,能够增强法律的神圣感和庄严感。同时,"法律对社会干涉越深,社会的其他力量对法律活动的各种影响也就越大,因此,法官在社会中不仅要有所作为,还要有所不为"[①]。然而,在司法实践中,部分地方政府视法院为行政部门,要求法院配合地方政府承担与审判功能无关的工作,如参与社会的综合治理等。由于长期以来地方政府控制着法院的人、财、物,法院不得不配合地方政府的要求,承担起其他社会职责。法院在承担过多其他社会职责时,不免干预社会生活,在与社会主体接触后,就难以在今后的案件审理中维护其神圣、权威、公正的形象,原因在于:其一,法院在参与社会生

---

① 苏力:《法律活动专门化的法律社会学思考》,《中国社会科学》1994 年第 6 期。

活时,与社会主体接触过多,在今后该主体因纠纷诉诸法院时,法院难以扮演好公正裁决者的角色;其二,法院承担过多社会职责,造成法院在公众内心的形象模糊化、低矮化,减损法律的神圣感和庄严感,损害法律的权威;其三,让法院承担过多的社会职责,浪费司法资源。法院应当扮演好审判机关的角色,严格依法办案,化解矛盾纠纷,营造良好的法治环境,引领公民自觉遵从法律,信仰司法。

(二) 纵向上上下级法院关系的异化

我国《宪法》在第一百三十二条第二款中对各级人民法院间的关系作出明确规定,最高人民法院监督地方各级人民法院和专门人民法院的审判工作,上级人民法院监督下级人民法院的审判工作,即监督关系,上级法院监督下级法院的审判工作。"审判工作",指的是审理和判决案件的工作,即下级法院认定案件事实、适用法律情况。故而,上级人民法院对下级人民法院的监督是监督下级法院认定案件事实是否清楚、适用法律是否正确,而实践中上级法院对下级法院人员组成情况也加以干预。同时,我国法律对上级法院对下级法院的监督方式也作出明确规定,具体而言:(一)上级人民法院对下级人民法院已经发生法律效力的判决和裁定,如果发现确有错误,有权提审,或者指令下级人民法院再审;(二)上级人民法院有权审判对下级人民法院的判决和裁定不服的上诉案件和人民检察院提起抗诉的案件;(三)上级人民法院有权审理按照审判监督程序提起的案件;(四)最高人民法院可以通过对具体应用法律的问题作出解释,纠正下级人民法院审判过程中的违法和不当行为。因此,上级法院对下级法院的监督也应当遵从法律的规定,而不得随意以其他方式干预下级法院的独立审判。

上下级法院之间的关系,我国法律已作出明确界定,但在司法实践中上下级法院间的关系发生异化,以至于影响审判独立,损害司法公信力。上下级法院间关系的异化,主要体现在:

1. 司法机关实行"人财物省级统管"后,纵向行政关系增强。我国的司法体制一直呈现出"地方性"的特点,司法机关的人、财、物受制于地方党政,因此长期以来难以实现依法独立行使审判权和检察权。为此,党的十八届三中全会通过的《中共中央关于全面深化改革若干重大问题的决定》中涉及司法改革的一项重要措施,即实行省级人民法院、人民检察院对其下的市、县(区)级法院、检察院的人、财、物统一管理制度。这一改革试图通过对司法机关人、财、物的相对独立和去除地方化、行政化特点,回应社会对司法公正的诉求。这种"省级统管"模式在横向上可能使得司法机关减少被地方财产等控制的力度,但司法机关的人事、财政由省级党政机关直接管控之后,其被作为上级行政机关的省级党政机关所限制,形成纵向的管控关系。故而,受到这种"省级统管"纵向管控模式的冲击,上下级法院本来的监督关系向"上命下从"式的关系转变,影响审级独立等审级制度。此外,在司法实践中,不仅存在着下级法院通过口头或书面形式向上级法院汇报案件的审理情况,上级法院对下级法院审理的案件进行指示的情形,"更存在着最高人民法院通过司法解释、司法批复方式来指导或指示下级法院办案的问题。这些都是在案件的裁判作出之前进行的,本质上属于行政化运作,违背了司法规律"。①

2. 我国司法体制体现出"下级服从上级"的行政裁决模式。然而,司法裁判不同于行政决策。司法裁判作为现今纠纷解决中最具有权威性的裁判文书,其任务主要是根据证据认定案件事实并且根据已认定的案件事实准确地适用法律。然而,在司法实践中司法裁判行政决策化趋势严重,主要体现在:其一,司法裁判是根据已知证据认定案件事实从而适用法律,这是一种逆向思维的模式;而行政裁决是通过已知案件事实对未来行为的一种裁定和选择,是顺向思维模式。但现今司法活动中司法裁判的做出,趋向于一种顺向的对未来的选择。其二,司法裁判作为独立审判所做出的决定,应当独立于其他机构,不受其他主体的影响,方能体现公平与正义;"而行政决策往往要考虑各方利益及各种社会关系。司法裁判主要应遵循专业认知的规律和原则,无须遵循领导掌控和下级服从上级等行政决策的原则"。②然而,如今司法机关做出的司法裁判发生异化,司法实践中普遍存在着"司法裁判行政化"的现象。例如,某些下级法院所做出的司法裁判需征得上级法院的指示。故而,下级法院跟从上级法院的司法裁判"潜规则"形成。各级法院纵向监督关系"行政化"异变的现象,使得法院作为独立审判机关的定性出现偏差。该定性偏差的出现,对其公信力的损害无疑是较大的。

(三) 各审级法院功能混同现象依然存在

法院的本质功能是解决纠纷,但随着社会的复杂化发展,法院又具有了其他延伸性功能,例如控制功能、权力制约功能和公共政策制定功能等。在新时期,法院要解决的不仅仅是当事人诉诸法院的矛盾纠纷,而且需要对其所做出的裁决负责,在裁决做出前需考虑到裁决做出后可能带来的社会影响,是否对公众今后的行为做出正确的指引,从这个层面而言,法律裁决间接承载起政策制定的功能。但是,在"纠纷解决中心化"的思想指导下,各级法院的功能划分并不明显。

---

① 谢佑平、万毅:《司法行政化与司法独立:悖论的司法改革——兼评法官等级制与院长辞职制》,《江苏社会科学》2003年第1期。

② 何家弘:《如何提升司法公信力》,《国家检察官学院学报》2014年第5期。

"我国三部诉讼法中对各级法院的功能划分也未明确规定,基层法院的主要功能是审理案件事实,并依据案件事实适用法律,而上级人民法院在司法实践中仍是对上诉案件进行全面的审理,未将重点放在统一法律标准的适用上。"[1]由此,这种各级法院功能混同现象的出现,阻碍我国法治进程,也损害我国的司法公信力,在司法实践中主要体现在以下方面。

1. 下级法院在做出司法裁决时,有时会依赖于上级法院的意见,法院审判案件的独立性独立不够。在司法实践中,下级法院对上级法院意见的采取程度高,上级法院对下级法院的指导,下级法院通常照单全收。尤其在遇到某些案情复杂、把握不准的案件时,下级法院或许是因为把握不准、或许是怕被改判或怕承担责任,通常会向上级法院请示意见,上级法院提出相关意见后,下级法院一般会严格遵从。这种请示意见的现象,无疑会带来两种不良结果:其一,上级法院可以通过对下级法院提出意见来干预下级法院的独立审判,容易滋生司法腐败;其二,下级法院在向上级法院请示意见后严格遵循上级法院的意见进行裁决,倘若当事人对原有判决不服上诉至上级法院,则上级法院显然会维持原判,阻碍了审级制度应有的纠错功能的发挥;其三,对当事人而言,为获取利于自己的裁决,可能通过"打好关系"而得到利己的裁决,为当事人通过领导影响法官办案提供"寻租"空间。由此,下级法院向上级法院请示意见并严格遵循上级法院的意见答复进行裁决的咨询模式,影响人民法院依法独立行使审判权,损害司法公信力。

2. 上级法院在审理上诉案件时将重点置于具体案件的全面审理中,而未发挥创制规则的社会功能。上级法院是审理上诉案件的法院,在法律体系中设立上诉制度的目的在于:"其一,通过再一次对案件的审理,纠正错误的裁判,保护当事人的合法权益。其二,保证国家法律的统一系统,使司法系统在所有的审级都尽量以统一的声音说话。"[2]即上级法院除具备法院的解决纠纷的基本功能之外,还应当超脱于个案之外,通过对具体纠纷的解决而建立一套影响案件当事人并能在今后类似案件中运用的行为规则,这种功能即为创制规则的社会功能。法律具有滞后性和抽象性,在复杂的社会关系中,法律不可能面面俱到,同时在瞬息万变的社会生活中,法律的变化也不及社会的变化快,在面对新情况和新问题时,法律会存在漏洞。在发现正式的法律源的漏洞时,法院便承担起公共政策的制定职责。法院可以通过解释法律或创制法律影响对所涉及社会问题的相关

---

[1] 张忠厚、卓泽渊:《中国司法公信建设研究》,北京:人民法院出版社,2014年。
[2] 章武生:《我国民事审级制度之重塑》,《中国法学》2002年第6期。

领域的政策制定。然而,由于法官的专业水平、见识理解及思维方式情况不一,各法官对同一法律文本的理解不同,对同一案件事实也可能会不同定性,为保证"同等情况同等对待",上诉法院可以通过对一审判决进行审查,得出判决背后的法理,保证在法律系统中对法律有着统一标准的理解,从而为社会提供统一明确的指引规则,使公民可以依法行为。然而,在当今的司法实践当中,我国上级法院的工作重心仍放在对一审案件的全面审查上,而并未发挥创制规则的社会功能,使整个法院系统缺乏一种维护法律统一和推动法制进步的责任意识与创新意识。上级法院规则创制功能的缺失,阻碍法律系统的统一。

(四) 司法机关与党政机关的权力界限尚有模糊之处

《中华人民共和国人民法院组织法》第四条规定,人民法院依照法律规定独立行使审判权,不受行政机关、社会团体和个人的干涉。由此,强调司法权的独立行使。权力的明确划分是民主的前提,也是各权力机构保持独立性的前提条件。司法权作为国家权力的重要组成部分,由我国的司法机关掌握,主要由各级人民法院、检察院、公安机关享有,且尤以法院为主。法院独立行使其司法审判权为其独立、公正解决纠纷的前提。但在司法实务中,由于政党、人大、政府等主体常出现在司法领域,产生了影响法院独立审判的现象。

党政机关与司法的关系一直是法学、政治领域关注的问题。党对司法的领导是政党与司法关系根本性的原则,司法权的行使须遵从党的领导。党的领导是对国家一切事务的领导,作为国家事务之一的司法事务,自然应遵从党的领导。在司法实务中,党通过制定司法政策、对司法机关组织领导等方式实现党对司法的领导。党在宪法和法律的范围内对司法工作进行领导,有利于司法工作的有效运行。同时,从法理上而言,司法机关与政府机关间的权限应明确划分,政府机关因其行政职能属于政策的执行机关,司法机关作为法律的执行机关享有最终裁判权。但在司法实务中,一些党政机关对司法领域一定范围内的介入,也可能影响司法审判权的独立行使。

党政机关介入司法领域,可能对司法的独立运行进行干预,其干预司法的原因在于:(一) 为维护地方利益。法院在审理某些地方重大经济案件时,地方党政机关为维护地方利益,其行政效果需以合法的形式表现出来,则需要法院在审理案件时以具有权威性的法院裁判确定行政目的的合法性,以"法律的外衣"维护地方利益。这种干预司法审理来实现对地方利益的维护,使法院成为行政的附属物,法律成为某些利益集团的工具,严重损害司法的权威。同时,由于对地方行政领导政绩的考核与地方经济建设息息相关,故而出于对自身政绩的考虑,在涉及地方重大经济案件审理时,个别党政机关会对法院审判进行干预。(二)为协调司法机关工作的内部冲突。在展开司法工作时,公检法机关有时会产生矛盾。在三方工作产生矛盾时,党政机关为协调好三方工作,将产生某些妥协,影响司法审判的某些原则。(三)为消除社会不良影响。某些重大案件涉及范围广、社会影响重大,影响公众的正常生活。为恢复原有稳定的社会秩序,消除不良影响,维护社会安定,个别党政机关将对相关司法部门施加压力,下达"限期破案""限期审理""限期判决"等决定。司法机关迫于压力,为尽快处理案件,消除影响,可能违反某些法律程序,出现刑讯逼供、超期羁押等违法现象,造成司法的不公正。党政机关因其行政地位的优势在同一行政区划内对司法机关工作的运行产生影响,主要体现在以下几个方面。

第一,通过人事安排介入司法领域。党对国家机关的人事进行管理,司法机关人员的任免、调动等都与地方党委有着直接关系。地方党政机关对司法人员人事安排的影响,使得法院地方化现象严重,法官成为地方的法官。其在司法机关人事安排上的影响主要体现于:党政机关对司法人员的任免、提拔、调动等起决定性作用。依据《中华人民共和国法官法》的相关规定,各级法院院长由所对应级别的人大选举和罢免,各级法院的副院长、审判委员会委员、庭长、副庭长和审判员由本法院院长提请所对应级别的人大常委会任免。人民法院的助理审判员由本院院长任免。军事法院等专门人民法院院长、副院长、审判委员会委员、庭长、副庭长和审判员的任免办法,由全国人民代表大会常务委员会另行规定。由此,依据我国关于法官任免的规定,法官由各级人大及其常委会任免、选举,但在实际运行中,地方各级人大及其常委会中,党政机关具有重要影响。

第二,行政级别管理。依据《中华人民共和国法官法》的相关规定,法官共分为十二等级,最高人民法院法官为首席大法官,二至十二级法官分为大法官、高级法官、法官。对法官实行类似于行政级别的层级管理,是为了便于法官管理。其中,基层法院相当于县处级、地级或副局级,中级人民法院为副局级或正局级,高等法院属于副部级。同时,对于法官的招入、奖惩、退休等都依据不同级别实行不同的待遇。由此,某一行政区域的行政长官的行政级别,总是高于相对应的司法人员的级别,由于行政级别的不同,级别低的司法人员服从行政长官意愿成为"理所当然",行政长官借用其行政级别的优势干预司法工作成为"理所当然"。即使行政长官不利用其行政级别的优势影响司法运行,但由于其行政级别高于司法人员的级别,司法人员在处理案件时不自觉地考虑行政长官的意愿,间接地影响审判独立。

第三,党政机关通过财政制约司法机关工作的独立运行。从我国目前司法机关的财政来源来看,尽管通过司法改革实现了省级司法机关对于人财物的统一管理。但在实际的运作过程中,一些地方法院、检察院的财政还依附于地方财政。由于党政机关对法院、检察院财政的掌控,在一定程度上制约司法机关工作的运行。行政的这种制约不在于法院、检察院对某一案件的处理上,而在于两个部门之间的关系上,当行政机关与司法机关出现微妙关系时,"这种制约就成为一种手段,是利益的权衡和较量"。[①] 法院、检察院的财政未能掌握在自己手中,司法工作人员在处理与党政机关有利害关系的案件时,有可能不能公正独立执法,即使公正审理,案件当事人也会有所怀疑,损害司法权威。

三、司法主体的行为：个别司法人员行为缺乏获得民众认可的基础

司法主体的行为是司法主体法律思维的外在表现,集中体现了司法主体的司法能力,也是社会公众了解司法机关及司法工作的重要方式。司法工作人员的言行举止代表着司法机关的外在表现,影响着社会公众对司法机关及司法权威性的认知。在司法实务中,部分司法工作人员行为失范,影响司法权威、公正的形象,主要体现在以下三方面。

(一) 部分法官角色定位错位

在社会关系日益复杂的当下,案件审理效果不仅仅由依法裁判的法律效果决定,法院的审判强调案件审理结果的法律效果、社会效果与政治效果的统一。因此,法官在现今的司法环境中已不是司法角色这么简单,而是司法角色、政治角色与社会角色的集合体。法官在审理案件时,不仅要依法审理案件,做出符合法律的判决,其做出的判决还应当达到最大的社会效果。法官在社会中承担的首要角色应当是化解社会矛盾的司法角色,引导公众树立正确的法律观。然而,我国法官在实用主义思想的引导下过度追求社会效果,过度关注社会影响力、公众接受度和当事人满意情况,忽视法律效果为首要和基础的追求,导致法官的角色定位由司法角色错误转移为社会角色,主要体现为：

第一,法官在司法裁判时过度迎合民意。法官在审理案件时,尊重民俗习惯和伦理规范,考虑公众对案件的普遍意见,作出公众可接受性强的裁决,有利于促进司法的公正运行,提升公众对司法裁判的认同感,增强司法的公信力。但

---

① 韦林静、岳志勇：《干扰司法独立的外部因素——浅谈政党干预与司法独立》,《商业文化(学术版)》2010年第5期。

是，公众不能像法官那样有很强的法律思维能力，且容易盲目跟从某些偏激的观念，在公众意见与法律相悖时，将公众意见置于法律之上，容易造成"舆论审判"，不利于法治观念的形成。第二，过度强调调解。调解作为有效化解纠纷、最大可能恢复原有社会关系的纠纷解决方式，常为法官所用。但是，现行法院对法官的考核机制，导致案件审理时调解的使用违背调解设立的初衷。实证研究表明，由于全国法院考核法官调解率，并与奖惩挂钩情况相当普遍，"造成法官为增大调解成功率而进行信息垄断和加工，导致民事调解出现高反悔率现象"。[1] 这种现象的出现，违背了调解的自愿原则，同时容易造成当事人反悔现象，不利于纠纷的解决。第三，法官在面对复杂、矛盾尖锐的案件时采取"鸵鸟政策"，损害司法权威。鸵鸟在遇到危险时就把头埋进沙子里，这里的"鸵鸟政策"指的是法官在面对复杂、社会影响较大、矛盾尖锐的案件时，不敢直接亮明观点，而是采用调解或回避尖锐问题的方式处理。

（二）部分法官法治思维的缺乏

法治思维，要求行为符合法律规定，即问题的观察、分析、决策、执行等过程中不断审视内容与程序合法性的思维。这种思维强调理性，从中世纪到近现代，法律的理性一直被认为是法治的本质。柏拉图提出"法律就是理性"，西塞罗强调"法律就是最高的理性"，而到现代社会，利益彼此交织的社会生活更要求建立对多元价值和复杂利益合理控制的机制——理性规则。运用理性规则定纷止争是法官的重任，法官法治思维的养成是完善司法体制、树立司法权威的重要前提。

法官法治思维的考量，可从以下因素进行分析：其一，对合法性思维的考察。合法性思维，指法官在审理案件时只能以法律为依据，并运用法律思维、法律解释进行合理推理。对合法性思维的考察是对法官法律思维考察的首要问题。合法思维的本质是以权利义务为向导，对案件事实进行分析。其二，崇尚程序规则。实体的公正是正义的基础，而程序的公正是正义的保障。对程序规则的尊重，是法治思维养成的内在需要。"正当程序的价值可以归纳为：促进实体目标的实现、增进效率和福利、限制权力恣意以保障权利、保证决定的正当化、对尊严的尊重等。"[2]但在司法实务中，传统的"重实体轻程序"观念还未曾转变。其三，法官的中立。法官运用法治思维审理案件时，强调法官的司法公正，中立审案。例如，在刑事诉讼当中所强调的控、辩、审三方呈"三角结构"就是强调法官中立

---

[1] 陈力：《民事调解高反悔率及其解释》，《法律适用》2010年第7期。
[2] 张文显：《法理学》，高等教育出版社，北京大学出版社，2011年，第143页。

的体现。

法治思维作为意识形态的一种,受制于社会物质生活条件,在当下的司法体制、司法环境中,部分法官法治思维的缺乏现象突出,主要体现于:

第一,受限于当下的司法体制,部分法官的法治思维欠缺。(1)法院内部行政化管理模式,不利于审理法官的独立性。在司法实务中,案件的审批汇报须经领导审核、层层审批,在案件还未审结时审判法官即向庭长、院长汇报请求把关,不利于法官独立行使审判权。(2)公民民主参与司法活动渠道太窄,不利于监督法官法治思维的运用。在现有司法体制中,公民参与司法活动较为明显的只有陪审制度,而陪审制度下因陪审人员专业知识等的缺乏容易产生"法官权威"心理,因此并不能充分发挥其参与审判、促进司法公正的效用。(3)独立行使审判权受干预,不利于法官独立审理案件。法官在审理案件时,不仅受到上级领导、地方政府等的干预,还需考虑社会影响、经济发展等因素,独立审理案件难以完全实现。

第二,传统司法文化对法官法治思维的养成产生一定的消极影响。中国传统社会长期以来的法律体制中,刑民不分,司法与行政不分,历代承担裁决职能的廷尉、大理、判官并不是专门司法官员,而是行政官员,将诉讼案件当行政事务处理,造成我国实质性的司法文化传统着重强调法的目的、内容、结果,而轻视法的手段、形式、过程。这种传统的司法土壤影响现在法官审理案件的思维,主要体现为:(1)法官在审理案件时过多考虑情理因素。中国自古以来是一个人情社会,"原情论罪"是中国古代法官审案的普遍原则与基本方法,官员在审理案件时尤其关注民意和道德的取向。"在中国古代社会,正义的客观判断被认为出自民心和群情。可以说我国传统法文化是以争取同意为特征的。"[1]这种重视情理的观念一直存在于现在的司法观念当中,影响对行为合法性的认定。(2)在对法律规范进行解释时看重法律目的而非进行本义解释。法官在适用法律时,都先在心里对法律规范的内涵进行解释。受当前快速发展的社会对物质及功利过分看重的影响,社会主体出现急功近利的意识,法官也不例外。因此,在对法律规范进行解释时,法官常常从法律目的出发,而忘记本义解释才是对法律规范解释的首要方式,因此容易曲解法律规范的原意。(3)"重实体轻程序"观念严重。传统司法审判体制与行政管理联系在一起,司法机关、社会主体对案件的审理只看重案件的审判结果,以案件审理结果作为衡量司法是否公正的唯一指标,程序意识薄弱。这种传统的"重实体轻程序"观念,一直存在于司法机关及社会主体的观

---

[1] 季卫东:《法治与选择》,《中外法学》1993年第4期。

念中,导致法官法治思维欠缺。

第三,法官法治思维的养成受大众思维、道德思维和政治思维的影响。(1)受大众思维的影响。大众思维,即占大多数社会主体的意愿。司法运行中不能缺少大众思维,大众思维对司法的监督、促进司法公正有着重要作用。然而,网络空间下的大众思维,极有可能演变为被少数利益集体推动的负面舆论,司法工作人员在执行司法工作中,应保持理性的思维,防止盲目跟从不当舆论,影响对案件的独立判断。(2)受道德思维的影响。司法审判对道德的考量难以避免,"法治的价值目标天然具有道德的含义,司法公正不可避免染上道德评价的色彩,一切法律适用的最后基础必须是对法律秩序立于其上的价值的深思"。[①] 法官在审理案件时,可以有道德的判断,但不能以道德断案,以道德评判来代替法律思考将摧毁法治建设的根基。(3)受政治思维的影响。司法机关作为国家政治机关,其运行受政治理念的影响,法官也随之拥有政治思维。在案件审理中,法官对社会影响、大局需要等因素考虑过多,以政治思维替代司法审判标准。长此以往,法官忽略其独立地位,在案件审理中不仅仅以法律为依据。

(三) 个别法官司法行为不规范

司法机关对于民众而言是抽象遥远的,在公民心中司法机关仅为解决纠纷的国家机关,其公正权威的司法形象通过司法工作人员外现于社会主体。司法工作人员在司法活动中作风不正、形象不佳、行为不规范,损害的是司法权威和公民对司法的信任。在司法实践中,尤其是作为公正代表的法院在公民心中的形象对维护司法权威极其重要,而法院公正权威形象的树立在于法官行为的规范。在司法活动中,部分法官行为的不规范,损害司法公信力的建立,法官行为的不规范主要体现在以下几个方面。

1. 法官法律意识的缺乏,导致司法作风不良。意识决定行为,法官法律意识的缺乏导致司法行为的不规范,形成不良的司法作风。司法作风指司法人员在日常司法工作中所表现出来的态度与行为。司法作风的败坏,损害司法的根基,减损公众对司法的信任。司法人员在日常司法工作中,容易形成官僚思想,司法意识不强,具体体现为:第一,司法服务意识不强。司法服务意识不强,最突出体现在立案登记阶段,当事人到法院立案登记,司法工作人员对待当事人态度较差,例如,不一次性告知所需上交的材料,增加当事人的诉讼成本,也打击当事人通过司法途径解决纠纷的热情。司法机关"门难进、脸难看、事难办"现象依然

---

① 赵小鸣:《简论法官思维的多向度特征》,《山东大学学报(哲学社会科学版)》2006年第2期。

不时存在。第二,服务大局意识不强。法院作为纠纷解决机构,在处理纠纷时,依照法律公正审理是其合法作为的表现。但在实践活动中,部分法官的工作仅限于此,而未能切实为双方当事人利益以及社会影响力着想,一判了事,不能达到更为合理、有效的审判结果。

2. 个别法官司法行为不规范,影响公正形象的建立。法律行为的正当性在于实体内容的正当和程序的正当。在司法活动中,部分法官行为仅重视合乎实体法与否,而忽视程序公正,不合程序的法律行为损害司法的权威甚至导致司法的不公正。在司法活动中,法官的不规范行为主要有:其一,在审理程序中,部分法官未能严格依据法定程序。例如,在2009年7月,××省××县发生"法官铐律师事件"。××省××县法院民事审判一庭庭长在审理案件过程中与诉讼代理律师因发生笔录纠纷而指令法警将代理律师铐于篮球场暴晒。该法官动用私刑,以司法权为私人报复的武器,使司法权异质化。当然,这种暴力性的违反程序的事件相对极端,也极为少数,但法官在司法活动中违反一般法定程序的现象众多。例如,当事人提交案件材料时不一次性告知相关事项、审理案件久拖不办、申请执行案件久拖不执等。其二,司法机关对法律文书材料不重视。例如,法院对出具的裁判文书不进行校对,在裁判文书中出现低级错位。裁判文书是法院审理案件的最终结果,是法官展示其专业知识、司法技能和法律价值的重要载体。同时,对于当事人而言,裁判文书是当事人衡量审判公正与否的重要渠道和依据。在司法裁判文书中出现低级错误,虽不影响当事人的权利义务,但当事人收到后无法对司法机关及裁判结果产生基本的信任,容易引发当事人对司法机关司法能力甚至司法品德的质疑,削弱司法机关司法纠纷解决功能的发挥。

3. 司法腐败现象尚没有完全根除,损害司法公信力。我国处于社会转型期,司法腐败现象成为社会各界密切关注的焦点问题,极大影响司法公信力的建立。司法作为权利救济的最后防线,司法腐败比其他任何领域的腐败后果都要严重。司法腐败将使社会完全丧失对国家、政府的信任。其后果正如培根所言:"一次不公的司法判决比多次不平的举动为祸犹烈。因为这些不平的举动不过弄脏了水流,而不公的判决则把水源败坏了。"[①]因此,国家对司法腐败现象的遏制效果,直接反映司法系统有效运行的可能性,是司法文明的风向标。对于公众对司法机关的信任程度,人民网的两会调查显示,2010年有56%的网民认为司法领域中腐败现象突出,2011年有65%的网民认为司法领域中腐败现象严重,到2013年持此意见的有18%,最近两年比例大幅度下降。虽说比例大幅下降,

---

[①] 弗朗西斯·培根:《培根论说文集》,水天同译,北京:商务印书馆,1983年,第193页。

但即使是最小的比例,只要司法腐败没有完全根除,就会极大地影响公民对司法的信任度。现今司法活动中,司法腐败现象显示出以下特征。第一,法官违纪违法现象不时存在,纪检监察机关每年都会通报被查处的司法人员,说明司法腐败依然在一定范围内存在;第二,法官违法犯罪的级别较高,近年来所查处的司法腐败案件多以中、高级法院为主;第三,司法腐败牵涉面广,查处的司法腐败案件,牵连人数较多,牵连领域众多;第四,在司法腐败领域中,法官违法犯罪问题相对严重。导致司法腐败的原因众多,其根本原因是司法领域道德自律机制的缺乏。司法领域的道德自律机制是一种防控机制,使得个别司法工作人员在思想、行动上耻于腐败。要建立有效的道德自律机制,则要求:其一,提高司法人员的准入门槛;其二,提升司法人员的政治地位和工作待遇;其三,增强司法人员工作的独立性;其四,降低司法人员的执业风险。

四、法院的现实处境:公众司法信赖感存在不足

司法公信力的建立,除了司法工作人员行为不规范的主观原因外,现实司法处境中存在的一些问题是阻碍司法公信力建立的客观因素。现实的司法难题主要体现在法院执行工作方面尚存的问题、法院的司法资源配置不合理造成民庭法官负荷过重、"法官流失"现象、与社会互动机制不完善等。

(一)"执行难"问题须继续破解

执行工作是国家为实现生效法律文书确定权利而专门设置的法定程序,是法律实施的重要环节,是司法权威和司法公信的集中体现,是法治建设的重要内容。如果说诉讼是公民权利的救济手段,那么执行就是该手段取得成效的关键,执行工作的落实情况是社会主体衡量司法权威及信誉的关键因素。

1. 江苏省法院执行工作基本情况

江苏省法院的执行庭成立于 1989 年,2002 年成立执行局,内设综合协调处、实施处、裁决处三个机构。就目前人员组成情况来看,其中局长 1 名(副厅级)、副局长 2 名(按中层正职管理)、处长 3 名(部门副职)、专职副书记 1 名。江苏省全省中级人民法院共有 13 家,全部设立了综合协调、实施、裁决三个内设机构,其中南京、无锡、常州三个中院还根据工作需要成立了行政执行局或执行二局,中级人民法院执行局长被任命为党组成员的有 5 人。至 2011 年底,江苏省基层人民法院已通过编办批准设立执行局的有 101 个,执行局长被任命为党组成员的有 30 人,享受副院级待遇的有 45 人,设立三个内设机构的有 55 个,设立

执行实施与裁决两个内设机构的有 24 个。

江苏是执行案件大省。从 2013 年到 2017 年,全省法院受理执行案件数量连续五年位居全国第一。[①] 2018 年共受理执行案件 700 827 件,占全国近十分之一;执结 614 202 件,同比上升 23.24%;执行到位金额 1 247 亿元。[②] 2019 年全年执结各类案件 634 028 件,执行到位 1 135 亿元。常态化开展夜间执行、凌晨执行、假日执行 5 949 次。[③] 2020 年受疫情影响案件数量有所下降,仍达到 74.41 万件。[④] 全年组织夜间执行、假日执行 3 038 次。执结 68 万件,执行到位 1 085.6 亿元。[⑤] 2021 年执结 53.7 万件,执行到位 1 109.6 亿元。[⑥] 过去五年,江苏省以全国约 1/20 的执行人员承担了近 1/10 的执行案件,执结案件 304.5 万件,执行到位 4 522 亿元。[⑦]

2. 针对"执行难"问题的江苏行动

如何可持续保持执行工作高水平运行？这是江苏法院执行工作面临的首要问题。鉴于以往执行工作承办人"一人包案到底"的传统办案模式存在效率不高、难以聚力、缺乏有效监管等顽瘴痼疾,影响了胜诉当事人合法权益的及时实现,人民群众反映强烈。2018 年开始,江苏省三级法院全面推行"执行团队＋执行指挥中心实体化运行"的"854 模式"。该模式以彻底打破"一人包案到底"为切入点,大力推进执行案件办理机制改革,将原来由办案法官独自承担的线上线下查人找物等 8 项事务性工作,改由执行指挥中心集约化、标准化、精细化办理,同时指挥中心为办案人员提供视频会商等 5 类技术服务,并承担繁简分流、案件质效、执行案款、终本案件等 4 项贯穿执行全过程的管理职能。

为了让人民群众切实感受到改革实效,2020 年开始,江苏法院对"854 模式"进行迭代升级,全面实现全流程无纸化办案,全面推行便民、利民的执行事务一

[①] 朱嵘、夏从杰:《"八五四模式"为解决执行难长效机制夯实基础》,《人民法院报》2019 年 4 月 30 日。

[②] 参见《江苏省高级人民法院工作报告——2019 年 1 月 16 日在江苏省第十三届人民代表大会第二次会议上》。

[③] 参见《江苏省高级人民法院工作报告——2020 年 1 月 17 日在江苏省第十三届人民代表大会第三次会议上》。

[④] 参见朱旻、程洁:《江苏完成执行"854 模式"迭代升级》,《人民法院报》2021 年 7 月 14 日。

[⑤] 参见《江苏省高级人民法院工作报告——2021 年 1 月 28 日在江苏省第十三届人民代表大会第四次会议上》。

[⑥] 参见《江苏省高级人民法院工作报告——2022 年 1 月 22 日在江苏省第十三届人民代表大会第五次会议上》。

[⑦] 参见《江苏省高级人民法院工作报告——2023 年 1 月 17 日在江苏省第十四届人民代表大会第一次会议上》。

站式服务。目前全省所有中级、基层法院执行指挥中心"854模式"迭代升级已全部完成。"854模式"迭代升级后全面推行执行"办案无纸化",实现全流程网上办案。在执行案件办理过程中,所有纸质材料一经生成,立即集中扫描为电子卷宗引入办案系统,纸质卷宗全部进入新建立的"中间库"集中管理,使电子卷宗与纸质卷宗同步生成,实现执行过程全程留痕。当事人足不出户,就可以通过手机在"微执行"小程序中随时了解案件进程、提供执行线索,及时与办案法官联系沟通。在法院内部,各流程节点再无纸质卷宗流转,指挥中心与办案团队共建共享共用电子卷宗。原先是"卷宗在谁手里谁干活",现在可以几个人使用电子卷宗同时干活,办案流程由"串联"变为"并联",使工作效率大幅提升。"854模式"推行以来,江苏全省法院首次执行案件结案平均用时从154天缩短至86天,执行完毕案件结案平均用时从100天缩短至56天,法定期限内结案的比例从不到75.15%提升到97.02%。[①]

3. 影响"执行"的现实因素

"执行难"一直以来是全国法院共同面临的困境,当前在司法活动中该问题的存在阻碍法院执行工作水平的提升,也影响法院权威的全面树立,造成这一困境的原因既有外部因素,也有内部因素。

造成"执行难"之困境的外部因素有:第一,社会诚信体系尚未建成。当前,我国市场经济仍处于不成熟阶段,社会诚信体系机制还比较匮乏和薄弱。社会公众的诚信意识及法律意识淡薄,法院裁判后当事人自动履行率偏低,进入执行程序后被执行人自动履行率也偏低,大量案件需进入执行程序、通过强制执行才能实现当事人权益。并且,在执行过程中,被执行人利用众多方式逃避、抗拒执行。我国在市场监管、税务、金融、房地产、个人信息等方面的一系列制度尚不健全,财产信息透明度低,致使被执行人诉前转移财产、诉后隐匿财产的现象屡禁不止,被执行人的财产状况查询和财产流向控制具有很大的难度。第二,司法强制能力不足。对于恶意逃避履行的当事人,我国没有专门的强制执行法,而现行的法律条文赋予法院执行的手段有限,如果当事人恶意转移和隐匿财产,法院往往束手无策。第三,协助执行人支持配合不够。协助义务人是指有义务协助法院执行工作的单位或个人,例如银行、电信部门等,在现实的执行活动中,一些协助义务人不积极履行协助执行义务,消极协助、刁难执行现象比较普遍。例如,不少银行和非银行金融机构为在竞争中吸纳资金,追求利益而乱拉储户,为企业

---

① 参见朱旻、程洁:《江苏完成执行"854模式"迭代升级》,《人民法院报》2021年7月14日。

多头开户提供方便,甚至对跨地区行业乱开账户也不限制,使法院难以了解和掌握企业资金的真实情况。第四,执行立法滞后。我国针对执行工作的法律规范缺少全面完善的体系,造成执法标准不统一,且很多执行制度中的现有规定过于粗疏甚至存在法律空白,如执行退出机制、执行程序与破产程序的衔接等。

造成"执行难"之困境的内部因素有:第一,执行工作人员对执行工作的重要性认识不到位。执行工作在司法工作人员眼中是一种不需要专业知识、没有技术含量的工作,形成一种"执行工作谁都能做"的观念。因此,在人员配置上,法院通常将法律知识不够、业务能力不强者放在执行岗位上,造成执行工作推进的困难。第二,执行人员的执行行为不规范。执行人员在执行活动中,存在滥用职权、假查封、假执行的情况,暴力执法、违法执行情况不时存在。第三,执行人员对执行工作规律缺乏深入研究。强制执行是权利人寻求公力救济后的公力手段。法院在强制执行时的理念出现偏差,为达到一定的考核目标,而以债权人债权实现的多寡作为标准来评判。这一理念的偏差致使一些法院执行工作人员大局观、服务观出现偏差,以放弃法律的权威、牺牲法院的公正来换取所谓的"稳定",甚至拿法律的原则做交易,搞地方保护主义,不仅使生效裁判文书确定的权利得不到实现,而且使法治环境恶化。第四,执行改革有待进一步深化。执行工作的负责人员对当前日趋发展的执行工作形势认识不足,对执行工作的改革缺乏主动性和紧迫感,一味地消极观望,墨守成规,甚至对已经实践证明行之有效的既定改革措施也不积极落实。同时,已采取的某些改革措施针对性不强,难以破解现今"执行难"的困局,执行人员对现有法律赋予的执行权能和监管手段未能充分运用。

(二)司法资源配置影响诉讼效率

我国处于社会转型期,使法院对维护法律秩序、解决矛盾纠纷的责任更重,社会主体对法院的要求也越来越高,但在现实司法环境中,司法资源配置不足,实现其职能的保障条件亦不够,因此有"内外交困"之感。司法资源配置不足,导致长期以来法院积压众多案件,影响法院解决纠纷的司法公信力及权威性,使法院终局性解决影响司法公正及司法公信力的现实因素及其对策纠纷的能力不足。法院通过审判活动解决社会纠纷,该活动的实施必然要求投入司法资源,从而获取司法产出。依据经济学原理,优质的投入才能得到最佳的司法产出。"审判资源主要是指审判机关在诉讼活动中为解决纠纷所支付的人力成本、物力成本、财力成本等要素的总和。"①优化司法资源的配置,适应新时期的要求,是以最少的资源消耗获得最大的司法效益,目的是为了在有限的审判资源与扩展的司法需求之间探索一条解决现实问题的有效途径。司法资源的配置不足导致诉讼效率低下,积压案件众多,司法资源配置不足的现实困境体现为:

第一,法官处于满负荷工作状态。2018年江苏省全省法院连续两年受案超200万件,2018年达2 165 962件,其中新收1 832 286件,同比分别上升6.31%和8.47%;审执结1 862 204件,同比上升9.25%。省法院受案首次突破2万件,达22 771件,审执结16 298件,同比分别上升16.37%和10.34%。② 2019年江苏省全省法院共受理案件2 260 045件,其中新收1 978 667件,同比分别上升4.34%和7.99%;审执结1 987 489件,同比上升6.73%;法官人均结案295.4件,同比增加25.4件。③ 即使受疫情影响,2020年、2021年江苏省全省法院受理案件也分别达到202.5万件和204.8万件。④ 过去五年,江苏省全省法院受理案件高达1 021.8万件,审执结998.1万件,结案标的额7.1万亿元,分别比前五年上升44.3%、47.9%、78.9%,其中省法院受理案件11万件,审执结9.5万件,分别上升90.8%、80%。⑤

第二,法院各审判庭室之间人力资源配置不平衡。法院通常有立案庭、民事庭、刑事庭等分设,而在司法实务中案件的审理量与人员配置数不成比例的例子众多。过去五年,江苏省法院一审审结民事案件373.5万件,但一审审结刑事案件为37.5万件,差异悬殊。⑥ 2022年苏州市全市法院共受理案件300 590件,办结262 577件,法官人均结案318件。其中依法审理教育、医疗、消费等民生案件28 587件,审结婚姻家庭案件9 442件,审结一审刑事案件总10 663件。⑦ 这些数据可反映出民事审判工作中案多人少的矛盾日益突显。诚然,不同类别的案件审理周期、审理规律都有所不同,仅以结案数来衡量法官的工作量并不科

---

① 沈明磊、蒋飞:《资源配置视野下的司法效率》,《人民司法》2008年第17期。
② 参见《江苏省高级人民法院工作报告——2019年1月16日在江苏省第十三届人民代表大会第二次会议上》。
③ 参见《江苏省高级人民法院工作报告——2020年1月17日在江苏省第十三届人民代表大会第三次会议上》。
④ 参见《江苏省高级人民法院工作报告——2021年1月28日在江苏省第十三届人民代表大会第四次会议上》和《江苏省高级人民法院工作报告——2022年1月22日在江苏省第十三届人民代表大会第五次会议上》。
⑤⑥ 参见《江苏省高级人民法院工作报告——2023年1月17日在江苏省第十四届人民代表大会第一次会议上》。
⑦ 参见《苏州市中级人民法院工作报告——2023年1月8日在苏州市第十七届人民代表大会第二次会议上》。

学，但不可否认的是，现阶段民事审判法官承担着巨大的审判压力和工作负荷。

第三，审判辅助力量薄弱，书记员队伍不稳定。以南京市为例，除江宁法院法官助理较多以外，其他基层法院的法官助理大多配备不足，南京市中级人民法院在人员配备方面也不乐观，多数审判业务部门法官助理配备较少，在案件受理数较少的部门甚至不曾配备法官助理。

从目前实际状况来看，书记员人数并不能满足业务部门的需要。因此，部分业务部门出现多个法官共用一个书记员的现象。再者，我国法院采取的是"一审一书"的工作模式，即法官负责审理案件，而像立卷、送达传唤、证据交换、安排法庭、开庭记录、草拟简单的法律文书、复印制作法律文书、整卷归档等烦琐杂乱的工作都由书记员完成。国外法院对法官以外的其他辅助人员的工作分工都比较明确细致，除了书记员之外，还设置有速记官、调查官、执行官等职务，分工细致，规范明确，有很强的专业性。而我国繁重的工作和偏低的收入使书记员流失现象严重，书记员队伍的建设与审判工作的快速发展出现了鲜明差距，书记员业务能力不适应审判工作的要求已经成了制约提高审判工作质效的一个重要因素。

（三）"法官流失"加剧公众对司法的不信任

近年来，"法官流失"现象成为司法改革须重点关注的问题。在司法实务中，法院工作面临"案多人少"的困境，严峻的"人才流失"现象无疑给司法工作的艰难推进雪上加霜。法院"人才流失"现象，可以分为三种：其一，人才流出本省法院系统，主要包括离开法院系统到其他党政机关或企事业单位任职，调离本省法院系统到外省法院工作以及辞职等情形。其二，提前离职离岗人员，即未达法定退休年龄办理离职离岗手续的现职人员。其三，离开原法院到本省其他法院工作。例如，通过遴选、组织调动（不含职务任命）等方式流出原法院。

"法官流失"现象呈现一定特点，具体表现为：第一，基层法院流失人员占绝对多数。据统计，基层法院工作人员近三年流失人数占总流失人数的82.51%，中级人民法院流失16.74%，省高级人民法院工作人员流失人数仅占0.75%。这表明，基层人民法院的"人才流失"现象才是"人才流失"的重点。第二，在流失人数中法官人数所占比重大。在流失人员中，法官占67.49%。第三，中青年干警占流失人员的绝对多数。在流失的法官人数中，30岁以下的人数占20.99%，31岁至40岁的占37.04%。从这一比例可以看出，在流失人员中，中青年人才流失严重，而中青年人才又是司法工作有效进行的关键。第四，流失人员中本科以上学历的占绝对多数。这一现象缘于本科以上学历者在外界的选择更多，更有可能放弃已有岗位。第五，流失人员流向党政机关的占绝对多数。

分析法院"人才流失"现象的原因,可总结为:

第一,高压工作与低经济待遇的严重失衡。一方面,社会向前发展的同时社会纠纷也在增多,面对诉讼的爆炸式增长,法官整日在案海中透支生命,加上涉诉信访以及不科学、不合理的考核制度,让法官疲于应付。超负荷的工作量,让法官身心俱疲。另一方面,法官的经济待遇不高,与其工作的重要性和过多的工作量严重不符,这种严重失衡令法官不满意。《中华人民共和国法官法》对法官的工资保险福利进行了规定,其中第三十六条规定法官的工资待遇标准依据审判的工作特点由国家规定;第三十八条规定法官享受国家规定的审判津贴、地区津贴、其他津贴以及保险和福利待遇。然而,除了以上规定,我国法律规范中并无针对法官工作待遇更为详细的规定。这两条规定仅简单地表明法官可享受各种津贴和工资保险福利。在实务中,法官的工资制度套用公务员的相关规定,且《中华人民共和国法官法》中所规定的各种津贴并未落实,尤其是基层法院的法官。由此,近年许多法学院学生毕业后并不将法官作为职业选项,在职法官也纷纷离职,另从他业。

第二,法官职业身份的稳定性和晋升性存在问题。法官职业身份的稳定性和晋升性不强,司法体制的改革带来对法官队伍的改革,加剧法官人员的流失,同时其晋职晋级的空间太小,职业身份的吸引力不足。一方面,近年来,随着全面深化改革的推进,司法体制也不断改革,但频繁的司法改革加剧了法官的流失与断层,法官职业的稳定性受到威胁。法院内部进行的司法改革从一开始就存在理性不足的误区——推行借鉴经济体制改革"由下而上"的局部扩展方式的内部改革。[①] 我国经济体制的改革是试探性的"摸着石头过河",但司法体制的改革不同于经济体制的改革,司法体制的改革不仅追求改革的结果,也重视改革的方式——即必须在法律制度的框架内进行。近年来,"有些地方推行的司法改革办法并未能严格遵从宪法和法律,而是求新求异推行各种'土政策',再加上政府推行的机构改革,各地确定提前离岗退养的年龄标准,以'一刀切'的方式强制压缩精简在职业法官数量"。[②] 于是,在干部年轻化、法官竞争上岗等浪潮的推动下,大批年龄稍大但具有丰富审判经验的法官被淘汰。正如美国大法官霍姆斯所言:"法律的生命在于经验,不顾及司法实践经验的实验性改革值得反思。"在这种改革体制下,法官感到无所适从,其职业的稳定性得不到保障。另外,办案法官不同于行政机关工作人员,其晋职晋级的空间不大,许多法官终其一生也只

[①] 张少凯:《司法改革若干问题反思》,《法律适用》2005年第1期。
[②] 彭海杰、周辉:《挑战与回应——基层法院人才流失情况的调查与思考》,《人民司法》2005年第7期。

能从普通法官升任为某庭庭长。

第三，司法环境有待改善，一些法官缺乏职业尊荣感。"司法环境"的含义有两层，"一是指司法所处的政治、经济、文化等社会环境，二是指通过司法营造的环境，即司法活动对当地政治、经济、社会活动的影响力"。① 当下，由于网络负面消息的传播，个别地方党政机关、个人对司法活动的干预和公众在物欲横流的社会生活中对司法的不信任等原因，使得司法权威性减弱，法官作为正义维护者的形象受损，公众对法官的不信任致使法官对自身职业的认同感和自豪感减弱，也影响了法律人对法官职业的追求。

第四，外界更优质选择的诱惑力强大。我国法官工资普遍与一般的公务员群体差别不大。而据统计，英国基层法院法官月薪折合成人民币就达到10.18万元，美国联邦地区法院法官月薪达8.91万元，日本东京高等法院法官月薪达7.26万元，意大利上诉法院法官月薪达6.37万元，法国上诉法院法官月薪达6.17万元。可见，与域外相比，我国法官的薪资与国外法官的薪资相差太多。同时，与国内其他法律职业相比，法官的经济收入也是相距甚远。通常而言，法官都是通过了专业技能考试、具有专业知识的高级人才，面对外界吸引力强且法官能够胜任的岗位，法官可能选择放弃原有职业。

第五，法官队伍管理制度改革留下后遗症。首先，法官遴选制度的推行暂时造成法院审判人员的断层。法官遴选制度，是指规定法官资格、选任法官机制的行为准则。它主要包括三方面的内容：第一，法官的任职资格，包括一般性的条件，如年龄、国籍、健康状况等；第二，法律专业学习经历和法律职业经历，如对法律专业学历、司法考试资格、法律职业经验、法律执业资格等要求；第三，品行资格，要求品德高尚，操守良好。② 这一制度的推行是为了提高法官专业素质，提升法官队伍的职业质量，但在这种改革中我国法官职业大众化引起的后遗症便突显出来，也暂时造成了法院审判人员的断层。在2001年《中华人民共和国法官法》修改以前，我国对法官职业并无职业准入的具体条件，对法官职业素养、职业技能、职业道德没有明确的要求。而突然将门槛提高许多，势必增加法院内部工作人员通过司法考试的难度。其次，司法改革中关于分类管理的减损打击年轻法官的职业热情。在分类管理实行"员额制"前，法院、检察院内部的法官、检察官所占比例较高，大概占到三分之二，而实行之后这些人员还得被减掉将近一半，变成辅助人员。可见，走精英化道路的同时，也让许多年轻法官感觉看不

---

① 徐子良：《地方法院在司法改革中的能动性思考——兼论区域司法环境软实力之提升》，《法学》2010年第4期。

② 王琦：《我国法官遴选制度的检讨与创新》，《当代法学》2011年第4期。

到希望而转投他业。

"法官流失"加剧"人少案多"的矛盾,使法院案件积压问题更加严重。首先,"法官流失"影响法院的人员结构。法院人才流失,尤其是中青年法官的流失,势必加重法院人员结构的失衡。2014年江苏省法院系统共流出273人,且大部分为审判业务骨干[①],人员结构的失衡对法院工作产生直接影响,有的部门人员老化严重,有的基层法院执行部门女干警占多数,等等。更堪忧的是,人员结构的失衡影响法院队伍建设的计划性和延续性,将会对法院长远发展造成严重的障碍。其次,"法官流失"加剧了不同层级、不同地区法院队伍的不平衡现象。法官的流失现象在基层法院较之其他法院严重,基层法院人员缺失严重,影响案件得到公正快速的审理。最后,"法官流失"影响法官队伍的稳定性。法官的流失,影响其他在职人员对于坚守岗位的信心。这种"身在法院心在外"的情况不仅给法院内部管理带来困难,增加了队伍建设的不稳定因素,也令社会公众减少对司法的信任感。

(四)司法与社会的互动因素:良性互动机制有待建立

当前,在全面深化改革的推进过程中,社会结构不断变动,经济体制深刻变革,在这种快速变革的时代,纠纷、矛盾也不断增多,这就要求法院在化解社会矛盾的过程中强化司法功能,转变纠纷解决方式,以公民可接受的方式处理矛盾。为此,建立司法与社会的良性互动机制十分必要。加强司法与社会主体的良性互动,增强司法的公信力,才能使司法在社会中成为最为有效也最令人信服的纠纷解决路径。

目前,司法机关与社会的互动不多,司法机关对社会主体而言仍是一个遥远而冷漠存在的纠纷解决机构,缺乏这种互联互动机制的原因在于:其一,司法公开存在缺陷。随着司法改革的推进,司法公开的力度加大,但司法实质性信息公开不足特征明显。法院在审理案件时,即使案件不属于涉及国家秘密等不宜公开审理的案件也不能做到都公开审理,尤其是近年来公众较为关注的有关公务人员贪腐的案件。其二,法院对案件审理过程中的裁判文书的公开力度不够,上传到中国裁判文书网及其他网站的裁判文书比例不是很大。其三,司法宣传力度不够。近年来,司法机关也开始逐步重视对司法工作的宣传力度,增强公民的法律意识,与社会形成良性的互动。但由于司法机关的宣传经验不足,在宣传的工作中,对公民相关问题的回复未能体现本意,造成公民对司法机关的误解。同

---

① 数据来源:江苏省高级人民法院工作报告(2015年)。

时,由于司法机关资源配置不足,在司法宣传方面力度不够,对于社会舆论不能及时有效地回复,造成公民对司法公正性的质疑。其四,长期以来,社会主体"信访不信法"现象严重,对司法公信力造成严重的影响。这种现象主要体现为:(一)弃法转访。部分上访人认为走诉讼途径时间长、见效慢、成本高,从而放弃诉讼转而上访,通过缠访闹访、非正常上访等方式,向政府、法院施加压力,力图实现其不合理诉求。(二)以访压诉。有的案件尚在一审、二审程序中,当事人不积极行使法律赋予的诉讼权利,而是越级上访、进京来省上访,向办案法院施加压力。为了让案件得到有关领导机关的交办,有的当事人采取反复登记、多头登记、冒名登记等方式,人为增加上访登记数量。(三)信上不信下。部分当事人出于各种原因,对原审法院、下级法院不信任,反复到党委、上级法院上访;有的无理上访老户为了达到再审改判的目的,常年滞留北京上访。

五、司法能力:影响司法公信力的决定性因素

(一)司法技术能力不足

2002年3月,我国开始实行司法考试,其目的是为了提高司法人员的专业技术水平。近年来,我国又开始实行司法体制改革,通过改革法官遴选制度,加强法官职业培训,实行法官交流制度等各项举措推进我国司法人员职业化。司法工作人员的专业技术能力直接影响到司法工作的公正、有效进行,是影响司法公信力的决定性因素。但是,尽管各项改革措施都在大力推进,我国司法人员的技术能力不足状况仍然存在。具体体现为以下几个方面。

1. 法律适用能力不足

法官法律适用能力的不足表现为:其一,对法的价值理念领悟不够。由于法律天然具有局限性和滞后性,法律的发展落后于社会经济生活的发展,在社会生活中经常出现一些奇特复杂的案件,而法律在此阶段针对此类现象又无明文规定,因此需要法官依据法的价值判案。法的价值是抽象的、形而上学的,部分法官不能准确领悟法的价值,也无法运用法的价值处理法律问题。其二,法官对自由裁量权的把握不精确。法律不可能面面俱到,无法对社会生活中可能发生的任何一种行为都有明确具体的规定,且类似案件在案件发生的缘由、细节等方面也不同,这些不同反映各种行为为社会危害性的不同,因此需要赋予法官自由裁量权。由此,在对法律规定不够明确,以及类似案件但案件发生的动机等不同的情况下,法官可以对行为进行定性,自由裁量处理方式。但在司法实务中,法官对

自由裁量权的尺度把握不好,且不同法官对自由裁量权的尺度把握不一,导致裁判结果欠缺公正或出现"同案不同判"现象。其三,对法律规范的理解不一致。法律规范法律价值的外在形式,是立法者为追求一定法律目标而制定的。由于言语存在多重意思,各个法官生活环境、知识背景、社会经验等的不同,不同法官对于法律规范背后所承载的法律价值的理解不同,因此对同一法律规范,不同法官会理解成不同意思,从而在具体的法律适用时,体现出不同的法律价值,导致类似案件区别处理的情况,影响司法的公信力。

2. 协调沟通能力不足

司法沟通包括法官与当事人的沟通、法官群体间的沟通和法官与社会的沟通,其中与当事人的沟通是司法沟通的主要方式,"有效的司法沟通有利于当事人合理预期案件的裁判结果,实现案结事了"。[1] 提升法官的协调沟通能力有利于化解纠纷矛盾,达到更好的社会效果。法官的协调沟通能力主要体现在法官的调解能力和释法能力上。而在现行法官队伍中,有的法官的调解能力欠缺。当前,我国法官的任职资格实行"两考入官制",即只要通过司法考试和国家公务员考试即可成为法官,这种任职制度下,法官只能依靠对法律的记忆力简单裁判案件。实质上,"法律的生命在于经验",法官是一门需要具备专业法律知识,积累多年法律实践经验,具有丰富人生阅历和卓越沟通技能的职业。法学的运用离不开对社会生活的经验,"法学主要是一种实践理性,它无法完全通过讲授的方式传达,而必须依靠大量的实践才能逐渐掌握"。[2] 因此,即便专业能力过关,协调沟通能力不足,也难以胜任法官一职。除此之外,有的法官的释法能力不足,导致法官只能是运用法律规范处理社会纠纷的工匠,而不能将法的精神与价值融入司法活动当中。

3. 部分法官的裁判说理能力不足

强化裁判文书的说理部分,是对当事人知情权的保障,便于当事人理解案件审理结果,同时也是对法官自由裁量权的约束并便于公民对法官的裁判行为进行监督。因此,提升法官的裁判说理能力是促进司法公正、增强司法公信力的有力保障。然而,在司法实务中,我国目前的裁判文书说理部分仍存在诸多问题。其一,裁判说理部分内容过于冗杂,妨碍当事人对说理部分的理解。裁判文书的

---

[1] 薛剑祥:《略论法官沟通能力的养成与实现》,《法律适用》2013年第3期。
[2] 苏力:《基层法官司法知识的开示》,《现代法学》2000年第3期。

说理能力不仅体现在对事实的认定、对法律的适用等情况，更重要的是其语言应当为大众所理解。裁判文书的受众是当事人及其他公民，这就要求裁判文书的说理部分应通俗易懂，而不是用法律专业术语堆砌而成。为社会公众所理解的裁判文书才是可接受的，才利于纠纷的解决。其二，裁判文书说理部分说理不充分，缺乏论据。裁判文书说理不充分容易导致当事人对判决不服，从而上诉、申诉甚至上访，同时也令当事人产生司法腐败的误会。在司法实务中，法官的裁判文书通常对原被告双方的诉辩主张进行简单的肯定或否定，而未能说清楚理由；或者简单地罗列法律规定，而不对适用某一法律规范进行说理解释。这种只做出判断或只简单罗列法律依据的裁判文书无法使当事人信服裁判结果，自然也就不可能使当事人信任司法的公正性。其三，裁判文书说理逻辑混乱，论证力度不够。在某些案件中，法官对审理结果的说理部分不合逻辑，不能令公众信服。例如，有些案件对社会影响较大的判决，法官仅以日常生活经验和个人的主观判断进行裁决，无法使当事人信服。同时，这种裁判文书公开后，会引起公众的不满与寒心，减损司法在公众心中的权威。

4. 庭审驾驭能力不足

社会生活纷繁复杂，法官所面临的各种案件纠纷极其复杂，在主持庭审时就要求法官能够准确确定当事人的举证责任，把握案件的争议焦点，全面审查并分析案件当事人的证据，发现疑点，把握本质，并通过冷静地分析思考，做出客观的评断。法官对庭审的驾驭、掌控是对程序公正的维护，法官通过依照诉讼法掌控案件的审理，使案件的审理依法有序进行。审判程序在已有制度实践中的作用，体现在对恣意行为的限制，作为理性选择的保证，作为国家与公民间联系的纽带和其反思性整合的特性。法官对审理程序的掌握在于明确各诉讼参与主体的权责与义务，使各主体各司其职。但在司法实践中，法官对于庭审的驾驭能力未能达到使各主体的角色定位明确，主要体现于：其一，法官的权威性不够，诉讼参与主体怠于履行义务，权利界限观念不明晰；其二，法官对于案件的分析归纳能力不足，不能准确地总结案件的争议焦点；其三，法官在案件审理过程中的"反思性整合"不够，不能通过所形成的法律决议来弥补实体法的不足。

（二）服务大局能力不足

司法不仅仅是要让当事人在每一个案件中感受到公平正义，还要树立服务大局的意识和能力。坚持以法治为引领，深化司法体制改革，提高司法机关的服务大局的意识和能力。司法机关应当履行好促进社会公平正义、维护社会公共秩序,为全面建成小康社会创造安全稳定的社会环境、公平正义的法治环境、优质高效的服务环境。只有这样,才能落实好法治国家、法治政府、法治社会一体化建设,实现国家治理体系和治理能力现代化。

司法机关应当努力促进社会公平正义来服务大局。社会的公平正义来源于每一个案件的公平正义,每一个案件要经得起人民的质疑和讨论,才能凸显司法的公正性和权威性。司法公正是审判工作的灵魂和生命线,是人民法院的永恒主题。首先,应当发挥司法机关的中立性作用。衡量司法公正的标准只能是法律,法官的上司只有法律。面对审判工作的不正当干预,如各种社会关系的说情,法官要自觉抵制,依照回避制度、合议制度、审判委员会制度等法律程序方面的相关规定,来努力消除各种干预。目前,我们正在积极完善确保依法独立公正行使审判权和检察权的制度,建立领导干部干预司法活动、插手具体案件处理的记录、通报和责任追究制度。用完善的制度来排除司法机关可能遇到的阻碍,实现司法机关的中立性,保障司法机关依法独立行使司法权。其次,要提高准确把握自由裁量权的能力。确保司法公正,要努力规范法官的自由裁量权,积极探索量刑规范化和统一裁判尺度,做到在裁决相同或相似案件当事人的行为时维持一定的平衡,让人民群众成为司法公正的最大受益者,成为司法裁判的有力支持者。最后,进一步提高审判的质量管理水平。人民法院必须在提高裁判的质量上狠下功夫,全面加强审判质量管理,落实和强化院、庭长对审判工作的知情权、指导权、管理权和监督权,完善审判组织的自律机制和责任机制、审判质量控制机制、审判流程管理机制和违法审判责任追究机制,确保审判工作规范、有序、高效运行。努力实现司法公正,让每一个案件都对得起人民、无愧于历史、经得起检验,这样才能促进社会公平正义,提高司法公信力。

司法机关应当通过维护社会公共秩序来服务大局。司法机关在解决社会矛盾的同时必然要以保障社会公共秩序为目标。对社会矛盾,既要做好末端处理,善于运用协商民主和法治方式,完善调解、仲裁、行政裁决和复议、诉讼等有机衔接、相互协调的多元化纠纷解决机制,提高防范化解实效,更要深入分析其产生根源,加大源头治理力度。针对工资福利待遇等矛盾,要提醒有关企业解决好职工切身利益问题;针对调整产业结构、化解过剩产能、推进金融领域改革等过程中可能产生的社会稳定风险,建议有关地区和部门做好重大改革社会稳定风险评估工作,防止形成行业性、区域性社会风险。针对征地拆迁、环境保护等领域的矛盾,有关地区和部门要找准经济发展与改善民生、保护环境的平衡点,依法保障群众合法权益。司法机关解决处理好社会矛盾,提高司法公信力,而司法公信力又对司法机关的职能履行有正向推动作用。

最终，司法机关要以创造安全稳定的社会环境、公平正义的法治环境、优质高效的服务环境为目标。只有实现社会环境、法治环境和服务环境的共同维护和有机统一，才能改变当前司法机关服务大局意识不足的缺陷。从司法实践来看，我国几千年来执法办案，都要求坚持天理、国法、人情相统一，这种多元价值观是非常得人心的。天理类似于西方近代思想家推崇的自然法，是指最基本的社会生活规则；国法就是国家制定的法律；人情就是民间的公序良俗等习惯法。司法只有综合考虑这些价值和规则，裁判才能得到当事人和社会认同。我们现在要求执法办案要实现政治效果、法律效果和社会效果的有机统一，也是这个意思。可见，无论是古代还是今天，执法办案都不能简单地就法论法、死抠法条，否则人民群众是不会认同的，而不被人民群众认同的判决是没有公信力的。

(三) 群众工作能力不足

司法，长期被认为是神圣而又神秘的，其公正性的本质要求其与社会主体保持一定的距离。但这一特性，又使得社会主体对司法机关、司法工作不了解，而无法对司法产生信任感。加强司法与民众的沟通互动，建立深厚的社会基础，是增强司法公信力的重要方式。在司法实务中，司法机关群众工作能力不足，主要体现为：

1. 司法活动的公开力度不足

司法活动的公开力度不足，不利于公民对司法活动的了解。加大司法活动公开力度，提高司法透明度，降低审判的神秘感，有利于让公众全面了解案件的事实、审理过程及审判结果，使公民对审判的监督落到实处，提升公民对裁判结果的接受度和认可度。在司法实务中，司法工作的公开在深度和广度上离人民群众仍存在距离，表现为三个方面。其一，司法活动的公开方式未能与时俱进，未能以社会主体接触最多的方式公开。当下社会主体的信息获取渠道众多，但主要以互联网渠道为主。从新浪网发布的《2022年度全国政务微博影响力报告》中的内容来看，在全国影响力排名前10的政法机构的微博中，司法行政机构有1个，公安机关1个，检察机关1个，法院微博影响力的不足，也不利于法院工作的公开。其二，司法文书公开力度不足。司法文书，尤其是裁判文书，是对案件事实的分析，对案件审理过程的总结以及对案件结果的体现，是社会主体了解案件始末最关键的文书。同时，通过对裁判文书的阅读，社会公众可以对案件有基本了解并以此为基础监督司法审判工作及司法工作人员的行为。其三，案件审理过程的公开对象广度不够。公开审理是案件审判的原则，是社会主体了解司法活动的方式,是司法审判受社会公众监督的保证。然而,从现今的司法审判情况来看,除涉及国家秘密、个人隐私(经申请不公开审理)、商业秘密(经申请不公开审理)等案件不公开审理外,仍存在许多案件在审判过程中不能视频直播,甚至以某些方式阻止公民旁听。例如,对于近期社会民众高度关注的涉及公务人员贪腐犯罪的热点案件,法院组织庭审直播的案件不多,不能满足公民对审判活动公开性的期待。

2. 公民民主参与司法审判情况不容乐观

公民民主参与司法审判情况不多,陪审作用发挥不足。现阶段在司法实务中,我国公民参与司法审判的主要形式是陪审,陪审制度将公民融入司法审判中,可弥补法官职业思维的不足,增强判决的可接受性。同时,陪审制度为公民参与司法审判打开渠道,使公民积极参与司法活动、了解案件审理情况,增强法律意识。然而,现阶段的陪审制度仍存在不足。第一,从人民陪审员的产生方式来看,精英性要求阻碍普通公民参与司法。按照最高人民法院选任人民陪审员的工作要求,"各基层法院应优先考虑提名那些文化素质高,特别是有一定法律知识的公民,把好人民陪审员的业务素质关"。[1] 且最高人民法院发布的《最高人民法院、司法部〈关于人民陪审员选任、培训、考核工作的实施意见〉》中的第二条对于人民陪审员的选任也规定:"根据《全国人民代表大会常务委员会关于完善人民陪审员制度的决定》第四条第二款的规定,公民担任人民陪审员,一般应当具有大学专科以上文化程度。"而各地法院在陪审员的选用上基本上严格遵照该意见的精神,将人民陪审员的高学历作为选任导向。但这一做法无疑限制了一般公民被选为人民陪审员的权利。第二,陪审员的民主功能发挥受限。"在司法实践中,陪审员往往被作为司法民主的点缀以及解决审判力量不足的工具"。[2] 这表明,在司法实践中,陪审制度并未在实质意义上实现其民主功能,"陪而不审、审而不议"的现象突出。这一现象的存在使得陪审制度有形无实,难以发挥其促进司法公正的作用。这一现象突出的主要原因在于陪审制度自身存在问题。我国的陪审制度为体现公正,采取的是陪审员与法官在审理案件事实和法律问题时享有平等的投票权,然而,由于陪审员相较于法官缺乏职业技能,法律知识欠缺,因此在案件审理过程中容易产生"法官权威"心理。这种心理促使陪审员在案件审理过程中以法官意见为准,不敢也不知发表自己意见,违背了

---

[1] 徐来:《人民陪审员明年1月选任培训管理办法近日将出台》,《法制日报》2004年12月21日。
[2] 李玉华:《"陪而不审"之我见——法学教授陪审员的视角》,《法律适用》2010年第7期。

陪审制度设立的初衷。

小结

影响司法公信力的因素是多元的，是历史、文化、政治等多种因素共同作用的结果。本章从传统无讼观念及现代网络环境的背景因素、各级法院地位和功能错位的现有司法体制、司法主体行为的不规范、法院司法活动所面临的困境以及司法能力的不足五方面内容进行分析，总结影响司法公信力的因素，从而为提升司法公信力做铺垫。

1. 司法腐败是目前制约司法公信力提升的最大障碍

在目前中国各种腐败类型中，司法腐败是最令民众深恶痛绝的。自2013年以来，党中央采取了各种措施遏制司法腐败，对司法腐败采取零容忍的态度，努力把司法权力关进制度的笼子里，坚决打击各种司法腐败行为，然而，在取得一定效果的同时，司法腐败现象依然频频发生。仅以2016年江苏为例，该年度全省法院查处违纪人员80名，其中追究刑事责任7人。尽管7个人次比起全省的法官总人数显得微不足道，但司法腐败所产生的社会影响力是巨大的，通过各种媒体的放大，它更能引起社会的关注，它对司法公信力的破坏是毁灭性、灾难性的。用一个算式就是"100－1＝0"，即一百个案件都是公正的，由于一个司法腐败案件的存在，司法公信力就被这一个司法腐败案件消解掉。由于江苏省法院系统每年都有一定数量的司法腐败案件的发生，通过司法改革所提升的司法公信力大打折扣，这是目前制约司法公信力提升的现实因素，也是司法公信力最大的破坏因素，这也在一定程度上解释了为什么审判质效提高的同时司法公信力却趋弱。

2. 司法能力不足是制约司法公信力的主观因素

近几年来，法官的职业化建设取得了丰硕的成果，这是有目共睹的，但我们也应看到成长起来的法官大多很年轻，在当今中国的社会转型时期，各种社会矛盾交织，面对如此复杂的社会问题，年轻的法官们能力明显不足，他们缺乏社会经验，也缺乏法律的经验，他们也许在专业知识方面较强，但当他们在如此复杂的社会环境下，面对极为棘手的社会问题时，再多的专业知识也显得无能为力。因此，从目前的一审案件的服判率、上诉率、申请再审率等司法指标看，当事人及律师对一审的判决的公正性不能达到较高的满意度。也许法官们的判决的确是公正的，即使这样，当事人也对判决的公正性持怀疑的态度，因为他们对年轻法官的司法能力持怀疑的态度。

3. 执行难问题是制约司法公信力提升的关键因素

审判只是当事人权利实现的前置阶段,对判决的结果的有效执行才是司法程序的关键。近几年来,各级法院为解决执行难问题可谓下了大力气,也取得了一定的成效。但是,就江苏全省而言,每年仍有大量的法院判决书成为"空头支票",当事人的胜诉权益不能兑现。以2016年为例,尚有近10%的案件得不到执行,也就是说仅这一年全省各级法院有45 729件生效案件的当事人的胜诉权益不能得到实现。大量的案件不能得到有效的执行,促使当事人对法院作为解决纠纷的司法机关的地位产生怀疑,逼迫他们寻找其他的途径去实现他们的权益,如去信访或者采取非法的私力救济的手段等等。

4. 功能错位的审判体制是制约司法公信力提升的体制因素

我国法院实行两级终审制度,由于整体的司法体制的原因,两审终审制的功能没有得到真正的实现。各个审级功能错位,不能真正实现一审查明事实正确适用法律、二审发挥审判监督的功能、再审实现纠错的功能。现实情况是一审审结后,当事人立马上诉,二审法院全面审理。二审终结后,当事人又申请再审,法院再全面对一审、二审认定的事实与适用法律再进行全面的审查,结果是一个案件无限期地拖延,司法的终局性功能完全丧失。这样的审判也使当事人承受巨大的"诉累",当经过无数次的折腾以后,司法的公信力已经完全丧失了。

5. 部分律师违背职业道德是制约司法公信力提升的现实因素

部分律师出于眼前和现实利益,放弃作为职业共同体一分子所应承担的责任,在败诉当事人对法院裁判心存不满时曲意迎合,不帮助当事人正确理解法院判决或指导其遵循法律途径来解决,反而鼓动当事人采取闹事、上访等方式故意将矛盾激化,向法院施压。还有些律师为了招揽业务,公然向当事人声称其与法院院长、庭长、法官关系密切,承诺包打赢官司,更有甚者,假借打点法官名义,向当事人索要钱财,既损害当事人利益,又贬损司法形象。在课题调研中发现,一些地级市甚至县区有这样的一些律师事务所,它们主要的律师由从法院流出的法官组成,最高法有关限制从法院流出法官执业的规定形同虚设,由于这些从法院流出的法官与原法院有着千丝万缕的联系,他们垄断诉讼,对司法公信力的破坏程度超过了司法腐败。

6. 整体的社会诚信度是制约司法公信力提升的环境因素

在当今中国的社会转型时期,由于公众对"物"的过度崇拜,导致了社会物欲主义的横流,为达到个人利益的最大化,违反法律、背弃道德的现象不时存在,社会的整体诚信度没有大幅提升。司法环境是社会大环境的有机组成部分,所以,目前的司法公信力一定程度上受到社会诚信体系的影响,提升司法公信力,必须加强社会整体的诚信体系的建设。

第五章

提高司法公信力的对策路径

在全面推进依法治国的背景下,司法公信力的建设对于构建良好的社会秩序、树立司法权威,最终把我国建设成为成熟的法治国家具有十分重要的意义。党的十八大是中国法治建设的新起点,是中国法治建设发生质的飞跃的时间节点。党的十八大以来,习近平总书记就建设法治国家发表了系列讲话并提出了具体明确的要求。2012年12月4日,习近平在首都各界纪念现行宪法公布施行30周年大会上的讲话中指出:"依法治国,首先是依宪治国;依法执政,关键是依宪执政。""党自身必须在宪法和法律范围内活动,真正做到党领导立法、保证执法、带头守法。""坚持依法治国、依法执政、依法行政共同推进,坚持法治国家、法治政府、法治社会一体建设。"[①]2013年2月23日,习近平在主持十八届中央政治局第四次政治学习时强调:"全面推进科学立法、严格执法、公正司法、全民守法……努力让人民群众在每一个司法案件中都感受到公平正义,所有司法机关都要紧紧围绕这个目标来改进工作,重点解决影响司法公正和制约司法能力的深层次问题。"[②]2013年11月12日,习近平在十八届三中全会第二次全体会议上的讲话中明确指出:"国家治理体系和治理能力是一个国家制度和制度执行能力的集中体现。国家治理体系是在党领导下管理国家的制度体系,包括经济、政治、文化、社会、生态文明和党的建设等各领域体制机制、法律法规安排,也就是一整套紧密相连、相互协调的国家制度。"[③]2014年10月23日中国共产党第十八届中央委员会第四次全体会议通过的《中共中央关于全面推进依法治国若干重大问题的决定》中以第四章专章论述了"保证公正司法,提高司法公信力"问题。2019年5月7日,习近平总书记出席全国公安工作会议并发表重要讲话:"公平正义是执法司法工作的生命线。要抓住关键环节,完善执法权力运行机制和管理监督制约体系,努力让人民群众在每一起案件办理、每一件事情处理中都能感受到公平正义。"2022年10月26日,习近平总书记在党的二十大上的报告中再次强调:"公正司法是维护社会公平正义的最后一道防线。深化司法体制综合配套改革,全面准确落实司法责任制,加快建设公正高效权威的社会主义司法制度,努力让人民群众在每一个司法案件中感受到公平正义。"[④]2019年2月,最高人民法院发布《关于深化人民法院司法体制综合配套改革的意见》(《人民法院

[①] 习近平:《习近平谈治国理政》,北京:外文出版社,2014年,第142页。
[②] 习近平:《习近平谈治国理政》,北京:外文出版社,2014年,第145页。
[③] 何毅亭:《以习近平同志为核心的党中央治国理政新理念新思想新战略》,北京:人民出版社,2017年,第69页。
[④] 习近平:《高举中国特色社会主义伟大旗帜 为全面建设社会主义现代化国家而团结奋斗——在中国共产党第二十次全国代表大会上的报告》,北京:人民出版社,2022年,第42页。

第五个五年改革纲要(2019—2023)》,简称"五五改革纲要"),从十个方面规定了深化人民法院司法体制综合配套改革的主要任务。最高人民法院根据党中央关于司法的顶层制度设计强力推进司法改革,先后制定并完成了五个五年改革纲要,建立并完善了包括法院组织体系、审判组织体系、审判执行程序等司法体制和工作机制,司法程序更加完善,法官素质逐年提升,裁判执行更加有力,使我国司法公信力极大提高。法院工作很多领域实现了历史性变革、系统性重塑、整体性重构,"四五改革纲要""五五改革纲要"确定的目标任务已大多完成、全面推开,以司法责任制为重点的中国特色社会主义审判权力运行体系基本建成,公正高效权威的中国特色社会主义司法制度更加成熟定型,人民群众司法获得感和满意度明显提升。

然而,在司法公信力得到提高的成绩面前,我们也应该正视在提高司法公信力过程中存在的问题。提升司法公信力与建设法治国家是同步的,是一项复杂的社会系统工程,需要充分考虑到当下影响司法公信力的各种因素,全方位多角度采取措施。因此,基于中国漫长的封建司法传统的影响及现有的司法权在国家整个权力结构中的现有地位,提升司法公信力尚有漫长的道路要走,改革的空间依然很大,需要解决的问题依然众多。在中国这样的统一的多民族国家中,提高司法公信力是个共性问题,尽管江苏作为国家的一个省区有着地方的个性,但在司法建设方面是全国的一分子,可能在采取的措施上有着不同的方面,但与全国的共性是主要的方面。本章从宏观、中观、微观层面探讨司法公信力的建设问题。

一、宏观层面:深化改革,为司法公正提供体制、机制保障

"提升司法公信力"是一个宏大的系统工程,在建设这个宏大工程的过程中,首先要解决的是如何在尊重司法规律的前提下明确司法权在国家权力架构中的定位,然后再通过具体的制度设计和路径选择破解制约司法公信力提升的现实困境。

(一)继续加强对司法体制改革的顶层设计和整体谋划

如何进行国家的法治建设?中国的司法改革往何处去?十八大以来,以习近平同志为核心的党中央对国家各项事业如何进行深化改革作出了最为全面的顶层设计。习近平总书记在中共十八届三中全会上对《中共中央关于全面深化改革若干重大问题的决定》的说明中指出:"四是坚持积极稳妥,设计改革措施胆子要大、步子要稳。五是时间设计到 2020 年,按这个时间段提出改革任务,到

2020年在重要领域和关键环节改革上取得决定性成果。""第六,关于改革司法体制和运行机制。司法体制是政治体制的重要组成部分。这些年来,群众对司法不公的意见比较集中,司法公信力不足很大程度上与司法体制和工作机制不合理有关。司法改革是这次全面深化改革的重点之一。全会决定提出了一系列相互关联的新举措,包括改革司法管理体制,推动省以下地方法院、检察院人财物统一管理,探索建立与行政区划适当分离的司法管辖制度;健全司法权力运行机制,完善主审法官、合议庭办案责任制,让审判者裁判、由裁判者负责;严格规范减刑、假释、保外就医程序;健全错案防止、纠正、责任追究机制,严格实行非法证据排除规则;建立涉法涉诉信访依法终结制度;废止劳动教养制度,完善对违法犯罪行为的惩治和矫正法律,等等。这些改革举措,对确保司法机关依法独立行使审判权和检察权、健全权责明晰的司法权力运行机制、提高司法透明度和公信力、更好保障人权都具有重要意义。"[①]2014年10月23日中国共产党第十八届中央委员会第四次全体会议专题研究全面推进依法治国重大问题,并作出我们党历史上第一个加强法治建设的专门决定。通过的《中共中央关于全面推进依法治国若干重大问题的决定》中以第四章专章论述了"保证公正司法,提高司法公信力"问题。2015年2月,习近平总书记在省部级主要领导干部专题研讨班的讲话中,把全面依法治国纳入"四个全面"战略布局做了深刻阐述。"科学立法、严格执法、公正司法、全民守法",这十六字方针是对既有法治内涵的升华。在党的十一届三中全会上,我们党提出了"有法可依、有法必依、执法必严、违法必究"的法治方针,这在当时无疑具有极为重大的意义,也有力地推动了中国改革开放三十多年的法治建设。但随着时代的发展,其局限性逐渐表现出来。习近平总书记提出"科学立法、严格执法、公正司法、全民守法",抓住了立法、执法、司法、守法四个环节,突出了每个环节的关键点。对于中国特色的社会主义法治体系,他认为,"法治体系是国家治理体系的骨干工程"。建设中国特色社会主义法治体系,是习近平法治思想的核心要义"十一个坚持"之一,是全面依法治国的总抓手。因此,必须加快形成完备的法律规范体系、高效的法治实施体系、严密的法治监督体系、有力的法治保障体系,形成完备的党内法规体系。

面对新世纪新阶段我国法治建设出现的新情况、新问题,以习近平同志为核心的党中央创造性地运用马克思主义立场、观点和方法,提出了全面依法治国、建设中国特色社会主义法治体系的新思想理念,系统地回答了中国特色社会主义法治建设的重大理论和实践问题,明确了中国特色社会主义法治建设的前进

---

① 习近平:《习近平谈治国理政》,北京:外文出版社,2014年,第142页。

方向,丰富了中国特色社会主义法治理论的内涵。习近平总书记关于司法体制改革的说明及关于依法治国的系列讲话、四中全会关于全面推进依法治国的决定构成了中共中央对司法体制改革的顶层设计和整体谋划,为深化司法体制改革绘制了精美细致的图纸。

我党对司法体制改革的顶层设计和整体谋划是英明正确的,但我们也要清醒地认识到,对司法改革的顶层设计只有进行时,没有完成时。就目前而言,尚需要加强以下两方面的顶层设计和整体谋划。

1. 处理好法院与党委的关系

依照我国宪法的规定,法院对权力机关负责,因此这与西方司法的权力架构模式有着显著的区别。另外,我国法院又是在中国共产党领导下建立起来的,这与西方国家通过司法来控制政党活动也不同,如何处理好党委领导与法院的独立审判是深化司法改革提高司法公信力不可回避的重大理论与实践问题。

早在抗日战争时期,中共中央就确立了在组织上实行党委对国家的各项事务实行"党委一元化领导"的方针,在1949年新中国成立后,该方针一直被沿用。随着时间的推移,"党委一元化领导"在措辞上被简练地表述为"党管政法","党管政法"也构成了当代中国法院系统权力运作格局的基本原则。该原则主要体现在党管干部,体现在上级党委法院院长的任命权,本级党委对法院内部的机构设置、人员编制、干部任免事项的决定权。经过近几年的司法改革,实现了省级以下司法机关的人财物的统一管理,但是本级党委对司法权的控制力依然很大。这就带来了一个实践问题:如何避免地方党委对法院的独立审判权的干预?中国共产党章程明确规定,我党必须在宪法与法律范围内活动。2016年10月召开的十八届六中全会也要求,"党的各级组织和领导干部必须在宪法法律范围内活动……决不能以言代法,以权压法、徇私枉法"。为防止领导干部干预司法,中共中央办公厅和中央政法委分别出台了《领导干部干预司法活动、插手具体案件处理的记录、通报和责任追究规定》(中办发〔2015〕23号)及《司法机关内部人员过问案件的记录和责任追究规定》(中政委〔2015〕10号),这些政策法规有效解决了领导干部干预司法的问题。

2. 处理好党规之治与国法之治的关系

从我国宪法序言及总纲的内容可以看出,我国坚持中国共产党的领导,同时实行人民代表大会制度。我们党作为执政党,为实现其依法执政、管党治党的政治目标,自然需要有一套规范可行的规章制度;人民代表大会作为代表人民行使权力的机关,为实现人民当家作主,也需要制定一整套规范治理国家。十八届四中全会提出形成"完备的法律规范体系"和"完善的党内法规体系",并将两者纳入中国特色社会主义法治体系的建设中,党内法规同国家法律的衔接问题,随之成为重要课题。由于两者的制定主体、适用对象等不同,因此,在司法机关与纪检监察机关处理案件时可能会出现办案标准不一致、适用法律矛盾的情况;在个别情况下会出现以党规代替国法的适用情况;等等。这不仅会损害党的形象,也会带来公众对司法的不信任,危害司法的公正与权威。

党内法规体系与国家法律体系都是中国特色社会主义法治体系的组成部分,化解两者的不相协调、实现有机衔接是善治的重要前提。化解两者的不相协调,必须坚持党在宪法和其他法律范围内活动,同时必须在党依法执政的过程中强化法治思维,坚持"法律保留"原则,及时将党的意志上升为国家的法律。"在党规制度建设中贯彻法治原理,遵循法治—共治—自治—善治逻辑,以国法为前提、党规为基础推进党内法治,通过党内法治走向党内善治"[1],并使党规之治与国法之治双轨并行,共建善治体系。实现党规与国法的有效衔接和协调是一个漫长的过程,其中有深层的矛盾需要解决,这同样需要党中央对此进行顶层设计与整体谋划。

(二) 继续深化制度保障体系的构建

1. 优化司法职权配置

《中共中央关于全面推进依法治国若干重大问题的决定》指出:"健全公安机关、检察机关、审判机关、司法行政机关各司其职,侦查权、检察权、审判权、执行权相互配合、相互制约的体制机制。"[2]我国目前刑事诉讼法实行公检法三机关分工负责、相互配合、相互制约的司法体制。在党的十八大之前,三机关配合有余,相互制约显得不足。在这种体制下,公检法三机关属于独立而互不隶属的"司法机构","它们作为同一条生产线上的三个操作员,作为工厂产品生产车间的三道工序,相互配合、相互补充、前后接力,共同致力于完成惩治犯罪、维护治安的政治任务。在这一体制下,公安机关作为行政机关,却拥有不受限制的司法权;检察机关作为法律监督者,无从受到任何有效的司法监督;法院作为司法裁判机构,却无法维护其独立自主的裁判者的地位。"[3]就公安机关而言,拥有包括

---

[1] 肖金明:《法学视野下的党规学学科建设》,《法学论坛》2017年第2期。
[2] 《中共中央关于全面推进依法治国若干重大问题的决定》,北京:人民出版社,2014年,第21页。
[3] 陈瑞华:《看得见的正义》,北京:中国法制出版社,2002年,第210页。

行政拘留在内的各种强制性手段,除审查逮捕以外,检察机关没有制约公安机关的必要性权威与手段,法院的司法权更谈不上对行政权的控制;从诉讼原理上说,检察机关的法律监督事实上属于司法裁判的职能,充当"法官之法官",无异于让它既当诉讼的原告又当被告,难以担当对公安机关侦查活动实施司法审查的责任。党的十八大以来,特别是十八届四中全会提出"推进以审判为中心的诉讼制度改革",就是要凸显人民法院在被告人定罪量刑的环节上的实质功能,这是保证司法公正、提高司法公信力的重要举措,对刑事诉讼制度改革创新具有基础支撑作用。2016年,最高人民法院、最高人民检察院、公安部、国家安全部、司法部联合发布《关于推进以审判为中心的刑事诉讼制度改革的意见》,旨在改革完善刑事诉讼制度,充分发挥审判尤其是庭审在查明事实、认定证据、保护诉权、公正裁判中的作用,切实维护司法公正,防止冤假错案。2017年,最高人民法院发布了关于全面推进以审判为中心的刑事诉讼制度改革的实施意见,此后又陆续出台了《人民法院办理刑事案件庭前会议规程(试行)》、《人民法院办理刑事案件排除非法证据规程(试行)》和《人民法院办理刑事案件第一审普通程序法庭调查规程(试行)》三个规程。可以说,近十年来,在党中央的坚强领导下,通过中央的顶层制度的设计,司法权配置的改革取得了历史性的成就,但是一些深层次的问题尚需通过深化改革进行解决,司法改革依然在路上。

因此,必须认真贯彻《中共中央关于全面推进依法治国若干重大问题的决定》的要求,继续深化司法改革,优化司法职权的配置,淡化公检法三机关之间相互配合的诉讼关系,形成真实的互相制衡的权力架构,只有这样才能保障公民的权利,实现法治国家的目标,让公众信任司法。

2. 重构监督司法体制,规范监督司法与司法权威之间的关系

党的十八大报告提出:"推进权力运行公开化、规范化,完善党务公开、政务公开、司法公开和各领域办事公开制度,健全质询、问责、经济责任审计、引咎辞职、罢免等制度,加强党内监督、民主监督、法律监督、舆论监督,让人民监督权力,让权力在阳光下运行。"司法公开是司法民主的基本内容,是实现司法公正的必要条件,是树立司法权威的基本路径。对司法权的运行实行全程监督,有利于实现司法公正的实体及程序价值。但我们也要看到,权力机关监督、社会监督是一把双刃剑,在实现司法民主的过程中,也可能受到不同利益主体及价值取向的影响,左右司法审判。当前权力机关监督及其他社会监督存在着较为紧迫的如下现实问题:

第一,规范人大对法院实施"个案监督"活动。根据宪法确立的国家权力体

制，人民代表大会是国家的权力机关，也是国家其他一切权力产生的依据。县级以上人大有权选举和罢免同级法院的院长，有权根据法院院长的提请任命或免除副院长、审判员、审判委员会委员的职务。同时，各级法院要对产生它的国家权力机关负责并定期报告工作。宪法确立的有关人大对法院的监督的途径主要有两个：一是"人事"任免，二是报告工作。以此可以看出，宪法没有授权县级以上人大对法院某一案件的具体审理程序或判决结果，施加任何形式的干预和控制。目前司法实践中进行的"个案监督"活动，并没有宪法上的依据。一些地方人大"个案监督"的开展，有可能影响法院的具体的审判工作，需要通过改革加以规范。通过近几年的司法改革，由于人财物统归省级机构管理，司法的"去地方化"改革取得了重大进步。但是在人财物统归省管以后，地方的人大及常委会与同级法院的关系是否发生较大的改变呢？按照宪法的规定，法院由人大及常委会产生，法院向其负责并报告工作。但是，我国宪法没有规定同级人大及常委会要对法院的工作报告进行审议后一律交付表决。为了不违背现代民主制度的人民主权原则，可以考虑由省级人大及常委会产生地方的三级法院，这些法院统一向省级人大及常委会负责，并接受省级人大及常委会的监督，省高级法院继续向省级人大及常委会报告工作，省级人大及常委会可以对省高院的工作报告进行审议，也可以提出改进工作的建议，但不再对省高级人民法院的工作报告进行表决。

第二，完善上下级法院之间的监督机制。到目前为止，省级以下人民法院的人财物归省级统管的改革任务已经基本完成，省高级人民法院可以通过对法官遴选委员会、法官惩戒委员会的控制来对三级法院的人事安排施加影响，不仅如此，省级法院还可以通过拨款等对下级法院进行全方位的权力控制。通过改革，现在省法院与其下级法院之间存在着两种法律关系：一是司法裁判方面建立在审级基础上的监督关系；二是司法行政管理方面建立在行政一体化基础上的垂直领导关系。在中国的法院系统中，如果能实现前述两种法律关系的完全分离，也就是说能做到行政的归行政，监督的归监督，那么通过将人财物归省级管理实现法院的去地方化的目标就能够实现。

就目前的现实情况而言，法院内部的司法裁判权与行政管理权之间没有实现真正的分离，各级法院特别是省法院可以借助行政的管理权来影响下级法院的司法裁判权。尽管自2014年起各级法院已经淡化了绩效考核制度，一些法院甚至取消了对法官的审判业绩的考核和排名，这种做法是符合司法规律的，可以说取得了一定的改革效果。但是我们也应该清楚地看到，作为一个顽症存在于上下级法院之间的是所谓的请示汇报制度，该制度不仅没有受到限制，随着地方人民法院的人财物统归省管以后,请示汇报制度有进一步强化的现象。假如我们在实现了司法的去地方化目标的同时,又使本来岌岌可危的审判监督机制流于形式,那么这种改革付出的代价大大地超过了它的收获。因此,在下一轮深化司法改革的过程中,如何真正实现上级法院对下级法院审判监督权与司法行政权之间的彻底分离是摆在决策者面前的一个最为艰巨的任务。

第三,司法实践中存在的政协对法院实施的"个案监督"活动,也可能对人民法院的司法审判活动产生一定的影响。政协作为国家政治生活的重要参与者,其对司法权的民主监督是党和国家监督体系的重要组成部分,应该通过具体制度的设计,将其监督全面纳入法制的轨道,实现依法监督。现实中,有的政协成员直接出席法庭,在法庭设置的"监督席"上就座,并对案件的审理结果直接向法庭发表意见;有的地方政协等人民团体参与人大组织的"执法大检查"过程中,经常查阅法院审理案件的卷宗材料,就案件的处理结果发表意见;有些政协成员在一些当事人的请求下,以人民团体的名义要求法院对某个案件进行改判;等等。这些行为在实施监督的同时也可能造成政协等人民团体对具体案件的干涉。

第四,建立起完善的舆论媒体等对司法权的社会监督制度。《中共中央关于全面推进依法治国若干重大问题的决定》指出:"规范媒体对案件的报道,防止舆论影响司法公正。"由于尚没有建立起完善的舆论媒体对司法监督的具体制度,司法实践中个别情况下存在着舆论媒体的"舆论审判"现象,极大地损害了司法的独立性与公正性。虽然2009年《中国新闻工作者职业道德准则》明确规定,"维护司法尊严,依法做好案件报道,不干预依法进行的司法审判活动,在法庭判决前不做定性、定罪的报道和评论",最高人民法院也出台了《关于人民法院接受新闻媒体舆论监督的若干规定》,但是如何规范媒体对司法权的监督,使其既能发挥媒体的司法监督作用,又能保障司法的权威,仍是一个亟待解决的现实问题。

针对上述权力机关、政协、新闻媒体在司法监督中存在的问题,要着力健全立法权等对司法权的监督机制,一方面应强化宪法规定的立法权对司法权监督的可操作性,在制度上明确人大监督司法工作的机构,比如全国人大常委会行使个案监督的权力,其他各级人大及常委会不能行使个案监督权;在全国人大常委会之下,设立诸如宪法委员会、宪法法院等专门司法裁判机构受理专门的违宪审查诉讼等,同时明确监督的方式、程序、效力等问题;另一方面,将政协、新闻媒体对司法权的监督纳入法治的轨道,做到依法监督。

3. 真正建立多元化的纠纷解决机制

改革开放以来,随着社会转型和法治中国的进程快速地推进,法律纠纷的规模、法院受理案件的数量在急剧膨胀,再加上没有终点的信访案件,使本已超载的法院的司法工作量更加不堪重负。

世纪之交,国家将综合治理确立为社会治理的基本战略方针;2000年8月,中共中央办公厅、国务院办公厅转发了《中央社会治安综合治理委员会关于进一步加强矛盾纠纷排查调处工作的意见》,注重从社会治理的实际需要着眼,将传统执政方式与现代法治理念相融合,要求把矛盾纠纷排查调处工作纳入社会治安综合治理领导责任制,成为支持矛盾纠纷多元化解机制发展的基本政策和理念。2006年,党的十六届六中全会通过的《中共中央关于构建社会主义和谐社会若干重大问题的决定》,清晰地勾画出多元化纠纷解决机制的发展蓝图;十八届四中全会通过的《中共中央关于全面推进依法治国若干重大问题的决定》,正式将多元化纠纷解决机制确立为法治建设的目标。2015年10月,中央全面深化改革领导小组第十七次会议审议通过了《关于完善矛盾纠纷多元化解机制的意见》,指出完善矛盾纠纷多元化解机制,对于保障群众合法权益、促进社会公平正义具有重要意义。进入21世纪以后,人民法院适时调整司法政策,逐步成为推动多元化纠纷解决机制发展的核心力量。2016年6月28日,最高人民法院颁布《关于人民法院进一步深化多元化纠纷解决机制改革的意见》,成为多元化纠纷解决机制走向制度化、法治化的里程碑事件。2019年8月,最高人民法院制定《关于建设一站式多元解纷机制 一站式诉讼服务中心的意见》,明确了一站式多元解纷和诉讼服务体系建设的总体布局和实施举措,推动各级法院掀起建设热潮。

2002年9月,中共中央办公厅、国务院办公厅转发《最高人民法院、司法部关于进一步加强新时期人民调解工作的意见》,推动人民调解走向复兴。最高人民法院从2004年开始,连续三个司法改革五年纲要都将促进多元化纠纷解决机制作为重要目标,建立了一批试点和示范法院,推动了一系列重要的创新。同时注重与各相关行政部门和社会组织协作,制定发布了《关于建立健全诉讼与非诉讼相衔接的矛盾纠纷解决机制的若干意见》(2009年),同16家单位共同签署《关于深入推进矛盾纠纷大调解工作的指导意见》(2011年),并通过与相关部门会签协议等方式推动专业性、行业性调解的发展。2015年4月9日,最高人民法院在四川眉山召开"全国法院多元化纠纷解决机制改革工作推进会",将这一工作推上新的阶段。与此同时,各地各级人民法院通过实践创新在本地多元化纠纷解决机制的发展中发挥了引领作用;支持人民调解和仲裁,对调解协议进行司法确认,法官进入基层社区指导、培训基层人民调解,建设诉调对接平台,引入社会力量参与法院诉前调解、特邀调解、协助调解,引导当事人以非诉讼方式解决纠纷等。2016年6月29日,最高人民法院发布《关于人民法院进一步深化多元化纠纷解决机制改革的意见》和《关于人民法院特邀调解的规定》,为人民法院推进多元化纠纷解决机制改革提供了方向、方法的系统性指导以及具体规范。

建立多元化纠纷解决机制是国家治理体系和治理能力现代化的要求,是节约维权成本和公共资源的要求,是尊重纠纷解决规律的要求,也是更新社会治理理念的要求。近年来,江苏各级法院努力实现纠纷多元化解和案件繁简分流相结合,坚持以改革思维破解人案矛盾,实现"简案快审、繁案精审"。完善基层多元化解工作网络,在交警、劳动仲裁、消费者协会等部门和组织设立巡回法庭,在社区、乡村设立审务工作站。特别要针对物业纠纷案件持续增长态势,积极研究应对措施,推动增设纠纷化解前置程序,加大纠纷分流化解工作力度。更好发挥诉调对接平台的功能作用,进一步健全对接联动机制,对诉至法院的纠纷,积极引导当事人选择非诉方式进行调解,同时要防范以诉外调解为由拖延立案、不调不立现象发生;抓紧建立特邀调解员、特邀调解组织名册,有条件的法院要探索调解程序前置工作。充分发挥小额诉讼程序、简易程序、速裁程序的制度优势,基层法院诉讼服务中心全部设立速裁组织;简化简案送达、开庭程序,探索采取令状式、表格式、要素式等方式制作裁判文书。探索建立轻微刑事案件快速审理机制,开展认罪认罚从宽制度改革试点工作,简化犯罪嫌疑人、被告人认罪认罚案件审理程序。

今后,在实现构建多元化解决社会纠纷的机制方面,努力做到以下几点:

第一,积极推进立法的完善,健全相关配套体制机制。目前,我国关于多元化纠纷解决机制的法律主要体现在人民调解法和民事诉讼法中,其他规定散见于中央、最高人民法院的相关文件,这与世界上多数国家对替代性纠纷解决方式进行明确立法还有差距。按照最高人民法院提出的"国家制定发展战略、司法发挥保障作用、推动国家立法进程"新"三步走"战略,推进立法的完善将成为多元化纠纷解决机制建设的重要保障。结合实践,可以在完善立法时考虑以下几个问题:1.探索建立调解前置程序;2.建立职业化的调解员制度;3.适当推进纠纷解决的市场化发展。[①]

[①] 慕平:《加快推进多元化纠纷解决机制建设的四个关键问题》,《人民法院报》2015年12月2日,第5版。

第二,加强复议应诉工作,完善监督行政建设。2016年6月,最高人民法院发布《关于人民法院进一步深化多元化纠纷解决机制改革的意见》,明确提出要"促进完善行政调解、行政和解、行政裁决等制度。支持行政机关对行政赔偿、补偿以及行政机关行使法律法规规定的自由裁量权的案件开展行政调解工作……引导促使当事人协商和解",并将"推进行政争议调解中心平台建设,推动建立党委统筹、政府支持、社会参与的多元化解行政争议新格局,推动行政争议实质化解和源头治理"确定为2020年人民法院司法改革重要任务之一。

第三,加强其他主体与人民法院联动解纷。2005年,最高人民法院发布《人民法院第二个五年改革纲要(2004—2008)》,提出要与其他部门和组织共同探索新的纠纷解决方法,促进建立健全多元化的纠纷解决机制,并以此作为50项改革任务之一。2017年9月30日,最高人民法院与司法部联合发布《关于开展律师调解试点工作的意见》,在11个省市开展律师调解试点工作。建立律师调解员队伍,发挥法律专业人士化解纠纷的优势。2017年,最高人民法院与司法部联合下发《关于开展公证参与人民法院司法辅助事务试点工作的通知》,在12个省市开展试点。引入公证参与司法辅助事务,将其公益性、中立性、专业性、独立性等特殊价值属性融入司法制度中,可以发挥两类专业法律资源的优势。2019年1月,最高人民法院与全国工商联联合印发《关于发挥商会调解优势 推进民营经济领域矛盾纠纷多元化解机制建设的意见》。"建立健全商会调解机制与诉讼程序有机衔接的纠纷化解体系,引导民营企业选择调解方式解决纠纷,推动商人纠纷商会化解。"[①]

第四,推进矛盾纠纷诉外分流。在推动基层社会资源整合利用的同时,建立健全以基层法院诉讼服务中心为龙头、派出法庭为支撑的息诉工作平台,有针对性地开展息诉劝导工作。协调司法行政机关向法院诉讼服务中心、人民法庭派驻人民调解工作室,根据自愿原则引导当事人选择诉外调解,或者由法院委托有关调解组织进行调解。协调律师协会向法院派驻律师工作站,由律师为当事人免费提供法律咨询、参与纠纷化解。推动建立纠纷调解奖励制度,提高派驻人民调解员和律师调解纠纷的积极性。建立独立的诉外分流案件管理系统,并实现其与法院案件管理系统的有效对接。

第五,努力实现保护诉权与规制滥诉相统一。深化立案登记制改革,对能够当场立案的案件,切实做到当场立案,杜绝有案不立、有诉不理以及拖延立案现

[①] 最高人民法院司法改革领导小组办公室编:《多元化纠纷解决机制典型经验与实践案例》,北京:人民法院出版社,2021年,第3页。

象。正确处理保护诉权与规制滥诉的关系,加大对恶意诉讼、无理缠讼等滥用诉权行为的规制力度,统一滥诉行为认定标准、处理流程和规制方法,切实维护正常的诉讼秩序。各级法院要正确理解和实施立案登记制,特别是对行政案件要坚持将审查立案关口前移,对明显不符合起诉条件的应裁定不予立案,防止案件不当进入诉讼渠道。

第六,更加有效地化解涉诉信访矛盾。推进诉访分离,把信访工作重点放在做好初信初访、妥善解决信访群众的合法合理诉求上,推动涉诉信访案件增量得到控制,存量逐步消减。认真落实律师参与化解和代理涉诉信访案件的指导意见,研究细化律师值班以及代理涉诉信访案件的具体操作规范,通过律师参与信访值班、信访听证、第三方评估及信访终结,共同做好信访群众的息诉罢访工作。抓好新版涉诉信访系统应用与管理,实现三级法院使用同一个系统同一个平台,信访案件处理、交办、转办、督办通过网上进行,信访信息实时定向推送原承办部门和承办法官。

4. 努力培育社会法治环境

《中共中央关于全面推进依法治国若干重大问题的决定》指出:"法律的权威源自人民的内心拥护和真诚信仰。人民权益要靠法律保障,法律权威要靠人民维护。必须弘扬社会主义法治精神,建设社会主义法治文化,增强全社会厉行法治的积极性和主动性,形成守法光荣、违法可耻的社会氛围,使全体人民都成为社会主义法治的忠实崇尚者、自觉遵守者、坚定捍卫者。"[1]一个法治化的社会能否形成,取决于整个社会的公民是否有坚定的法律信仰;公民的法律信仰也是决定司法公信力形成的基础。培育好全社会公民的法律意识,努力塑造全社会信仰法治的环境,是提高司法公信力的一个关键因素。

古希腊哲学家苏格拉底是一个坚定的信仰法律者,是雅典城邦坚定的守法者,为法律信仰不惜牺牲自己的生命,从而成为一个法律殉道者。信仰法律就是信仰公平正义。罗马的法谚说:"为实现正义,哪怕是天崩地裂。"在中国目前的现实环境下,努力提倡全民信仰法律,培育成熟的社会法治环境,对于法治中国的建设具有以下重要意义。第一,只有全民信法,才能实现社会稳定发展、和谐有序;第二,只有全民信法,才能树立法律的权威,保障法律的实施;第三,只有全民信法,才能建成法治社会;第四,只有全民信法,才能最大限度地凝聚人们现代性的共识,实现国家的治理能力现代化。当然,信法并不意味着每个公民去熟悉

---

[1] 《中共中央关于全面推进依法治国若干重大问题的决定》,北京:人民出版社,2014年,第26页。

或牢记具体的法律条文,并不意味着要求每个公民都会用法律解决实际的问题。信仰法律体现为公民自觉地在内心深处形成法治的精神、对法律的敬畏,体现为对公平正义的不懈追求。

中国的法律传统是典型的人治传统。中国几千年的完备的法律制度,并没有生长出法治,却使人治更加紧密。几千年以来形成的伦理主义传统也成为当前法治建设的一个障碍。当前的中国虽然经历了四十多年的改革开放的洗礼,但整个社会仍处于转型时期。这个转型时期的主流价值观是"物欲的极度释放,是通过无止境地追求物质财富以实现自我价值和人生意义。只有一种实现自我价值和获得社会认同的途径,那就是努力赚钱,尽情消费。这种现代的主流价值观和现代制度抑制了一切真正追求精神超越的生活方式,这种物质主义的追求使人类在生态危机中越陷越深"[1]。正是这历史传统及当代的现代性的后果使中国的法治建设陷入了极大的困境之中,这种困境就是,人们普遍地相信"物质的力量",而不是道德或者法治的力量,造成了当代中国社会诚信缺失、道德滑坡,法律虚无主义观念盛行。

如何才能使当代的中国公民信仰法律?这是一个巨大的综合性的社会工程。首先,人们谈的最多的是对社会大众进行普法教育,毫无疑问,这项工作是必要的,《中共中央关于全面推进依法治国若干重大问题的决定》也指出:"健全普法宣传教育机制,各级党委和政府要加强对普法工作的领导,宣传、文化、教育部门和人民团体要在普法教育中发挥职能作用。实行国家机关'谁执法谁普法'的普法责任制,建立法官、检察官、行政执法人员、律师等以案释法制度,加强普法讲师团、普法志愿者队伍建设。把法治教育纳入精神文明创建内容,开展群众性法治文化活动,健全媒体公益普法制度,加强新媒体新技术在普法中的运用,提高普法实效。"[2]实际上我国自1986年至今,已经进入"八五"普法时期,客观地评价,其效果并不明显。"由于公民的法律信仰具有亲历性,最关键的问题,还是从科学立法、严格执法和公正司法三方面着手。"[3]其次,引导公民自觉守法。牢固树立"有权利就有责任,有权利就有义务"的观念。强化社会诚信建设,健全公民和组织守法信用记录,完善守法诚信褒奖机制和违法失信行为惩戒机制,使尊法守法成为全体人民的共同追求和自觉行动。最后,增强法治的道德底蕴。党的十八届四中全会指出:"加强公民道德建设,弘扬中华优秀传统文化,增强法

---

[1] 杜维明、卢风:《现代性与物欲的释放——杜维明先生访谈录》,北京:中国人民大学出版社,2009年,第5页。

[2] 《中共中央关于全面推进依法治国若干重大问题的决定》,北京:人民出版社,2014年,第27页。

[3] 王利明:《法治:良法与善治》,北京:北京大学出版社,2015年,第60页。

治的道德底蕴,强化规则意识,倡导契约精神,弘扬公序良俗。发挥法治在解决道德领域突出问题中的作用,引导人们自觉履行法定义务、社会责任、家庭责任。"[1]在推进依法治国的过程中,应把道德建设与法治建设并重,通过道德建设促进法治建设。只有这样,一个普遍守法、敬畏和信仰法律的社会才能形成,司法公信力也才有生成的社会基础。

二、中观层面:法院的自身建设

法院是加强司法公信力建设的主体,也是公众司法公信力评价的客体。法院自身建设是提升司法公信力的关键点,主要包括法官队伍建设、司法规范化建设、落实司法责任、完善司法与社会的互动机制等方面。

(一) 全面加强法官队伍建设

法官的行为对司法公信力的提升具有决定性的作用,因为法官是司法的亲历者、实践者,法官的形象在很多场合就是司法形象或者说法院形象的具体化。在民众眼里,法官就是法律的化身,代表着公平正义;法官在整个司法活动中处于核心地位,从司法公信力的载体来看,司法公信力就是通过法官与法院的公信力来实现的。抽象的法律规则要得到社会的认同,必须借助于作为司法主体的法官,法官是法院的法魂所在,是司法公信力的人格载体。因此,提升司法公信力必须加强法官队伍建设,其建设的切入点是提升司法品质、培育法官素养、保持司法廉洁等。

1. 提高司法的品质是提升司法公信力的前提与内涵

司法本身具有拟人化的形象,有着自己独特的品格,它的品格体现为司法规律与司法理性。只有符合司法规律与司法理性的司法才具有社会的公信力,才能获得民众的尊重与信仰。

尊重司法规律。所谓司法规律是指司法机关在适用法律解决纠纷、实现社会公正所呈现出来的规律性的特征,体现着司法过程中各司法要素之间的内在联系。它的最高层面的表现是符合当代的法治精神,具体表现为追求司法的核心价值——公正,以及程序上的正当性、公开性、终局性等。对于当前而言,司法改革与创新要尊重司法规律,坚持司法的应有品质。法院的创新主要是实践创新,萌生于司法实践、运用于司法实践、检验于司法实践,必须符合司法的运行规

---

[1] 《中共中央关于全面推进依法治国若干重大问题的决定》,北京:人民出版社,2014年,第27页。

律。法院的本职就是办案,本质是行使审判权,这是一切司法规律的基础。"违背这个基础搞创新,可能是一时炫目,实则贻误审判。司法事业不是一个人的事业,一些重大的司法改革是不可逆的,如果人云亦云,头脑发热,违背规律,可能造成难以挽回的重大损失。人民法院的任何一项改革创新,都应该围绕着满足群众诉求、纠正司法不良来展开。我们不应追求轰动效应,也不取决于个人好恶。目的只有一个,就是惠之于民,惠之于法治的进步。唯有如此,创新才有生命力,才会没有缺憾、少有缺憾。"①

现阶段还是应该从中国的国情出发,认真把握司法规律,稳步继续改革,坚持中国的特色,体现我国的司法规律,体现得越充分,司法公正越有保证,司法公信力和司法的权威越能提高。总而言之,越体现司法规律,越能够实现司法功能,达到应然的程度。

坚持法律理性。古罗马法学家西塞罗在思索自然法时说道:"法乃最高理性,根植于自然,它坚持着什么可做并禁止与其相反和相悖的。"塞尔苏斯思索着法之过程与目的,指出:"法乃善与衡平之艺术。"②这种法律的理性体现为法律的原朴、法律的自然之道、法律的安定性。罗马法的文明贵在实践,在实践中透射出它的理性之光。法院最宝贵的品性同样是理性,法院如果失去理性,给社会带来的灾难不亚于洪水猛兽。司法的理性是什么? 一方面表现为坚守法律的底线,这意味着信仰法律、敬畏法律、服从法律。一个没有信仰的民族是可怕的,对于现代社会来说,一个没有法律信仰的民族不能说处于文明的状态。作为一个适用法律的专门机构,更应该带头坚守法律的底线,崇尚法治的精神,让裁判的每一个案件都闪烁着理性的光辉,这就是公平正义。另一方面,司法理性表现为一种逻辑的推理过程,是法官"自由心证"的过程。法官适用法律作出裁判的过程,实质是一个根据事实作出的推断过程。在这个过程中,司法官所遵循的理性标准,或者说推理所遵循的原则首先是"以人为本",法官应具有人文主义的情怀。这要求法官在整个裁判过程中,即使裁判的对象是刑事案件中的被告人,法官依然把他作为诉讼的主体,而不是诉讼的客体,维护他基本的尊严与人权。除此之外,法官应拥有一种强烈的司法责任感,这种责任感来自法官职业本身所追求的司法的目标,即实体的公正、程序的正当。如果一个法官丧失了司法责任感,那他所作出的裁判不会具有正当性。法官还应追求法律效果与社会效果的统一。法官在做出裁判时,可能实现了法律上的效果,但这只是实现了法律的形

---

① 江必新:《法治国家建设与司法公信——以贯彻十八大精神为背景》,北京:人民法院出版社,2013年,第127页。
② 吴经熊:《正义之源泉——自然法研究》,张薇薇译,北京:法律出版社,2015年,第15页。

式理性;法官应对自己裁判的社会效果予以重视,克服法律的形式理性的局限性,回应社会生活对实质合理性的诉求,使自己认识到,法官不仅仅是一个"法匠",也是一个社会管理的"工程师",通过自己的裁判,实现社会有序、和谐的发展。

2. 培养法官素养是提升司法公信力的源泉

第一,通过学习与实践努力提高司法能力。司法能力是一个法官基本的职业能力。法律职业是一种高度专业化的职业,特别是在当今社会,社会形势变化万千,新的法律不断涌现,这就需要法官不断地学习与实践。对于一个法官而言,司法能力主要包括审判业务能力、协调当事人的能力、案结事了的能力及司法调研的能力。为培养前述的司法能力,一方面要发挥实践的砥砺作用。通过把每一个案件都办成经得起历史检验的铁案,通过一件件复杂敏感案件的政治的考验,更通过一次次对社会关注的司法问题的化解,伴随着司法实践的过程,不断地增强自己的司法能力。另一方面,通过不断的学习来提高自己的司法能力。面对复杂多变的社会,学习与思考应当成为法官日常的生活方式和工作方式。法官应树立学习日常化的意识,读经典的法律著作,努力探讨每一个疑难案件。

第二,以法院文化建设提升法官的人文道德素养。优秀法官的人文道德素养并非先天养成,而在于后天的培育,成于法院的文化因子在内心的积淀。在法庭上,法官能发挥自己的业务能力,定纷止争,维护当事人的权利;在法庭外,法官能自觉加强自己的职业道德修养,拒绝世俗物质的诱惑,拒腐蚀,永不沾。人文道德修养之路值得每个法官上下而求索。第一,要淡泊名利。"淡泊以明志,宁静以致远",这是中华传统文化中修身养性的最高境界,也是法官持之以恒的处世之道。唯有依靠宁静的心态修身养性,以简朴的生活方式提升自己的人文境界,才能身处喧嚣的世界,独守司法的一片净土。第二,要心系民众。坚持情为民所系,是许多优秀法官赢得群众信赖的根本原因,也是人民司法的根本要求。俯下身子听民意,放下架子解民忧,深入群众接地气,愿做黄牛为民耕。法官通过一个个生动的案例将原本冰冷、灰色的法律通过具体的司法活动,巧妙地向民众阐释,让民众认识法律的真善美,让人民群众切实感受到司法的人文情怀,法官也圆满了自己的司法人生。

3. 加强法官廉政建设

司法不廉洁是司法公信力的最大杀手,近年来曝光了一批批法官腐败窝案,特别是上海高院的"法官嫖娼案",使全国法院的司法公信力降到"冰点",因此,培育廉洁的高素质法官是提升司法公信力的关键。培育廉洁的高素质法官,需要进一步健全司法廉洁制度,加强法院廉政文化建设,完善错案责任的追究制度等。

第一,进一步健全司法廉洁制度。不以规矩不能成方圆,司法腐败产生的根本原因在于制度的漏洞,让腐败分子有机可乘,弥补制度的短板成为防止司法腐败的关键。《中共中央关于全面推进依法治国若干重大问题的决定》(以下简称《决定》)指出:"依法规范司法人员与当事人、律师、特殊关系人、中介组织的接触、交往行为。严禁司法人员私下接触当事人及律师、泄露或者为其打探案情、接受吃请或者收受其财物、为律师介绍代理和辩护业务等违法违纪行为,坚决惩治司法掮客行为,防止利益输送。对因违法违纪被开除公职的司法人员、吊销执业证书的律师和公证员,终身禁止从事法律职业,构成犯罪的要依法追究刑事责任。坚决破除各种潜规则,绝不允许法外开恩,绝不允许办关系案、人情案、金钱案。坚决反对和克服特权思想、衙门作风、霸道作风,坚决反对和惩治粗暴执法、野蛮执法行为。对司法领域的腐败零容忍,坚决清除害群之马。"①可以说,《决定》对司法腐败的论述非常的全面,分析了问题的所在,提出了治理的方法。如何把这些意见细化为具体的可操作的规则,筑牢制度的堤坝,防止腐败的滋长,这是目前要解决的主要问题。

第二,加强法院廉政文化建设。法律文化是关涉法律的价值与态度之网,它决定了人们何时何地以及为何诉诸或弃绝法律或者政府,是有关人们对待法和法律制度的态度、信仰、评价、思想和期待,是一种特殊的精神财富。法院廉政文化是法律文化的重要组成部分,法院廉政文化建设得好,能够使广大法官自觉树立廉政意识,常思贪欲可能带来的祸害,常怀严于律己之心。在课题调研中发现,就目前而言,一些法院的廉政文化建设有很大的缺陷,主要体现为流于形式,如在法院的办公室的走廊里贴几个标语就算完成廉政文化建设了,或者带法官们到监狱里去参观一下,这些做法没有错,但只做表面文章,没有深入司法廉政文化的深层去展开廉政文化建设。法院廉政文化建设要从以下几个方面展开:首先,要善于挖掘中华传统文化中的司法廉政文化资源,积极宣传中国法制史上司法廉政的典范,如包拯、海瑞、于成龙等等;其次,要积极借鉴西方法治成熟国家司法廉政建设的经验,为我所用;最后,要总结目前我国司法腐败的特点,采取灵活多样的手段进行廉政文化建设。

---

① 《中共中央关于全面推进依法治国若干重大问题的决定》,北京:人民出版社,2014年,第25页。

第三,推动司法作风建设常态长效发展。作风问题具有反复性、顽固性,必须常抓不懈、久久为功。增强司法作风和廉洁司法教育实效,注意运用身边典型人和事,分清是非、剖析根源,促进干警真正从反面典型中汲取教训。拓展司法公开的广度和深度,将审判权和执行权的运行更好地置于监督之下,促进公正廉洁司法。加大审务督察、专项检查力度,针对风险节点强化明察暗访和执纪问责,有效解决法院内部管理、纪律作风等方面存在的问题。加强法院领导干部家风建设,坚决反对特权思想、特权现象。完善反"四风"长效管理机制,刚性执行中央八项规定精神,紧盯重要节点,紧盯"四风"问题新动向,坚决防止问题反弹回潮。

(二) 加强司法规范化建设,改善司法方式

《中共中央关于全面推进依法治国若干重大问题的决定》指出:"必须完善司法管理体制和司法权力运行机制,规范司法行为,加强对司法活动的监督,努力让人民群众在每一个司法案件中感受到公平正义。"[①]十八届四中全会把"规范司法行为"确立为司法工作的基本要求。《法治中国建设规划(2020—2025年)》指出:"建设法治中国,必须抓紧完善权力运行制约和监督机制,规范立法、执法、司法机关权力行使,构建党统一领导、全面覆盖、权威高效的法治监督体系。"《法治江苏建设规划(2021—2025年)》明确指出,要"强化法治高效实施,深入推进严格执法、公正司法、全民守法",要"健全法治监督体系,切实加强对立法、执法、司法工作的监督"。

1. 加强制度规范化建设

《法治中国建设规划(2020—2025年)》指出:"紧紧抓住影响司法公正、制约司法能力的深层次问题,坚持符合国情和遵循司法规律相结合,坚持和加强党对司法工作的绝对领导。健全公安机关、检察机关、审判机关、司法行政机关各司其职,侦查权、检察权、审判权、执行权相互配合、相互制约的体制机制。深化司法体制综合配套改革,全面落实司法责任制。"

《法治江苏建设规划(2021—2025年)》指出,一方面要深入推进公正司法。坚持和加强党对司法工作的绝对领导,健全公安机关、检察机关、审判机关、司法行政机关各司其职,侦查权、检察权、审判权、执行权相互配合、相互制约的机制。深化司法体制综合配套改革,全面落实司决责仟制。健全专门化审判机制。加

---

① 《中共中央关于全面推进依法治国若干重大问题的决定》,北京:人民出版社,2014年,第20页。

强专业化办案团队建设,提升办案质效。完善专业法官会议、检察官联席会议制度,为办案提供智力支持,促进法律适用统一。规范法庭调查程序,进一步研究完善保障证人、鉴定人、侦查人员出庭作证的举措。推进完善庭审量刑程序,确保量刑公开公正。健全落实法律援助值班律师制度,实现刑事案件律师辩护全覆盖、法律帮助全覆盖。推进完善统一司法鉴定管理体制,等等。

另一方面要切实加强对司法工作的监督。健全完善审判委员会、检察委员会工作规则。加强对法官、检察官办案的制约和监督,完善统一法律适用标准,推行类案及新类型案件强制检索报告制度。完善法院院长、庭长和检察院检察长、业务部门负责人以及审判人员、检察人员的权责清单。加强对担任领导职务的法官、检察官办案情况的考核监督。健全司法机关内部人员过问案件记录追责制度,完善规范司法人员与律师、当事人等接触交往行为的制度。构建科学合理的司法责任认定和追究制度。健全完善司法人员惩戒制度,促进司法人员依法行使职权,等等。

2. 规范重点、难点司法行为,严格依法办理案件

规范司法行为,重点解决那些严重影响司法公正、社会反应大的较难克服的问题。最高人民法院原院长周强在向全国人大常委会作《最高人民法院关于人民法院规范司法行为工作情况的报告》中指出:"从人民法院自身看,一是在立案、审判和执行方面,还存在有案不立、违规立案、越权管辖等现象。有的法官不当行使自由裁量权,导致案件实体或程序不公正;有的案件庭审活动不规范,法官不按时开庭、言行举止不得体,随意打断当事人及律师发言;有的裁判文书制作不规范,重证据罗列、轻辨法析理,甚至存在案号、当事人姓名等方面的低级错误;有的法院消极执行、拖延执行,导致当事人胜诉权益难以及时兑现。"[①]周强院长所列举的司法不规范行为,可以说在目前的各级法院系统中依然存在,应当痛下决心,采取有效措施加以解决。

3. 用法治思维和法治方式解决司法规范问题

在规范司法行为的过程中,必须坚持法治的精神,在坚持司法规律的前提下进行司法建设,规范司法行为。司法行为之所以不规范,其原因之一是司法人员任性办案,没有坚守法律的底线,不具有法治思维的能力。比如我们在某省某区

---

① 周强:《最高人民法院关于人民法院规范司法行为工作情况的报告》,www.npc.gov.cn/npc/xinwen/2014-10/29。

法院调研旁听了一场民事审判,主审法官不断地打断被告一方律师的发言,在律师坚持发言时,法官以其扰乱法庭秩序为由对其进行司法拘留。在打击被告律师的同时,法官在法庭上又积极为原告找证据。该法官不仅违背了平等司法的原则,也违背了诉讼中需坚持的基本证据法则,其实质是缺乏法治思维。因此,在规范司法行为的过程中,"要善于运用法治思维和法治方式。以理性平和替代简单粗暴;以规范严谨替代粗疏随意;以中立客观替代偏听偏信;以平等包容替代歧视偏狭"。①

(三) 落实司法责任制

《中共中央关于全面推进依法治国若干重大问题的决定》指出:"实行办案质量终身负责制和错案责任倒查问责制,确保案件处理经得起法律和历史检验。"②中央政法委书记孟建柱指出:"司法责任制是司法体制改革的关键。要按照让审理者裁判、让裁判者负责的要求,完善主审法官责任制、合议庭办案责任制和检察官责任制。同时,要加强对司法权行使的监督制约,认真探索更具针对性的监督机制,确保司法权依法公正运行。"③2015年9月,最高人民法院发布《关于完善人民法院司法责任制的若干意见》,确定了新型审判权力运行机制,指导全国法院推进司法责任制改革。2018年12月,最高人民法院印发《关于进一步全面落实司法责任制的实施意见》,对新型审判权力运行机制、审判监督管理机制和惩戒制度、司法责任制配套改革举措等方面作出规定。2020年3月,中共中央办公厅印发《关于深化司法责任制综合配套改革的意见》,就进一步深化司法责任制综合配套改革作出部署。同年8月,最高人民法院印发《关于深化司法责任制综合配套改革的实施意见》,围绕加强法院政治建设、健全审判监督管理、强化廉政风险防控、推进人事制度改革、优化司法资源配置等五大方面提出28项配套举措。党的二十大报告也再次强调:"深化司法体制综合配套改革,全面准确落实司法责任制,加快建设公正高效权威的社会主义司法制度。"④司法责任制是司法改革的基石,对提高司法质量、司法效率,实现公正司法具有重要意义。司法责任制的贯彻落实,一方面使法官权力加大,有了独立办理案件的权力,如果监督不到位,法官本身缺乏职业伦理道德,极可能产生更大的司法腐败;

---

① 龙宗智:《影响司法公正及司法公信力的现实因素及其对策》,《当代法学》2015年第3期。
② 《中共中央关于全面推进依法治国若干重大问题的决定》,北京:人民出版社,2014年,第18页。
③ 《孟建柱:扎扎实实做好司法改革各项任务落实》,www.gov.cn。
④ 习近平:《高举中国特色社会主义伟大旗帜 为全面建设社会主义现代化国家而团结奋斗——在中国共产党第二十次全国代表大会上的报告》,北京:人民出版社,2022年,第42页。

另一方面,通过司法责任制的强制推进与落实,能够使法官公正司法,进而极大地提高司法公信力。具体到江苏而言,2015年4月,江苏法院启动司法体制改革试点工作;2016年8月,全面推开以司法责任制为核心的司法体制改革;2020年12月,江苏省高级人民法院印发《关于深化司法责任制综合配套改革的实施意见》的通知。

目前,江苏法院队伍结构调整升级,审判资源优化配置,新型审判权力运行机制逐步形成。一是明晰权责清单,强化法官办案主体责任。推进清单化行权,修订《关于办案人员权力和责任清单的规定》,细化8类办案人员权责清单203条,确保各类人员有职有权、各尽其责,防止权力行使的错位、缺位、越位。二是全面推进以法官为中心的审判执行团队建设。推进"法官+法官助理+书记员"的新型办案团队组合模式,从案件类型、难易程度、人员结构等实际情况出发,组建灵活多样的办案团队。三是完善司法绩效考评,构建新型激励约束机制。建立以审判工作量为主、兼顾案件质量效率和业务能力素质的法官业绩考评体系,制定《法官、审判辅助人员绩效考核及奖金分配指导办法(试行)》,强化业绩考评结果的运用,将评价结果作为法官选任、晋职晋级、绩效奖励的主要依据。

司法责任制是深化司法体制及其综合配套改革的关键内容,也是实现国家治理体系和治理能力现代化的重要举措。江苏的改革之路并未结束。

第一,司法责任制的落实要继续深化。"让审理者裁判,由裁判者负责"是司法责任原则,反映了司法的基本要求,是实现个案公正的机制保障。目前主要推行"主审法官责任制、合议庭办案责任制",这是目前法官司法能力参差不齐的情形下,具有过渡性质的改革措施。这种做法的优点是:充分发挥优秀骨干法官的带头示范作用,保证案件的审理及裁判质量。但是这种方式也有弊端:在合议庭内部又会形成主审法官与其他法官之间的行政性领导或指导关系,违背了司法的基本规律。因此,今后要加大法官司法能力的提高力度,普遍地提高法官的司法能力与司法素养。在条件成熟的时候,真正建立普遍的"法官责任制"。

第二,在案件管理方面,建立起可操作的司法责任制。我们在司法调研中发现,困扰着案件管理及司法责任制的一个问题是,对于有些复杂、敏感、政治影响大的案件,为了保证办案的社会效果,法院系统长期实行党内报告、上级机关和院内行政指导等特殊的案件管理制度,目前实行司法责任制后,如何处理这类案件是困扰司法责任制度的一个难题。一方面,党统一领导的原则要坚持,另一方面,这类案件责任的承担者不清晰,让主办这个案件的法官承担错案责任明显不公平,一旦这么做,结果是损害司法责任制,造成司法责任制运行体制的混乱,最终会葬送司法责任制。在这种情况下,"只能采取严格限制(尽量缩小)和明确规定此类条件的范围,然后建立起一种较为规范的特殊责任制,影响司法决定的各种主体的职责、权限、行为方式与行为程序,均纳入规范范围,以保证将政治与司法权力关进笼子里。同时仍需较为明确地划分承办司法官与上级指导者及外部指示者的责任界限,尽可能地体现责任制的原则"。①

第三,构建合理与相互协调的司法责任制与司法监督制度。司法责任制的重点与难点在于既实现对司法的有效监督又实现司法责任的追究。现代权力运行的基本原理是权力与责任相对应,权力与监督并存。在落实司法责任制的过程中必然关涉对司法权运行过程的全方位监督。在设计司法监督制度的过程中,有两个冲突问题需要把握好。第一,监督方式的设置不能干预司法权的独立运行。审判独立是人类法治文明的共同价值,是当代司法的基本原则。在对司法进行监督的过程中,要切实防止借口司法监督而干预司法权的独立行使。第二,错案的判定标准。法官审理案件并进行裁判是一个极为复杂的专业化的过程,对事实或证据的认定有时候不存在唯一的标准,结果会得出不同的裁判结论,这样势必会增加错案认定的难度。司法官对案件的理性判断的能力也是有限度的,不可能准确把握好每一个疑难复杂的案件。在错案风险加大的情况下,很少有法官愿意去办案,或者法官可能采取最稳妥但不一定是最公正、合理的方法去裁判案件。因此,在实施司法监督追究司法责任的过程中,要坚持以下方法:其一是要通过加大司法公开的力度倒逼司法责任的落实;其二对司法责任的追究必须遵循司法的规律;其三在坚持对司法腐败零容忍的同时,应当注意对司法责任的适度豁免。

第四,积极探索审判监督新方式新方法。集中清理与司法责任制相冲突的制度规定,探索建立适应新审判权运行模式的审判监督制约机制。一是要厘清院长、庭长监督指导方式方法。要建立院长、庭长与审判组织之间的新型关系,把审判业务指导与行政管理职责区分开来。院长、庭长的监督管理,不是对法官办理的案件进行审查、签发、把关,而是应集中在对相关程序事项的审核批准、对综合性审判工作的宏观指导、对案件质量效率进行监督管理以及排除对司法活动的不当干扰等方面。在落实司法责任制过程中,不能把"放权"等同于"放任",也不能把"让审理者裁判,由裁判者负责"等同于所谓"法官独立"。院长、庭长必须依法履行好监督管理职责,善于通过接处信访、案件评查等途径及时发现问题,通过信息化等手段增强监督效果。院长、庭长对个案的监督必须有事实认定、法律适用、法定程序等方面的正当理由。二是要完善组织化、平台化、公开化

---

① 龙宗智:《影响司法公正及司法公信力的现实因素及其对策》,《当代法学》2015年第3期。

监督管理方式。取消院长、庭长单独听取案件汇报制度,改造审判长联席会议、庭务会为专业法官会议,建立和完善专业法官会议制度,院长、庭长通过主持专业法官会议,以组织化、平台化、公开化方式发表意见。三是要创新审判管理方式和机制。通过网上办案流程信息的全程记录,对案件进行动态跟踪管控,形成流程化、自动化审判监督管理机制,节点管理必须严格,防止形同虚设。积极探索运用大数据、人工智能手段进行审判监督管理的途径和方法。继续强化各审判业务条线和审判管理部门案件质量评查制度。

(四) 完善绩效考评制度

在我国,司法绩效考评制度是司法管理的重要内容之一,在影响司法公正的诸多因素中,绩效考评因素发挥的作用最大。这种制度在运行过程中会产生正面与负面的两种效果。从正面效果看,绩效考评制度使法官的司法裁判成绩变成了数字化的可量化的成果,通过数字的分析与排名,能从直观上显示出法官工作成绩,可以发挥各类司法工作人员的积极性,提高工作效率,更好地完成法院的整体工作。但绩效考评制度本身也会产生负面的效果。在欧美国家,司法绩效考评受到严格限制,因为欧美国家的法院法官认为司法绩效考评制度本身不能体现司法的本质属性,而且违背了司法应遵循的规律。这种制度与司法的公正价值之间存在着一定的冲突,因为"这种严格计量的考核指标体系以及以科层制为基础主要采用行政方法实施的考核操作体系,与司法权的内在运行规律存在冲突,因此可能产生某些负面效果。因为指标体系的统一设定及功利性追求与个案的复杂多样性及公正价值有矛盾,而且当前行政主导、全面而严格的考绩,还可能妨害司法官的责任心、荣誉感与责任感的生成,损害司法官的独立性,从而对司法公正产生影响"[①]。2015年1月20日,中央政法委要求,中央政法各单位和各地政法机关对各类执法司法考核指标进行全面清理,坚决取消刑事拘留数、批捕率、起诉率、有罪判决率、结案率等不合理的考核项目。各地司法部门也迅速展开落实。

江苏省各级法院积极完善司法绩效考评制度,构建起新型激励约束机制。建立以审判工作量为主,兼顾案件质量效率和业务能力素质的法官业绩考评体系,制定《法官、审判辅助人员绩效考核及奖金分配指导办法(试行)》,分10个类别规定了不同岗位法官的审判工作量要求,并明确非因客观事由,法官审判工作量达不到标准的,年度绩效考核视为不合格。强化业绩考评结果的运用,将评价

---

① 龙宗智:《影响司法公正及司法公信力的现实因素及其对策》,《当代法学》2015年第3期。

结果作为法官选任、晋职晋级、绩效奖励的主要依据。江苏省各级法院继续针对新出现的问题完善考评制度,体现司法的属性,遵循司法的规律:一是考虑到司法的复杂性,应该降低数字化的指标在法官成绩考评中的运用,数字化指标的统计,应只运用于司法态势、发展趋势与问题的把握,而不应当机械用于单位与个人的工作业绩评价;二是要注意合理、科学设置指标,违背司法属性的指标一律废除;三是要废除所谓的末尾淘汰制,考核结果的运用务必采取谨慎的态度;四是要改善考评的主体结构,反对唯数字论,增加法官、检察官、人民陪审员等参与考评活动,增加考评的民主性。

(五)完善保障司法裁判尺度统一工作机制

各级法院应积极完善统一法律适用机制。制定专业法官会议工作规则,修订审判委员会工作规则,促进专业法官会议与审委会的有效衔接,切实发挥专业法官会议和审委会在研究疑难复杂案件、促进法律适用和裁判标准统一方面的职能作用。制定《关于建立类案强制检索报告制度的规定(试行)》,明确类案强制检索的适用情形、检索范围、检索顺序、检索情况报告、检索结果运用等,规范法官自由裁量权。要切实完善机制强化监督,完善个案监督反馈机制,发改案件结案后向原审法院院长发送《审判监督意见书》,反馈发改意见,强化个案指导。完善类案监督指导机制,定期下发审监案例通报和年度报告。完善案件评查复查机制,对发改案件开展"双重评查",深化评查结果运用。完善各级法院自身生效裁判监督机制,树立审监工作权威,突出再审纠错功能,强化对自身案件的监督,严格落实再审发改交换意见、原审承办人列席审委会等制度,切实提升监督的准确性。

《法治江苏建设规划(2021—2025年)》提出要继续完善统一法律适用标准,推行类案及新类型案件强制检索报告制度。一是继续充分发挥院长、庭长办案示范引领作用。院长、庭长要重点办理重大、疑难、复杂、新类型案件,特别是对法律统一适用有指导意义的案件,法官认为案件疑难复杂或者需要统一裁判尺度的,可以将案件提请院长、庭长审理或由院长、庭长担任审判长组成合议庭审理。二是继续充分发挥专业法官会议和审判委员会作用。通过专业法官会议和审判委员会讨论研究案件,发现裁判标准差异,积累典型案例,形成统一裁判方法,促进裁判标准统一。三是完善案例指导制度。加强指导性案例遴选编报工作,注重从典型案例中分析提炼事实认定规则、法律适用规则和自由裁量尺度;探索建立案例辩论制度,允许当事人在庭审中援引先例进行辩论。四是上级法院要提高审判业务指导水平。针对案件审理共性问题,上级法院要及时提出统一裁判标准指导性意见。同时,业务指导不能"政出多门",必须建立统筹机制。

(六) 完善司法与社会互动机制

法院独立行使司法裁判权,并不意味着法院是一个独立的"王国",司法的众多方面需要与社会展开互动,通过互动,让社会了解司法,实现公众对司法的信任,继而提高司法的公信力。司法与社会互动的主要方式包括司法公开、依法处理涉诉信访、与新闻媒体的互动等方面。

1. 司法信息公开

2013年11月21日,最高人民法院发布了《关于推进司法公开三大平台建设的若干意见》,到2016年11月5日,最高人民法院原院长周强在第十二届全国人民代表大会常务委员会第二十四次会议上作《关于深化司法公开、促进司法公正情况的报告》时指出:"坚持司法为民、公正司法,以司法改革为动力,以人民法院信息化建设为支撑,以建设审判流程公开、庭审活动公开、裁判文书公开、执行信息公开四大平台为载体,全面深化司法公开,着力构建开放、动态、透明、便民的阳光司法机制,促进司法公正,不断提升司法公信力,取得明显成效。"经过短短几年的努力,中国法院信息公开建设从三大平台发展到四大平台,取得了令世界瞩目的成就。在运用信息化手段不断优化司法公开机制的同时,人民法院不断健全完善司法信息常规性发布机制。各级人民法院不断拓展新媒体公开信息渠道,法院政务网站、法院微博微信、移动新闻客户端等日渐成为司法公开的新阵地。各级人民法院还积极构建多样化司法互动沟通机制,通过建立公众开放日、开通留言栏目、搭建专门化沟通平台等方式,构建法院与民众的良性互动沟通机制。2018年11月,最高人民法院出台《关于进一步深化司法公开的意见》,推动开放、动态、透明、便民的阳光司法机制更加成熟定型。

《中国法治发展报告 No.21(2023)》,以法院网站信息公开为视角,发布《中国司法透明度指数报告(2022)》,对32家高级人民法院、49家地级市中级人民法院、118家基层法院和14家专门性法院进行评估。[1]

评估显示,江苏高院位居高院排名中间,南京中院在中级人民法院中排名靠前,2021年、2022年司法透明度指数排名均为第2;徐州中院2021年位居第14,2022年位居第5。总体分析,江苏法院系统的信息公开度在全国尚处于中等水平,个别法院在全国处于领先水平,信息公开的空间较大,尚需要努力建设。具

---

[1] 莫纪宏、田禾:《中国法治发展报告 No.21(2023)》,北京:社会科学文献出版社,2023年,第200页。

体数据如下：

中国司法透明度指数评估结果(满分：100分)(2022年)

2022年排名	法院	2021年排名	服务诉讼当事人	服务社会治理	服务监督制约	总分
11	江苏高院	5	82.95	73.30	59.30	72.96

中国司法透明度指数评估结果(满分：100分)(2022年)[①]

2022年排名	法院	2021年排名	服务诉讼当事人	服务社会治理	服务监督制约	总分
2	南京中院	2	95	93.25	88.15	92.42
5	徐州中院	14	89.6	74.3	100	88.13
23	苏州中院	19	63.65	74.55	61.10	66.16

司法公开的制度不断完善。2009年12月8日，最高人民法院印发《关于司法公开的六项规定》，首次明确了各级法院在互联网公布裁判文书的范围。2010年11月21日，最高人民法院出台的《关于人民法院在互联网公布裁判文书的规定》(法发〔2010〕48号)是首个专门规定裁判文书上网的制度文件。2013年11月，最高人民法院重新制定了《最高人民法院关于人民法院在互联网公布裁判文书的规定》，将裁判文书的生效后公开期限由三十日缩短为七日，体现了司法公开的及时性原则。2016年8月31日，《最高人民法院关于人民法院在互联网公布裁判文书的规定》(法释〔2016〕19号)，进一步扩大了裁判文书的上网范围，规定调解书在一定条件下也可以公开。总之，司法公开的制度不断完善，为司法公开打下了坚实的制度基础。2020年8月30日，中国裁判文书网的文书总量超过了1亿篇。当下，中国裁判文书网公开文书1.4亿份、访问量逾千亿次，中国庭审公开网直播庭审超过2100万场。[②]

近年来，中国法院以智慧法院建设为契机，大力推动司法公开与"互联网＋"的跨界融合。"十三五"时期，全国法院建成人民法院信息化3.0版，有力推动了司法公开的数据化、网络化、信息化，不断促进从公开内容到公开方式的全面优化升级。随着科技进步，智慧化、数字化成为发展趋势，依托互联网和现代信息技术，各级人民法院建立起法院政务网站、12368诉讼服务平台等。"指尖上的法院""移动互联时代的法院"日渐成为司法公开的新阵地。中国法院的司法公

---

① 莫纪宏、田禾：《中国法治发展报告No.21(2023)》，北京：社会科学文献出版社，2023年，第200页。
② 参见《最高人民法院工作报告——2023年3月7日在第十四届全国人民代表大会第一次会议上》。

开,正在以其独特做法和显著成效,向世界展示智慧时代的司法文明。

按照中央和最高人民法院的部署要求,江苏法院近年来始终把司法公开作为维护司法公正、提升司法公信力、树立司法权威的一项基础性工作牢牢抓在手上,并于2010年底、2011年初在全省法院全面部署推进。2018年3月,江苏法院在全国率先建立"以直播为原则、不直播为例外"制度,坚持常态化开展庭审直播工作。2019年8月,江苏法院庭审直播场次在全国法院中率先突破100万场。

司法公开永远走在继续提升的道路上,最高人民法院第五个五年改革纲要(2019—2023)也继续强调进一步深化司法公开,不断完善审判流程公开、庭审活动公开、裁判文书公开、执行信息公开四大平台,全面拓展司法公开的广度和深度,健全司法公开形式,畅通当事人和律师获取司法信息的渠道,构建更加开放、动态、透明、便民的阳光司法制度体系。江苏省也应该继续加强建设。

首先,司法公开的纵深发展有赖于法院信息化的深度应用。信息化为司法公开提供了科技的平台,使司法公开向深度与广度拓展,而信息化本身存在的问题也会制约司法公开的发展。因此,要推动司法公开向纵深发展,前提是要提升办案系统和管理平台的友好性,实现信息系统的案件全覆盖、法官全覆盖。因此,要利用好人民法院信息化3.0版,依托好互联网和现代信息技术,不断促进从公开内容到公开方式的全面优化升级。

其次是积极落实裁判文书的反向公开规定。裁判文书是以上网公开为原则,不上网公开为例外,为了防止不上网审批流于形式,倒逼裁判文书上网率的提高,2016年8月31日修订的《最高人民法院关于人民法院在互联网公布裁判文书的规定》(法释〔2016〕19号)规定了裁判文书的反向公开制度,即不在互联网公开的裁判文书,应当公布案号、审理法院、裁判日期及不公开的理由。实现司法公开向纵深方向发展,必须全面落实最高人民法院的相关规定。

最后是要加强数据对接。信息不对接是目前制约司法公开的最大障碍。关于执行方面的信息应该与社会其他平台的数据实现共享,然而实践中信息壁垒、数据鸿沟的现象普遍存在。"首先,不同领域、不同层级的法院的执行数据共享存在困难;其次,以网络执行查控和联合惩戒为主要内容的执行联动机制存在法院系统与其他部门之间的不完全对接;最后,社会信用信息与被执行人名单信息之间未能做到无缝对接。"[1]因此,今后全国各级法院司法公开的建设要努力实现司法数据与社会诚信系统的数据对接。

---

[1] 李林、田禾:《中国法治发展报告 No.15(2017)》,北京:社会科学文献出版社,2017年,第243页。

总之,技术和业务的融合问题、法官信息化水平不高的问题、地方信息化发展水平不平衡问题等,不仅影响了信息化的应用,而且关系到法院信息化未来的发展,这些问题也构成了今后我国各级法院司法公开建设努力的方向。

2. 涉诉信访治理的法治化

困扰法院独立审判的一个重要病症是信访的压力。尽管信访的体制有所改变,但是仍存在以下问题:法官在遇到不能理性表达诉求、依法诉讼的当事人时,不敢轻易做出判决;信访发生后交由承办法官释明,占据了法官一定的时间与精力;当前的涉诉信访化解方式并非完全以法律为依据,更多的是从维护稳定、消除影响、防止进京访的角度考虑,"大闹大解决、小闹小解决、不闹不解决",既影响了司法的权威与公信,也挫伤了法官依法办案的积极性,导致更严重的司法公信的缺失。涉诉信访问题已经成为司法公信力建设的瓶颈,必须把涉诉信访纳入法治化的轨道,才能更加强化司法的基本保障,在依法保障人民群众监督权的同时,更加重视通过诉讼方式解决纠纷。

一是建立完善涉诉信访终结机制。要有效遏制目前出现的"不服即申、越级上访、缠访闹访"的现象,必须明确涉诉信访终结的条件、程序和效力,引导当事人在一审、二审或再审程序中化解社会纠纷,降低人民群众对涉诉信访的心理预期。涉诉程序已经完全终结的案件,可以纳入涉诉信访的管理范围,并实行统一扎口管理,由省高院信访部门对相关信访进行接待、登记、通报和交办,建议其他部门包括各基层法院不要再接待、登记、通报涉诉信访,防止因多头管理、多头交办造成信访体制不顺、信访途径不畅、信访机构作用发挥不够等问题。凡是经过三级法院审理或审查认为案件不存在实体或程序问题的,由省高院办理信访终结手续,对于已经办理信访终结手续的,任何机构一律不再予以接待、不登记、不交办。

二是建立特困救济制度。有些上访户因一些历史遗留问题不断上访,对于一些特别困难的上访者应该给予人道主义救助。地方党委政府可以设立救助基金,对特别困难者给予一定的经济支持。救助基金既体现了从思想上尊重、感情上贴近上访者,也延伸了司法功能,能真实解决受害人实际困难,也在一定程度上缓解了上访者的实际困难,进而消除一定的社会不稳定因素。当然,信访救助基金有其积极的功能,也可能带来负面的影响。在实际操作中如果把关不严,反而容易产生鼓励上访、上访有利的负面作用。因此要严格特困救济制度的启动程序,设置严格的救济条件和程序,并与其他社会救助基金相配套与衔接,对于不符合条件的信访者坚决不予救助。

三是建立对无理缠访的惩处机制。对于已经办理信访终结手续的,制定无理缠访的认定办法,建立无理上访的惩处机制。处理不力,一味迁就,采取劝、让、哄的怀柔政策,姑息纵容等只会损害法律的权威,只会加剧信访的恶化。因此,对于无理缠访涉嫌犯罪的,依照刑法的相关罪名进行惩治;对于扰乱社会秩序的,按照治安处罚法的相关规定进行拘留等处罚。同时应尽快建立一套中央与地方相衔接的依法处理违法闹访行为的工作程序,加大打击违法信访的力度。

总之,要通过强化法治思维与法治方式,深化治理源头,实施科学管理,既发挥好信访的一定程度的监督司法的正面作用,也要防止无理缠访造成的司法权威被破坏的负面效应。法院通过由司法救济向多元化的转变,实现涉诉信访工作在法治的轨道内良性发展。

3. 加强涉法网络舆情应对

随着互联网技术的推陈出新,网络舆情的传播形式日益丰富。良性的涉法网络舆情有利于弘扬社会公平正义、提升司法公信力。恶性涉法涉诉网络舆情不仅会损害司法机关的公正形象,更会危及社会的安全稳定。因此,对涉法涉诉网络舆情的应对具有重要的现实意义。

一是建立专门的涉法涉诉网络舆情应对管控机构。建议在中级人民法院设立专门的涉法涉诉网络舆情应对管控机构,负责舆情的收集、梳理、转办工作机构,对媒体监督、网络舆情、社会焦点等进行收集和整理等管控工作,确保网络舆情得到及时有效的应对。

二是建立与完善涉法涉诉网络舆情应急预警制度。对各类涉法涉诉的舆情事件要制定较为详细、明确的判断标准和预警方案,时刻掌握舆情控制权,及时采取有效措施进行应对,防止事态扩大。

三是法院的涉诉涉法网络舆情应对机构应与宣传部门建立信息沟通衔接机制,互通信息,相互合作,形成网络资源的共享机制,共同应对网络舆情。

四是强化网络民意沟通的表达平台建设。各级法院要充分发挥门户网站向社会广泛发布信息、全面收集舆情和及时回应社会关切的作用。向社会充分公布案件信息,让公众知悉事实真相,确保民众获得准确信息,实现司法透明,避免信息误判。

在新媒体的网络时代,司法机关在任何时候都不应忽视网上群众的力量,学会与网民沟通就是学会了与公众沟通;要满足网民对司法信息的期待与消费,争取网民的理解与支持,这是管控涉法涉诉网络舆情的最佳选择,也是提高司法公信力的最佳路径。

三、微观层面:深化审判制度改革,实现制度创新

具体的审判制度的改革与创新是提高司法公信力的基础性工程,也是制约司法公信力提升的瓶颈,对现行的民事、刑事、行政的具体审判制度进行改革与创新是新一轮司法改革的中坚工程。《中共中央关于全面推进依法治国若干重大问题的决定》(以下简称《决定》)指出:"完善审级制度,一审重在解决事实认定和法律适用,二审重在解决事实法律争议、实现二审终审,再审重在解决依法纠错、维护裁判权威。"①《决定》的论述完全符合司法规律,但在司法实践中由于一些长期积累的制度性障碍,应然的司法制度没有得到很好的落实。从目前看,应该改革的司法制度有再审制度、陪审制度、审判中心主义制度等。

(一)完善再审制度

德国法学家拉德布鲁赫说:"法律规则的存在比它的正义性与合目的性更重要,正义和合目的性是法律的第二大任务,而第一大任务是所有人共同认可的法的安定性,也就是秩序与安宁。"②当前我国司法公信力现状不容乐观,导致司法公信力不足的因素是多方面的,但是与没有坚守法的安定性或者说再审制度缺乏足够的既判力不无关系。司法要拥有公信力,那么判决就不能随意地或多次地被推翻,司法的基本理性是它的终结性,而终结性的标志是一个案件的终审判决。就我国目前的司法实践而言,我国的司法判决的既判力很低,终审判决可以随意地被推翻,判决没有终结性,当事人的法律关系处于不确定状态,也就没有秩序与安宁可言。美国联邦上诉法院首席法官爱德华兹对裁判效力有过精辟的评析:"一个有效的司法制度的另一个重要因素是其判决的终局性,如果一个解决方案可以没有时间限制并且可以不同理由反复上诉和修改,那就妨碍了矛盾的解决。如果败诉方可以在另一个地方或另一级法院再次提起诉讼,他们就永远不会尊重法院的判决,并顽固地拒绝执行对其不利的判决。无休止地诉讼反映了同时也更刺激了对法院决定的不尊重,从而严重削弱了法院体系的效力。"③再审程序是对错误裁判的最终司法救济,它所付出的代价是牺牲了法的安定性。我国民事诉讼法及刑事诉讼法关于审判监督程序的设计基本上遵循"实事求是""不枉不纵""有错必纠"等认识论上的观念,为审判监督程序的合理性提供理论上的论证和解释。"在中国的主流诉讼理论中,诸如'一事不再理'

---

① 《中共中央关于全面推进依法治国若干重大问题的决定》,北京:人民出版社,2014年,第22页。
② G·拉德布鲁赫:《法哲学》,王朴译,北京:法律出版社,2005年,第74页。
③ 宋冰:《程序、正义与现代化:外国法学家在华演讲录》,北京:中国政法大学出版社,1998年,第3页。

'免受双重危险'之类的基本原则,以及包括既判力、确定力、程序终结性在内的诉讼理念不仅不具有一席之地,而且还经常受到消极的理论评价,甚至受到非理性的批判。"①审判监督程序的设计片面追求实体上的绝对公正而忽略了司法程序上的公正,如果按照这种理念走下去,什么时候发现有错误,什么时候就可以重新审判,那么意味着判决时刻处于不确定的状态。对于当事人来说,只要他认为判决有错误,他就可以不断地申请再审或者申诉。这样一来,纠纷的解决将永无止境,这当然不符合程序法的定纷止争的原则,不利于维护司法的权威性和提高司法公信力。

2012年我国的《中华人民共和国民事诉讼法》修改后,相对于修改前的《中华人民共和国民事诉讼法》对再审程序的启动条件有所限制,但吊诡的是,申请再审案件数量没有下降,"从申请再审案件受理情况看,2013年1—5月,省法院新收912件,同比增长82.04%;中基级法院层面,除南京(1—3月新收85件,同比增长142.86%)、苏州(1—3月新收16件,同比增长100%)、徐州(1—3月新收29件,同比增长45%)等少数中级人民法院申请再审案件同比增长较为明显外,绝大多数中级人民法院和基层人民法院申请再审案件在受理数量上没有明显变化。"②新《民事诉讼法》实施后,江苏高院着力改进再审程序,"切实落实诉访分离"工作要求。在工作分工上,明确"诉""访"各自处理的职能部分。民事再审审查部门负责对申请再审案件的审查:对不符合申请再审受理条件的,可以直接驳回;对于确属"访"范畴的案件,由法院信访部门据院长授权直接复查处理。避免简单以审查部门处理案件信访量排名作为业绩考核指标,加强信访部门与审查部门的配合,对审查部门已经审查的案件,引导当事人向检察机关申请检察建议或者抗诉。规范统一民事再审审查方式,建立起以"全面调卷"为基础、以书面审查为主导、以询问审查为补充的审查模式。区分审查案件来源,有针对性地加以细化:对当事人申请的再审案件,坚持"每案必谈",即使没有询问必要,也力争做一次释明息诉工作;对检察建议的审查,一律进行书面审查,直接回复检察机关。加强审查询问机制及相关问题的研究,切实平等保护申请再审人和对方当事人的诉讼权利;着力构建民事再审审查专门机构。根据新民事诉讼法立法修改精神和最高法院工作部署,各市中级人民法院有条件的设立民事再审审查专门机构,没有条件的应当明确承担审查任务的机构;推动各中级人民法院在条件成熟时统一设立民事再审审查专门机构。结合省法院工作,做好省法院民事

---

① 陈瑞华:《刑事诉讼的前沿问题》,北京:中国人民大学出版社,2001年,第494页。
② 江苏高院调研报告:《进一步改进与完善民事再审审查工作机制的调研报告》(2013年)。

再审审查职能调整调研工作,审监庭仍作为省级法院民事再审审查专门机构,负责省级法院立案受理的申请再审案件的审查工作和全省法院民事再审审查监督指导工作。

2019年4月,江苏省高级人民法院通过了《关于强化民事再审纠错职能提升原审审判质量的意见》,明确指出:要全面发挥民事再审纠错职能作用。民事再审重在依法纠错,维护裁判权威。民事再审是衡量发生法律效力的原审审判质量的标尺和底线。各级法院应当采取有效措施,加大对民事再审结果的汲取和应用力度,建立健全以民事案件再审情况为重要标准的综合评价和责任追究工作机制,既保障民事再审自身严格依法纠错,维护当事人合法权益,又切实预防错误的再次发生,不断提高原审审判质量,提升司法公信力。完善民事再审启动和裁判决策机制。除检察院抗诉以外的民事再审审查案件,合议庭意见拟提起再审的,应当提交专业法官会议讨论;本院再审的民事再审案件,出现新的证据可能推翻原裁定再审事由的,应当提交专业法官会议讨论。提交法官会议讨论的案件,合议庭意见与法官会议意见一致的,依法作出裁判;合议庭意见与法官会议意见不一致,经合议庭复议后不同意法官会议意见的,应当报请院长决定提交审判委员会讨论。建立个案审判监督指导常态机制。民事再审案件拟改判或者发回重审的,必要时应当听取原审人民法院的意见,案件审结时应当制作《审判监督意见书》并反馈原审人民法院院长。《审判监督意见书》应总结原审存在的主要错误以及需改进的主要问题,提出具体指导意见。《审判监督意见书》由审判业务部门主要负责人签发,院领导担任审判长的案件由院领导签发。民事再审审查案件,需要提出指导意见的,依照上述方法办理。健全审判监督与监察监督衔接机制。民事再审审查和再审审理中,发现原审法官存在违纪违法行为或者当事人提出对原审法官投诉或控告的,案件承办部门应将有关线索移送本院监察部门。合议庭经评议发现原审法官可能存在违法审判行为的,应形成书面报告并附线索材料,逐级报请部门主要负责人审核、分管院领导审批移送。

2023年7月28日,最高人民法院印发《关于加强和规范案件提级管辖和再审提审工作的指导意见》(法发〔2023〕13号,以下简称《指导意见》),《指导意见》第十五条规定,上级法院对下级法院已经发生法律效力的民事、行政判决、裁定,认为符合再审条件的,一般应当提审,并明确了指令再审和指定再审的一般情形,即:(一)原判决、裁定认定事实的主要证据未经质证的;(二)对审理案件需要的主要证据,当事人因客观原因不能自行收集,书面申请人民法院调查收集,人民法院未调查收集的;(三)违反法律规定,剥夺当事人辩论权利的;(四)发生法律效力的判决、裁定是由第一审法院作出的;(五)当事人一方人数众多或者当事人双方均为公民的民事案件;(六)经审判委员会讨论决定的其他情形。

最高人民法院及地方各级人民法院已经制定了较为完善的关于再审案件的规范性文件,为完善再审程序奠定了制度基础,从目前的再审程序的实际运行来看,对再审程序尚需再深化改革。其改革的路径是:

一是在遵循司法规律基础上严格控制再审程序的启动。民事诉讼法关于法院受理再审申请的事由仍具有模糊性,对所谓新证据没有作出明确的界定,致使当事人很容易提出所谓新的证据逼迫法院启动再审程序。因此,最高人民法院应该出台司法解释限定新证据的范围,科学地设定提起再审的事由,在对实体正义和程序正义的追求与保障生效裁判的稳定性及争议解决效率性之间求得一种平衡,这是提高司法公信力的现实需要。

二是改造现在的法院"审判监督庭"。目前,我国各级法院都设有"审判监督庭",各级检察院都设有"刑事申诉处",主要职责是对当事人的申诉进行审查。从目前来看,这种法院的内设监督机构没有发挥应有的作用,反而在一定程度上破坏了司法的既判力。在当事人的心目中,一个案件经过一审、二审,会很自然进入再审,再审变成了实质的三审,使诉讼法规定二审终审制成为虚设。改革现行的"审判监督庭"成为现实任务。为了彻底改造审判监督程序,英国的经验值得借鉴。"1995 年,英国国会通过《刑事上诉法》,设立了刑事案件复查委员会,英文是 Criminal Cases Review Commission,从 1997 年开始刑事案件申诉的复查工作。这个委员会的成员都来自民间,但经费来自政府。委员会有 80 多名工作人员,包括律师、记者、会计师等。其中有 9 名专员,其他则是辅助调查人员。每个案件的复查由三名专员组成复查组,一人担任主席,听取各方意见并进行必要的调查和听证,然后决定是否把案件提交上诉法院再审。这种半官方的复查体制有效地提升了司法裁判的公信力。……(著者)建议,在高检、高法以及各省市自治区的检察院和高级法院分别设立'申诉案件复查委员会',对重大或复杂的可能是错判的申诉案件进行独立的复查。该委员会聘请 30 至 60 名品行端正且具有一定社会影响力的法学教授、执业律师、新闻记者、公众代表为兼职复查委员,再为每个复查委员配备 2 名助理。每个重大申诉案件的正式审查决定要由 3 或 5 名复查委员组成的复查组作出。复查组在每个案件的复查过程中至少举行一次公开的听证会,并享有调查取证权。如果复查组认为该案可能为错案,便提交再审。如果复查组认为申诉理由不能成立或者不符合启动再审的条件,作出驳回申诉的裁定并给出具体的理由。当事人对于驳回申诉的裁定享有一次申请复议的权利。复查委员会在接到复议申请之后应另外组成三人复查组进行复议。如果复议结果是维持原裁定,则该裁定为终局决定,该案永不再审。"[①]

(二) 引入司法民主,实行真正的陪审制

我国的人民陪审制度起始于20世纪50年代,经历了"文化大革命"的中断、改革开放后的恢复;2004年,全国人大常委会审议通过了《关于完善人民陪审员制度的决定》(以下简称《决定》),这是新中国成立以来我国人民陪审员制度的第一部单行法律,对促进我国人民陪审员制度的完善发挥了重要作用;2018年4月27日,第十三届全国人民代表大会常务委员会第二次会议通过了《中华人民共和国人民陪审员法》(以下简称《人民陪审员法》),确立了新时代中国特色人民陪审员制度发展的方向、立场和原则,我国陪审制发展进入了历史新阶段。此后,最高人民法院又通过一系列司法解释和答复,逐步落实和细化十八届四中全会和《人民陪审员法》所确立的陪审制改革和发展的宏观构想。短短几年时间,陪审制改革取得显著成效。

《人民法院第五个五年改革纲要(2019—2023)》继续提出完善人民陪审员管理配套制度,贯彻落实《人民陪审员法》,细化人民陪审员参审案件范围、庭审程序、评议规则等。完善人民陪审员选任、培训、考核、奖惩管理办法。健全制度规定,推动完善人民陪审员履职经费保障体制。在取得显著成绩的同时,我们仍应关注陪审制未来的发展方向,进一步明晰"事实"与"法律"的界限。应更加注重制度落实和发展的质量,充分总结各地经验,在更高水平、更高层次上系统、有序地推进陪审制的完善。

一是改革陪审员的选取方式。陪审员的选取应该平民化,但应注意陪审员要具有一定的文化素质,以自荐为主,形成较大规模的数据库。在挑选陪审员的程序方面可以学习英美法系国家的做法,即一案一选,审理案件时进行随机抽取。同时注意陪审员的人员构成,改变现在的以退休人员为主的做法,在年龄结构、性别结构、行业结构、知识结构等方面设置一定的比例,做到人员比例科学合理,所选人员能真正地担当起陪审员的责任。

二是明确合议庭陪审员与法官人数的构成比例。目前基本上采取一名法官带两名陪审员。在这方面可以借鉴法国选取陪审员的经验:"法国不再采用1名法官加2名陪审员的合议庭组成模式,而是由3名法官加9名陪审员组成合议庭,而且还有1名替补陪审员。虽然它还属于无分工式陪审制度,或者叫'参审制',但是陪审员数量的大幅增加已经使陪审制发生了质的变化,即由普通民众

[①] 何家弘:《如何提升司法公信力》,《国家检察官学院学报》2014年第5期。

代表组成的陪审员已经成为司法裁判的真正主体。"[1]

三是人民陪审员只审理事实问题。世界各国的陪审制度主要有两种模式：一种是英美法系国家的分工式陪审制度，陪审团负责认定案件事实，法官负责适用法律；另一种是大陆法系国家的无分工式陪审制度，法国、德国以及我国的人民陪审制度，都属于这种模式。按照《决定》的要求，我们可以学习英美法系国家的分工式陪审制度，人民陪审员只审理事实问题，不就法律适用问题发表意见。

四是让陪审员切实承担起司法的责任。改变现在的陪审员"陪而不审"的现状。让陪审员真实地参与审判程序，真实地行使陪审的权力，履行陪审的职责，承担一定程度的司法责任。在权力方面，陪审员应享有与承办法官相同的一部分权力。比如，为改变现在的陪审员在法庭上的"哑巴"现象，根据发现事实真相的需要，使陪审员在庭审过程中享有询（讯）问证人、鉴定人、被告人的"直接发问权"；在庭审结束后享有发表意见的权力和表决权，若陪审员之多数意见与法官不同，法官必须在判决书中说明理由；等等。

陪审制度继续完善的主要目的是要使合议庭成为司法裁判的真正主体，使庭审成为诉讼的中心环节，通过程序公正来保障实体公正。司法民主是对司法专业化的一种必要的补充，旨在解决司法职业化、专业化所存在的弊端，沟通司法与民众情感，让人民群众接近司法，通过提升裁判的透明度来提升司法的公信力。就目前的陪审体制而言，尚需进行完善。

（三）完善诉讼机制，落实"以审判为中心"的原则

《中共中央关于全面推进依法治国若干重大问题的决定》（以下简称《决定》）指出："推进以审判为中心的诉讼制度改革，确保侦查、审查起诉的案件事实证据经得起法律的检验。全面贯彻证据裁判规则，严格依法收集、固定、保存、审查、运用证据，完善证人、鉴定人出庭制度，保证庭审在查明事实、认定证据、保护诉权、公正裁判中发挥决定性作用。"[2]为推进以审判为中心的刑事诉讼制度改革，2017年6月，最高人民法院下发《在全国部分法院开展"三项规程"试点的通知》，"三项规程"即《人民法院办理刑事案件庭前会议规程（试行）》、《人民法院办理刑事案件排除非法证据规程（试行）》和《人民法院办理刑事案件第一审普通程序法庭调查规程（试行）》，江苏宿迁市中级人民法院被确定为试点法院之一。《决定》发布以来，江苏法院系统围绕着"推进以审判为中心的诉讼制度改革"展

---

① 何家弘：《如何提升司法公信力》，《国家检察官学院学报》2014年第5期。
② 《中共中央关于全面推进依法治国若干重大问题的决定》，北京：人民出版社，2014年，第23页。

开司法审判工作,取得了一定的成绩。"以审判为中心"的诉讼制度改革,体现了诉讼的基本规律,也有利于矫正传统诉讼体制的弊端,对提高案件质量、防范冤假错案、提高司法公信力具有重要作用。

新修订的《中华人民共和国刑事诉讼法》(以下简称新《刑诉法》)明确庭审中心主义,要求牢固树立庭审中心意识,采取切实有效措施,把事实、证据、定罪、量刑等问题在庭审中充分展开并有效解决,确保庭审功能的发挥。一是新设量刑程序对法官司法能力提出更高要求。长期以来,重定罪轻量刑的现象比较普遍。量刑是适用法律的重要方面,同样关系到案件的公正与否,量刑失当,会造成该重而轻,该轻而重。新《刑诉法》明确规定了量刑程序,控辩双方对量刑程序的参与以及量刑程序的公开,使法官的量刑受制于控辩双方提出的事实、证据,客观上制约法官的自由裁量权。二是证据责任进一步强化。司法实践中,重视控方证据而忽视辩方证据的倾向仍然存在,被告人的积极辩护权往往不能受到足够重视。新《刑诉法》对刑事诉讼证据制度做了重大完善,摒弃片面重视口供的错误观念和做法。从证明责任上看,被告人是否有罪,要由控方来承担举证责任,不得强迫任何人自证其罪,这种理念的转变对今后司法实践的影响非常深远。对于只有被告人供述,没有其他证据的,不能认定被告人有罪和处以刑罚。凡做出的有罪判决,必须做到与定罪量刑有关的事实都有相应的证据证明,据以定案的证据都已通过法定程序审查属实。

一是法院审判应当实质化。全面落实"两高三部"《关于推进以审判为中心的刑事诉讼制度改革的意见》。推进庭审实质化,充分发挥庭前会议功能,改进质证认证程序,完善庭审辩论机制,强化庭审小结作用,提高当庭宣判率。"庭审实质化是以审判为中心的刑事诉讼制度改革的应有之义,也是让办案系统中各种事实证据接受法律检验的关键环节。要发挥好庭审的制约把关作用,形成有效的倒逼机制,依法规范侦查、起诉、审判活动。坚持直接言词原则,完善证人、鉴定人、侦查人员出庭作证制度,完善出庭作证保护和补助机制,提高出庭作证率。控辩实质对抗是庭审实质化的标志。公诉人要熟练掌握证据审查、运用规则,深入研判、有效应对庭审可能遇到的质疑尤其是律师的不同意见,提高公诉质量。要逐步扩大法律援助范围,健全法律援助值班律师制度,开展刑事案件律师辩护全覆盖试点,提高律师辩护率。切实保障辩护律师发问、质证、辩论等权利,让控辩双方充分辩论,有证举在庭上,有理说在庭上,让法庭通过充分的聆听、严谨的论证,做出客观公正的裁判。"①

"庭审实质化主要适用于依普通程序审理的刑事案件,重点是不认罪和认罪后又翻供的案件。对绝大多数简单刑事案件,以及被告人认罪认罚的刑事案件,可以适用简易程序办理,以节约司法资源、提高办案效率。要深入推进认罪认罚从宽制度试点,不断完善速裁程序运行机制,努力构建具有中国特色的轻罪诉讼体系。要正确处理惩治犯罪和保障人权的关系,严格落实罪刑法定、证据裁判、疑罪从无、程序公正等原则,确保无罪的人不受刑事追究、有罪的人受到公正惩罚。"充分发挥审判对侦查、起诉的引导作用,加大与侦诉机关的沟通协调力度,探索开发证据指引系统;正确认识和把握侦查办案机关情况说明等材料的效力,规范补查补证工作,规范公诉案件撤回起诉程序,引导公诉机关完善量刑建议制度。

二是充分利用科技手段推进以审判为中心的刑事诉讼制度改革。党的十八大以来,人民法院认真贯彻党中央战略部署,以促进审判体系和审判能力现代化为目标,大力推进信息化建设,取得了积极的成效。最高人民法院根据中央的战略部署,提出推进"智慧法院"建设,被列入《国家信息化发展战略纲要》。之后,最高人民法院不断加快信息化建设部署进程,加大推进力度,相继制定出台《人民法院信息化建设发展规划(2017—2021)》《最高人民法院关于加快建设智慧法院的意见》等一大批"四梁八柱"的意见,人民法院信息化建设进入高速发展的快车道。"近年来,上海、贵州运用现代科技推进以审判为中心的刑事诉讼制度改革,探索运用大数据分析证据,明确侦查、起诉、审判不同诉讼阶段的证据标准指引,研发智能辅助办案系统,构建跨部门大数据办案平台,探索了一条司法体制改革和现代科技应用融合的新路子,改变了许多传统的思想观念、工作方式,提高了管理、决策科学性,是一次历史性变革,对于规范司法行为、防范冤假错案、提升司法质量效率和公信力发挥了重要作用。实践表明,现代科技应用迈出一小步,可以推动刑事司法文明前进一大步。"③

近年来,江苏省法院积极争取最高人民法院的支持与指导,坚持目标导向、问题导向、需求导向和效果导向,直面司法难题,突出主攻方向,加快"智慧法院"建设步伐,促进司法公开高效,努力增强广大法官和人民群众对信息化建设的获得感。目前,全省法院通过不断加强信息化建设、管理和应用,基本实现了"网络全覆盖、数据全集中、业务全贯通",为推动司法公开、深化司法为民、提升审判质

---

①②③ 孟建柱:《全面深化司法体制改革 努力创造更高水平的社会主义司法文明》,《人民法院报》2017年10月17日,第4版。

效、规范司法管理提供了有力的信息技术保障。在基础设施建设方面,全省法院建成覆盖全省三级法院及派出人民法庭的高速数据网和视频网,基本实现对基础设施的可视化运维。目前,全省法院共建成2 400余个科技法庭,基本实现每庭必录。此外,全省法院还实现了高清视频会议、远程接访、远程提讯、远程网上开庭、移动办公办案、庭审直播、执行指挥、立案信访监控等信息化设施全覆盖。这些设施为全省法院审判信息化发展提供有力的物质保障。在系统建设与应用方面,全省法院完成新版案件管理系统改版升级工作,并全力推行网上办案、卷宗同步数字化。全省法院在全面建成内网网站交流和信息发布平台基础上,实现互联网接入,开通全省法院政务网、诉讼服务网、12368司法服务热线,建立司法公开三大平台,为群众提供案件查询、网上立案、网上缴费、电子送达、网上阅卷、微信、微博、手机APP等网上诉讼服务。为进一步破解执行难问题,全省法院建立了涵盖网上查控、司法拍卖、执行指挥、分析研判等在内的执行指挥中心,网上查控范围拓展到银行、证券、边防、交通、人社、工商、住建等部门。为了更加高效地利用全省法院司法大数据,全省法院建立了数据挖掘、实时采集、集中存储与展示的审判主题分析平台。此外,全省法院还建立了网上公文处理系统,非涉密文件和事务性审批全部网上办理,大大提高了工作效率。借助4G网络新技术,开通全省法院移动办案办公平台,方便干警随时随地了解情况,更加有效地利用碎片化时间。为了更好服务干警,提高各种软件使用效率,全省法院还加强应用系统集成融合,开发包括司法办案、信访管理、审判管理、政务管理、队伍管理、后勤保障在内的"一站式"服务平台。丰富的应用程序让法官和人民群众体会到了信息化发展带来的益处。在制度机制方面,建立软件开发、网上办案、电子送达、科技法庭远程应用、移动办公办案、运维质效考核、系统安全保密、数据安全备份等管理规定,使全省法院信息化发展制度化、规范化。全省法院还制定出台了《江苏法院信息化建设五年发展规划(2016—2020)》,以信息化和审判管理融合共进为抓手,加强法院信息化建设顶层设计。

在智慧法院建设方面,苏州走在了全省的前列,形成了"智慧审判苏州模式"。所谓智慧审判苏州模式,是以电子卷宗和材料流转两大平台作为中枢核心数据系统,分别联结由庭审语音、电子质证与文书制作三大平台构成的内部辅助审判系统,以及由审判流程、裁判文书与执行信息三大平台构成的外部司法公开系统,是一套综合覆盖审判活动全流程的完整体系。具体见后图。

苏州法院"智慧法院"建设的工作效果逐步显现:一是提升审判效率,助力化解人案矛盾。智慧审判苏州模式始终以服务法官办案为核心,通过技术手段最大限度地剥离法官、书记员的非审判核心事务,从庭审、文书制作等关键关节切

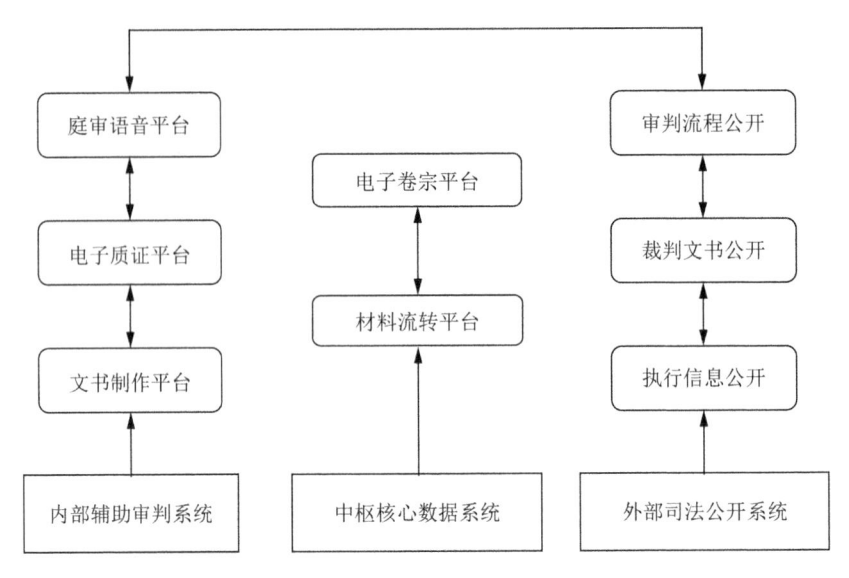

```
                    ┌─────────────────────────────────────────┐
                    │                                         │
              ┌──────────┐                              ┌──────────┐
              │庭审语音平台│                              │审判流程公开│
              └──────────┘                              └──────────┘
                    │         ┌──────────┐                    │
                    │         │电子卷宗平台│                    │
              ┌──────────┐    └──────────┘              ┌──────────┐
              │电子质证平台│         ↕                    │裁判文书公开│
              └──────────┘    ┌──────────┐              └──────────┘
                    │         │材料流转平台│                    │
                    │         └──────────┘                    │
              ┌──────────┐                              ┌──────────┐
              │文书制作平台│                              │执行信息公开│
              └──────────┘                              └──────────┘
                    │                                         │
           ┌────────────────┐ ┌────────────────┐ ┌────────────────┐
           │内部辅助审判系统│ │中枢核心数据系统│ │外部司法公开系统│
           └────────────────┘ └────────────────┘ └────────────────┘
```

智慧审判苏州模式的体系构架

入减轻办案工作量,提高了办案人员工作效率。据不完全统计,法官、书记员的事务性工作分别减少50%左右,案件平均审判效率提高20%以上。二是规范司法活动,助力加强监督管理。智慧审判苏州模式实现了材料流转、庭审等活动的全程留痕,在方便法官办案的同时,也倒逼审判人员规范司法活动,提高司法能力。三是细化权力监控,助力提升司法公信。智慧审判苏州模式为司法管理提供了重要平台载体,特别是随着数据分析、案件类推、偏离度预警等系统的不断深化,对完善落实司法责任制、提高司法公信力将起到积极的推动作用。[1]

江苏法院在"智慧法院"建设方面取得了一定的成绩,特别是在硬件建设方面成就更加明显,极大地减轻了法官的办案压力,基本实现了科技助力司法能力提升的目标。但是我们也要看到,互联网的发展与更新换代是飞速的,今天不更新,明天就可能落后。而且,江苏司法的智慧法院建设还有很大的空间,"各类应用系统整合力度和业务支持能力亟待加强。各应用系统深度融合共享还未形成;法院内部工作平台与外部服务应用之间尚未实现高效协同;应用系统对上下级法院、跨辖区法院、法院同相关政法部门之间业务协作支持能力不足;法院专网服务法官辅助办案能力仍很欠缺;案件管理系统与人事管理系统还未互联互通;传统人事管理系统难以充分满足司法改革对人财物统一管理、法官员额动态

---

[1] 参见《全省中级法院院长座谈会参阅材料汇编(下册):加快"智慧法院"建设步伐 努力为高水平司法提供有力科技支撑》,2017年7月。

调节等需求;司法行政管理应用系统建设发展不均衡"。① 除此之外,江苏法院与上海等法院在"智慧法院"建设方面的主要差距体现在:没有"运用现代科技推进以审判为中心的刑事诉讼制度改革,探索运用大数据分析证据,明确侦查、起诉、审判不同诉讼阶段的证据标准指引"。近几年来纠正的历史上的少数冤假错案表明,导致冤假错案产生的一个主要原因就是"证据标准适用不统一、取证行为不规范、证据审查判断不全面,造成起点错、跟着错、错到底,导致公检法互相配合、互相制约的机制难以落到实处"。②

"准确把握智能辅助办案系统的功能定位,更好地发挥现代科技在刑事司法工作中的重要作用。人工智能作为人类智慧创造的一种新型工具,对数值、符号的计算,比人脑更加精准快速、稳定可靠,也更容易找到最优的解答。智能辅助办案系统是现代科技在司法领域应用的智慧结晶,是推动刑事司法变革的重要力量。智能辅助办案系统不替代线下刑事诉讼活动,也不替代司法人员独立判断,而是通过推动公检法在共同的办案平台上、明确的证据标准指引下办案,成为推动以审判为中心的刑事诉讼制度改革落地、提升刑事司法工作水平的重要抓手。一是对符合证据标准指引的案件自动放行,对不符合证据标准指引的案件自动阻止并提示补证,为公检法互相配合、互相制约提供新载体。二是引导司法机关和工作人员依法、全面、规范收集和审查证据,及时发现需要纠正的问题,防止因证据收集、审查不全面不规范而导致冤假错案发生。三是对证据完整性及矛盾点进行基础性审查、判断,帮助司法人员克服认识局限性和主观随意性,最大限度减少误差和人情关系的干扰,统一司法尺度,保障司法公正。当前,要加快推进跨部门大数据办案平台建设,为建立完善智能辅助办案系统、推进以审判为中心的刑事诉讼制度改革落地提供技术保障。"③

小结

我国司法公信力的现状是历史与当代、内因与外因共同作用的结果,这也决定了提升司法公信力是一个系统的、复杂的、长期的工程。

提升司法公信力是系统的工程,意味着必须通过全方位的司法改革来提升司法公信力。首先,在司法价值目标上必须把司法公正作为司法的终极意义的价值追求,唯有公正才能赢得公信,因为公正是司法永恒的主题,也是决定司法

---

① 参见《全省中级法院院长座谈会参阅材料汇编(下册):加快"智慧法院"建设步伐 努力为高水平司法提供有力科技支撑》,2017年7月。

②③ 孟建柱:《全面深化司法体制改革 努力创造更高水平的社会主义司法文明》,《人民法院报》2017年10月17日,第4版。

公信力高低的关键。其次,在改革的路径上,在坚持司法规律的前提下,对中国现行的司法体制进行全方位的改革,包括司法的行政管理体制和审判体制,也包括审级制度、再审制度、陪审制度、执行制度等。再次,努力塑造司法权威。必须坚持在党的正确领导下,尊重司法权威、保障司法权力正常运行、维护法官职业尊严、严惩扰乱法庭秩序和法官正常生活的行为。最后,努力培养全社会的崇尚法治的精神是提升司法公信力的基础。司法公信是公众对司法的信任,如果公众自己没有法治的信仰,怎么有能力去评判司法是否公正呢?

提升司法公信力是复杂的工程,意味着必须通过理性的制度设计来提升司法公信力。中国的司法改革不能再遵循"摸着石头过河"的模式来展开,也不能再依靠最底层的简单的司法实验获得数据在全国简单地复制来获得成功,必须依靠理性的制度设计来展开,必须加强中央顶层的司法制度设计。从本轮的司法改革经验可以得知,本轮的司法改革之所以能取得如此巨大的司法改革成果,其成功的关键在于中央顶层的制度设计,全国的司法改革正是在遵循中央既定的改革方案基础上来有步骤推进的,可以说,没有中央的顶层设计,就没有今日的司法改革的成果。

提升司法公信力是长期的工程,意味着必须通过长期努力来提升司法公信力。司法公信力不是GDP,不是通过一时的努力就可以有很大程度的提升。因为,人的法治信仰不是短时间形成的,它是数代人努力的结果,不能期望司法公信力通过五年或十年的努力就能达到理想的程度,我们必须做好长时期努力的准备,以今天为起点,脚踏实地,通过一代又一代人的努力,朝着理想的目标迈进。

司法公信力的提升永远在路上,司法的改革必须再改革。

参考文献

一、译著及中文著作

［1］胡铭.刑事司法民主论[M].北京:中国人民公安大学出版社,2007.
［2］伯尔曼.法律与宗教[M].梁治平,译.北京:中国政法大学出版社,2003.
［3］林毓生.中国传统的创造性转化[M].北京:生活·读书·新知三联书店,2011.
［4］赫伯特·马尔库塞.理性和革命:黑格尔和社会理论的兴起[M].程志民,译.上海:上海人民出版社,2007.
［5］马克斯·韦伯.经济与社会(上卷)[M].林荣远,译.北京:商务印书馆,1997.
［6］罗斯科·庞德.通过法律的社会控制[M].沈宗灵,译.北京:商务印书馆,2006.
［7］江必新.法治国家建设与司法公信:以贯彻十八大精神为背景[M].北京:人民法院出版社,2013.
［8］马克思·韦伯.经济与历史:支配的类型[M].康乐等,译.桂林:广西师范大学出版社,2010.
［9］布鲁斯·阿克曼.我们人民:奠基[M].汪庆华,译.北京:中国政法大学出版社,2017.
［10］陈新民.法治国公法学原理与实践(上)[M].北京:中国政法大学出版社,2007.
［11］陈弘毅.宪法学的世界[M].北京:中国政法大学出版社,2014.
［12］张文显.二十世纪西方法哲学思潮研究[M].北京:法律出版社,1996.
［13］博登海默.法理学:法律哲学与法律方法[M].邓正来,译.北京:中国政法大学出版社,1999.
［14］培根.论司法[M]//培根.培根论说文集.水天同,译.北京:商务印书馆,1983.
［15］谷口安平.程序的正义与诉讼[M].王亚新,刘荣军,译.北京:中国政法大学出版社,1996.
［16］陈瑞华.法律人的思维方式[M].北京:法律出版社,2011.
［17］王利明.法治:良法与善治[M].北京:北京大学出版社,2015.
［18］关玫.司法公信力研究[M].北京:人民法院出版社,2008.
［19］卢梭.社会契约论[M].何兆武,译.北京:商务印书馆,1980.
［20］孔子.论语[M].上海:上海大学出版社,2012.
［21］张晋藩.中国法律的传统与近代转型[M].北京:法律出版社,1997.
［22］翁岳生教授祝寿论文编辑委员会.当代公法新论(上)翁岳生教授七秩诞辰祝寿论文集

[M].台北:元照出版公司,2002.
[23] 韩非.韩非子[M].哈尔滨:北方文艺出版社,2016.
[24] 司马迁.史记[M].北京:中国华侨出版社,2013.
[25] 商鞅.商君书列子[M].哈尔滨:北方文艺出版社,2015.
[26] 黄仁宇.万历十五年[M].北京:生活·读书·新知三联书店,2008.
[27] 梁启超.饮冰室合集文集之二十九[M].北京:中华书局,1989.
[28] 张希坡,韩延龙.中国革命法制史(上)[M].北京:中国社会科学出版社.1987.
[29] 董必武.董必武政治法律文集[M].北京:法律出版社,1986.
[30] 蔡定剑,王晨光.中国走向法治30年[M].北京:社会科学文献出版社,2008.
[31] 薛波.元照英美法词典[M].北京:北京大学出版社,2014.
[32] 伯恩·魏德士.法理学[M].丁晓春,吴越,译.北京:法律出版社,2013.
[33] 程竹汝.司法改革与政治发展[M].北京:中国社会科学出版社,2001.
[34] 艾伦·德肖维茨.合理的怀疑:辛普森案如何影响美国[M].金成波,杨丽,译.北京:中国法制出版社,2016.
[35] 卓泽渊.法理学[M].北京:法律出版社,2004.
[36] 罗斯科·庞德.法理学(第二卷)[M].封丽霞,译.北京:法律出版社,2007.
[37] 萨利·安格尔·梅丽.诉讼的话语:生活在美国社会底层人的法律意识[M].郭星华,王晓蓓,王平,译.北京:北京大学出版社,2007.
[38] 张忠厚,卓泽渊.中国司法公信建设研究[M].北京:人民法院出版社,2014.
[39] 苏力.送法下乡:中国基层司法制度研究[M].北京:北京大学出版社,2011.
[40] 张文显.法理学[M].北京:高等教育出版社,2011.
[41] 培根.培根论说文集[M].水天同,译.北京:商务印书馆,1983.
[42] 习近平.习近平谈治国理政[M].北京:外文出版社,2014.
[43] 中共中央党校.以习近平同志为核心的党中央治国理政新理念新思想新战略[M].北京:人民出版社,2017.
[44] 陈瑞华.看得见的正义[M].北京:中国法制出版社,2000.
[45] 杜维明,卢风.现代性与物欲的释放:杜维明先生访谈录[M].北京:中国人民大学出版社,2009.
[46] 吴经熊.正义之源泉:自然法研究[M].张薇薇,译.北京:法律出版社,2015.
[47] 李林,田禾.中国法治发展报告(2017)[M].北京:社会科学文献出版社,2017.
[48] G·拉德布鲁赫.法哲学[M].王朴,译.北京:法律出版社,2013.
[49] 宋冰.程序、正义与现代化:中国法学家在华演讲录[M].北京:中国政法大学出版社,1998.
[50] 陈瑞华.刑事诉讼的前沿问题[M].北京:中国人民大学出版社,2005.
[51] 章武生.个案全过程新论:以集中审理为中心[M].上海:复旦大学出版社,2020.
[52] 最高人民法院司法改革领导小组办公室.多元化纠纷解决机制:典型经验与实践案例

[M].北京:人民法院出版社,2021.

三、期刊

[1] 胡铭.司法公信力的理性解释与建构[J].中国社会科学,2015,(4):85-106+206.

[2] 高铭暄,陈璐.略论司法公信力的历史沿革与实现途径——谨以此文纪念《法学杂志》创刊三十周年[J].法学杂志,2010,31(7):1-5.

[3] 张文香,萨其荣桂.传统诉讼观念之怪圈——"无讼"、"息讼"、"厌讼"之内在逻辑[J].河北法学,2004,(3):79-82.

[4] 孙大雄.信访制度功能的扭曲与理性回归[J].法商研究,2011,28(4):52-55.

[5] 应星.作为特殊行政救济的信访救济[J].法学研究,2004,(3):58-71.

[6] 易虹.宪政体制下我国信访制度功能的重构[J].求索,2007,(4):40-42.

[7] 应星.新中国信访制度的历史演变[J].山东人大工作,2004,(1):62.

[8] 徐昕.司法过程的性质[J].清华法学,2010,4(2):99-113.

[9] 栗峥.传媒与司法的偏差——以2009十大影响性诉讼案例为例[J].政法论坛,2010,28(5):107-114.

[10] 杨小军.法治中国视域下的司法体制改革研究[J].法学杂志,2014,35(3):25-33.

[11] 王广辉.司法机关人财物"省级统管"改革的法律反思[J].法商研究,2016,33(5):10-17.

[12] 季卫东.司法体制改革的关键[J].东方法学,2014,(5):110-114.

[13] 苏力.法律活动专门化的法律社会学思考[J].中国社会科学,1994,(6):117-131.

[14] 刘云升,韩树军.为当代中国农民的诉讼观辩解——农民"无讼"观根源的重新解读[J].河北法学,2005,(12):41-45.

[15] 谢佑平,万毅.司法行政化与司法独立:悖论的司法改革——兼评法官等级制与院长辞职制[J].江苏社会科学,2003,(1):139-143.

[16] 何家弘.如何提升司法公信力[J].国家检察官学院学报,2014,22(5):158-166.

[17] 章武生.我国民事审级制度之重塑[J].中国法学,2002,(6):83-98.

[18] 韦林静,岳志勇.干扰司法独立的外部因素——浅谈政党干预与司法独立[J].商业文化(学术版),2010,(5):22-23.

[19] 陈力.民事调解高反悔率及其解释[J].法律适用,2010,(7):59-62.

[20] 季卫东.法治与选择[J].中外法学,1993,(4):13-21.

[21] 赵小鸣.简论法官思维的多向度特征[J].山东大学学报,2006,(2):127-131.

[22] 沈明磊,蒋飞.资源配置视野下的司法效率[J].人民司法,2008,(17):11-15.

[23] 刘武俊.论法院书记员管理制度[J].中国司法,2004,(3):34-36.

[24] 张少凯.司法改革若干问题反思[J].法律适用,2005,(1):57-61.

[25] 彭海杰,周辉.挑战与回应——基层法院人才流失情况的调查与思考[J].人民司法,2005,(7):35-40.

[26] 徐子良.地方法院在司法改革中的能动性思考——兼论区域司法环境软实力之提升[J].法学,2010,(4):153-160.

[27] 王琦.我国法官遴选制度的检讨与创新[J].当代法学,2011,25(4):84-89.

[28] 薛剑祥.略论法官沟通能力的养成与实现[J].法律适用,2013,(3):90-93.

[29] 苏力.基层法官司法知识的开示[J].现代法学,2000,(3):9-13.

[30] 李玉华."陪而不审"之我见——法学教授陪审员的视角[J].法律适用,2010,(7):93-94.

[31] 肖金明.法学视野下的党规学学科建设[J].法学论坛,2017,32(2):74-86.

[32] 龙宗智.影响司法公正及司法公信力的现实因素及其对策[J].当代法学,2015,29(3):3-15.

[33] 崔丹妮,王姝.人民法院司法公信力评估体系构建[J].时代法学,2022,20(6):65-78.

[34] 庄绪龙.司法公信力遭遇的"柔性侵蚀"困境及破解思路——以系统思维为视角[J].法学,2023,(8):16-28.

[35] 崔永东.司法公信建设的多重维度[J].政法论丛,2022,(2):130-141.

[36] 张英霞.司法既判力论要兼及司法既判力与司法公信力的关系[J].法律适用,2005,(1):23-25.

四、报纸

[1] 石东洋,刘新秀.基层法院之司法公信力[N].人民法院报,2013年5月10日第7版.

[2] 王杰兵.法官地位重塑与司法公信力提升[N].人民法院报,2013年6月7日第7版.

[3] 人民日报.中国的司法权从根本上说是中央事权[N].人民日报,2014年1月22日.

[4] 柳玉祥.坚持创新发展 让人民群众共享法治阳光[N].新华日报,2017年9月28日.

[5] 徐来.人民陪审员明年1月选任培训管理办法近日将出台[N].法制日报,2004年12月21日.

[6] 孟建柱.全面深化司法体制改革 努力创造更高水平的社会主义司法文明[N].人民法院报,2017年10月17日第4版.

[7] 孙曙生."儒法合流"的实践、意蕴及启示[N].人民法院报,2022年5月27日第5版.

[8] 孙曙生.甘棠树下的审判与西周诉的法理[N].人民法院报,2023年12月22日第5版.

五、网站

[1] 董晶晶.布什诉戈尔案[EB/OL].(2011-10-09).https://bjgy.bjcourt.gov.cn.

[2] 周强.最高人民法院关于人民法院规范司法行为工作情况的报告[EB/OL].(2014-10-29).www.npc.gov.cn/npc/xinwen.

[3] 孟建柱.扎扎实实做好司法改革的落实工作[EB/OL].(2014-4-19).www.gov.cn.

六、2014—2023年江苏省高级人民法院工作报告

[1] 江苏省高级人民法院工作报告——2014年1月21日在江苏省第十二届人民代表大会

第二次会议上
[2] 江苏省高级人民法院工作报告——2015年1月29日在江苏省第十二届人民代表大会第三次会议上
[3] 江苏省高级人民法院工作报告——2016年1月26日在江苏省第十二届人民代表大会第四次会议上
[4] 江苏省高级人民法院工作报告——2017年2月8日在江苏省第十二届人民代表大会第五次会议上
[5] 江苏省高级人民法院工作报告——2018年1月28日在江苏省第十三届人民代表大会第一次会议上
[6] 江苏省高级人民法院工作报告——2019年1月16日在江苏省第十三届人民代表大会第二次会议上
[7] 江苏省高级人民法院工作报告——2020年1月17日在江苏省第十三届人民代表大会第三次会议上
[8] 江苏省高级人民法院工作报告——2021年1月28日在江苏省第十三届人民代表大会第四次会议上
[9] 江苏省高级人民法院工作报告——2022年1月22日在江苏省第十三届人民代表大会第五次会议上
[10] 江苏省高级人民法院工作报告——2023年1月17日在江苏省第十四届人民代表大会第一次会议上

附录一　2013—2022年推进司法改革的党内法规及相关的规范性文件

1. 全面落实司法责任制

2013年11月12日,中国共产党第十八届中央委员会第三次全体会议通过《中共中央关于全面深化改革若干重大问题的决定》。

2014年10月23日,中国共产党第十八届中央委员会第四次全体会议通过的《中共中央关于全面推进依法治国若干重大问题的决定》。

2015年2月,最高人民法院发布《关于全面深化人民法院改革的意见》(即《人民法院第四个五年改革纲要(2014—2018)》,简称"四五改革纲要")。

2015年3月,中共中央办公厅、国务院办公厅印发《领导干部干预司法活动、插手具体案件处理的记录、通报和责任追究规定》。

2015年3月,中央政法委印发《司法机关内部人员过问案件的记录和责任追究规定》。

2015年9月,最高人民法院发布《关于完善人民法院司法责任制的若干意见》。

2015年9月,最高人民法院、最高人民检察院、公安部、国家安全部、司法部印发《关于进一步规范司法人员与当事人、律师、特殊关系人、中介组织接触交往行为的若干规定》。

2015年10月,最高人民法院配合中央有关部门,研究制定了《法官、检察官单独职务序列改革试点方案》《法官、检察官工资制度改革试点方案》。

2015年,最高人民法院配合中央有关部门,印发《关于招录人民法院法官助理、人民检察官助理的意见》。

2016年,最高人民法院配合中组部等部门,印发《法官助理、检察官助理和书记员职务序列改革试点方案》。

2016年7月28日,中共中央办公厅、国务院办公厅发布《保护司法人员依法履行法定职责规定》。

2016年,最高人民法院会同最高人民检察院发布《关于建立法官、检察官惩戒制度的意见(试行)》。

2017年,最高人民法院配合财政部、人社部印发《人民法院、人民检察院聘用制书记员管理制度改革方案(试行)》。

2017年,最高人民法院发布了《关于加强各级人民法院院庭长办理案件工作的意见(试行)》。

2017年4月,最高人民法院发布《关于落实司法责任制完善审判监督管理机制的意见(试行)》。

2018年12月,最高人民法院印发《关于进一步全面落实司法责任制的实施意见》。

2019年,最高人民法院发布《关于健全完善人民法院审判委员会工作机制的意见》。

2019年,最高人民法院印发了《关于完善审判权力和责任清单的指导意见》。

2019年2月,最高人民法院发布《关于深化人民法院司法体制综合配套改革的意见》(即《人民法院第五个五年改革纲要(2019—2023)》,简称"五五改革纲要")。

2020年3月,中共中央办公厅印发《关于深化司法责任制综合配套改革的实施意见》。

2020年7月,最高人民法院发布《关于统一法律适用加强类案检索的指导意见(试行)》。

2020年8月,最高人民法院印发《关于深化司法责任制综合配套改革的实施意见》。

2020年9月,最高人民法院发布《关于完善统一法律适用标准工作机制的意见》。

2021年,最高人民法院发布《关于加强和完善法官考核工作的指导意见》。

2021年,最高人民法院发布《关于进一步强化日常监督管理严格执行防止干预司法"三个规定"的意见》。

2021年1月,最高人民法院发布了《关于完善人民法院专业法官会议工作机制的指导意见》。

2021年11月,最高人民法院制定印发《关于进一步完善"四类案件"监督管理工作机制的指导意见》。

2021年底,最高人民法院发布《法官惩戒工作程序规定(试行)》。

2022年3月,《法官单独职务序列规定》印发实施。

2. 健全诉讼制度机制

2014年6月27日,全国人大常委会表决通过《关于授权最高人民法院、最高人民检察院在部分地区开展刑事案件速裁程序试点工作的决定》。

2016年,最高人民法院、最高人民检察院、公安部、国家安全部、司法部联合发布《关于推进以审判为中心的刑事诉讼制度改革的意见》。

2016年6月,国务院办公厅发布《关于加强和改进行政应诉工作的意见》。

2016年7月22日,十八届中央全面深化改革委员会领导小组第二十六次会议审议通过了《关于认罪认罚从宽制度改革试点方案》。

2016年9月3日,全国人大常委会表决通过《关于授权最高人民法院、最高人民检察院在部分地区开展刑事案件认罪认罚从宽制度试点工作的决定》。

2016年9月,最高人民法院发布《关于进一步推进案件繁简分流优化司法资源配置的意见》。

2016年11月16日,最高人民法院、最高人民检察院、公安部、国家安全部、司法部联合出台《关于在部分地区开展刑事案件认罪认罚从宽制度试点工作的办法》。

2017年2月,最高人民法院发布了《关于全面推进以审判为中心的刑事诉讼制度改革的实施意见》。

2017年5月,最高人民法院发布关于《民商事案件繁简分流和调解速裁操作规程》。

2017年6月,最高人民法院、最高人民检察院、公安部、国家安全部、司法部联合发布《关于办理刑事案件排除非法证据若干问题的规定》。

2017年12月,最高人民法院发布《人民法院办理刑事案件庭前会议规程(试行)》。

2017年12月,最高人民法院发布《人民法院办理刑事案件排除非法证据规程(试行)》。

2017年12月,最高人民法院发布《人民法院办理刑事案件第一审普通程序法庭调查规程(试行)》。

2019年5月,中央办公厅印发《关于政法领域全面深化改革的实施意见》。

2019年10月,最高人民法院、最高人民检察院、公安部、国家安全部、司法部共同发布《关于适用认罪认罚从宽制度的指导意见》。

2019年12月28日,第十三届全国人大常委会第十五次会议作出《关于授权最高人民法院在部分地区开展民事诉讼程序繁简分流改革试点工作的决定》。

2020年1月15日,最高人民法院印发《民事诉讼程序繁简分流改革试点方案》和《民事诉讼程序繁简分流改革试点实施办法》。

2020年6月,最高人民法院发布《关于行政机关负责人出庭应诉若干问题的规定》。

2020年11月,最高人民法院、最高人民检察院、公安部、国家安全部、司法部联合发布修订后的《关于规范量刑程序若干问题的意见》。

2021年5月,最高人民法院出台《关于推进行政诉讼程序繁简分流改革的意见》。

2021年7月,最高人民法院联合最高人民检察院共同发布《关于常见犯罪的量刑指导意见(试行)》。

2021年9月,最高人民法院发布《关于完善四级法院审级职能定位改革试点的实施办法》。

3. 完善法院组织体系

2014年12月,十八届中央全面深化改革领导小组第七次会议审议通过了《最高人民法院设立巡回法庭试点方案》。

2014年12月,最高人民法院印发《关于进一步加强新形势下人民法庭工作的若干意见》。

2018年6月,中央编办与最高人民法院联合印发《关于积极推进省以下人民法院内设机构改革工作的通知》。

2021年9月,最高人民法院发布《关于推动新时代人民法庭工作高质量发展的意见》。

4. 推进司法为民

2015年4月,最高人民法院发布《关于人民法院推行立案登记制改革的意见》和《关于人民法院登记立案若干问题的规定》。

2015年5月,最高人民法院会同司法部印发《人民陪审员改革试点方案》和《人民陪审员改革试点工作实施办法》。

2015年10月,十八届中央全面深化改革领导小组第十七次会议审议通过了《关于完善矛盾纠纷多元化解机制的意见》。

2016年4月,最高人民法院出台《关于落实"用两到三年时间基本解决执行难问题"的工作纲要》。

2016年6月,最高人民法院发布《关于人民法院进一步深化多元化纠纷解决机制改革的意见》。

2016年6月,十八届中央全面深化改革领导小组会议审议通过《关于加快推进失信被执行人信用监督、警示和惩戒机制建设的意见》。

2018年6月4日,最高人民法院通过《最高人民法院关于人民法院确定财产处置参考价若干问题的规定》。

2018年11月,最高人民法院出台《关于进一步深化司法公开的意见》。

2019年6月,最高人民法院发布《关于深化执行改革健全解决执行难长效机制的意见》。

2019年7月,中央全面依法治国委员会印发《关于加强综合治理从源头切实解决执行难问题的意见》。

2019年8月,最高人民法院发布《关于建设一站式多元解纷机制 一站式诉讼服务中心的意见》。

2021年2月,中央全面深化改革委员会第十八次会议审议通过《关于加强诉源治理推动矛盾纠纷源头化解的意见》。

2021年9月,最高人民法院发布《关于深化人民法院一站式多元解纷机制建设推动矛盾纠纷源头化解的实施意见》。

2021年10月,最高人民法院印发《关于加快推进人民法院调解平台进乡村、进社区、进网格工作的指导意见》。

2022年1月1日,《人民法院在线调解规则》正式施行。

5. 推进智慧法院和互联网司法建设

2016年,最高人民法院发布《关于全面推进电子卷宗随案同步生成和深度应用的指导意见》。

2021年6月,最高人民法院发布《人民法院在线诉讼规则》。

2021年12月,最高人民法院发布《人民法院在线调解规则》。

2022年1月,最高人民法院印发《人民法院在线运行规则》。

附录二　全面深化人民法院改革的65项举措

1. 设立最高人民法院巡回法庭。
2. 探索设立跨行政区划的法院。
3. 推动设立知识产权法院。
4. 改革行政案件管辖制度。
5. 改革海事案件管辖制度。
6. 改革环境资源案件管辖制度。
7. 健全公益诉讼管辖制度。
8. 继续推动法院管理体制改革。
9. 改革军事司法体制机制。
10. 全面贯彻证据裁判原则。
11. 强化人权司法保障机制。
12. 健全轻微刑事案件快速办理机制。
13. 完善刑事诉讼中认罪认罚从宽制度。
14. 完善民事诉讼证明规则。
15. 建立庭审全程录音录像机制。
16. 规范处理涉案财物的司法程序。
17. 改革案件受理制度。
18. 完善分案制度。
19. 完善审级制度。
20. 强化审级监督。
21. 完善案件质量评估体系。
22. 深化司法统计改革。
23. 完善法律统一适用机制。
24. 深化执行体制改革。
25. 推动完善司法救助制度。
26. 深化司法领域区际国际合作。
27. 健全主审法官、合议庭办案机制。

28. 完善主审法官、合议庭办案责任制。
29. 健全院、庭长审判管理机制。
30. 健全院、庭长审判监督机制。
31. 健全审判管理制度。
32. 改革审判委员会工作机制。
33. 推动人民陪审员制度改革。
34. 推动裁判文书说理改革。
35. 完善司法廉政监督机制。
36. 改革涉诉信访制度。
37. 完善庭审公开制度。
38. 完善审判流程公开平台。
39. 完善裁判文书公开平台。
40. 完善执行信息公开平台。
41. 完善减刑、假释、暂予监外执行公开制度。
42. 建立司法公开督导制度。
43. 完善诉讼服务中心制度。
44. 完善人民法庭制度。
45. 推动送达制度改革。
46. 健全多元化纠纷解决机制。
47. 推动实行普法责任制。
48. 推动法院人员分类管理制度改革。
49. 建立法官员额制度。
50. 改革法官选任制度。
51. 完善法官业绩评价体系。
52. 完善法官在职培训机制。
53. 完善法官工资制度。
54. 推动省级以下法院人员统一管理改革。
55. 建立防止干预司法活动的工作机制。
56. 健全法官履行法定职责保护机制。
57. 完善司法权威保障机制。
58. 强化诉讼诚信保障机制。
59. 优化行政审判外部环境。
60. 完善法官宣誓制度。

61. 完善司法荣誉制度。
62. 理顺法院司法行政事务管理关系。
63. 推动人民法院财物管理体制改革。
64. 推动人民法院内设机构改革。
65. 推动人民法院信息化建设。

附录三　公正司法之制度保障

1. 防范冤假错案

2013 年 8 月

中央政法委出台《关于切实防止冤假错案的指导意见》，对审判环节疑罪从无原则、证据裁判原则、严格证明标准保障辩护律师辩护权利等作了明确规定。

2013 年 11 月 12 日

党的十八届三中全会通过《中共中央关于全面深化改革若干重大问题的决定》，明确指出，健全错案防止、纠正、责任追究机制，严禁刑讯逼供，严格实行非法证据排除规则，推进审判公开、检务公开，严格规范减刑、假释、保外就医程序，强化监督制度。

2013 年 11 月 21 日

最高人民法院出台《关于建立健全防范刑事冤假错案工作机制的意见》，对各级人民法院树立科学司法理念、打牢防范冤假错案的观念基础，完善审判工作机制、夯实防范冤假错案的制度基础，以及司法机关共同发挥职能作用、共同防范冤假错案，具有重要的现实指导意义。

2014 年 7 月 9 日

最高人民法院公布《人民法院第四个五年改革纲要（2014—2018）》，明确规定要严格实行非法证据排除规则，进一步明确排除非法证据的程序和标准。

2014 年 10 月 23 日

党的十八届四中全会通过《中共中央关于全面推进依法治国若干重大问题的决定》，提出加强对刑讯逼供和非法取证的源头预防。会上，习近平总书记就《决定》作出说明，明确提出推进以审判为中心的诉讼制度改革。

2016 年 6 月 27 日

习近平总书记主持召开中央全面深化改革领导小组第二十五次会议，审议通过了《关于推进以审判为中心的刑事诉讼制度改革的意见》，这标志着以审判为中心的刑事诉讼制度改革全面启动。

2016 年 10 月

最高人民法院、最高人民检察院、公安部、国家安全部、司法部联合印发了

《关于推进以审判为中心的刑事诉讼制度改革的意见》。改革意见共21条,围绕冤假错案暴露出的有罪推定等错误司法理念不同程度存在,关键性诉讼制度未能真正落到实处,侦查、起诉、审判等职能作用未能得到充分发挥等问题,有针对性地从贯彻证据裁判要求、规范侦查取证、完善公诉机制、发挥庭审关键作用、尊重和保障辩护权和当事人诉讼权利义务等方面提出改革举措。

2017年6月27日

最高人民法院、最高人民检察院、公安部、国家安全部、司法部联合发布《关于办理刑事案件排除非法证据若干问题的规定》,细化了非法取证方法的认定标准,明确了刑讯逼供后重复性供述一并排除规则及例外情形,对讯问录音录像、讯问笔录、讯问场所等作出规范,进一步落实了提讯登记和收押体检制度,建立了重大案件侦查终结前对讯问合法性进行核查的制度,强化了人民检察院在侦查、审查逮捕和审查起诉期间对证据收集合法性的调查核实,完善了庭前会议对证据收集合法性争议处理的机制、庭审阶段对证据收集合法性的审查与调查程序以及二审程序中对证据收集合法性的调查和处理程序。为从源头上杜绝非法证据的产生提供了制度保证。

2. 统一裁判标准

2013年底,最高人民法院下发了《关于实施量刑规范化工作的通知》《关于常见犯罪的量刑指导意见》,要求从2014年1月1日起在全国法院正式实施量刑规范化工作。《意见》共五部分:"量刑的指导原则"、"量刑的基本方法"、"常见量刑情节的适用"、"常见犯罪的量刑"和"附则"。

2017年5月1日

《最高人民法院关于常见犯罪的量刑指导意见(二)(试行)》开始实行,全国第二批试点法院进行量刑规范改革试点,将近年来多发易发、与人民群众生命财产安全密切相关的危险驾驶、非法集资、信用卡诈骗等8个罪名纳入规范范围,从有期徒刑、拘役扩大到罚金、缓刑,规范罚金、缓刑的适用。

2013年2月

第四批4个指导性案例发布——具体法律适用。

2013年11月

第五批6个指导性案例发布——买卖合同等问题。

2014年1月

第六批4个指导性案例发布——买卖合同等问题。

2014年7月

第七批5个指导性案例发布——盗窃、诈骗案等。

2014 年 12 月

第八批 6 个指导性案例发布——危险驾驶案等。

2014 年 12 月

第九批 7 个指导性案例发布——拒绝颁发毕业证等。

2015 年 4 月

第十批 8 个指导性案例发布——婚姻家庭、知识产权等。

2015 年 11 月

第十一批 4 个指导性案例发布——对特许经营收益权能否质押等作出规范。

2016 年 5 月

第十二批 4 个指导性案例发布——金融借款合同等案例。

2016 年 7 月

第十三批 4 个指导性案例发布——利用未公开信息交易案等。

2016 年 9 月

第十四批 5 个指导性案例发布——业主共有权纠纷案等。

2017 年 1 月

第十五批 8 个指导性案例发布——生产、销售有毒、有害食品等案。

2017 年 3 月

第十六批 10 个指导性案例发布——滥用市场支配地位纠纷案等。

2017 年 11 月

第十七批 5 个指导性案例发布——明确行政许可具有法定期限案等。

2018 年 6 月

第十八批 4 个指导性案例发布——正当防卫认定等案。

2018 年 12 月

第十九批 5 个指导性案例发布——非法经营等案。

2018 年 12 月

第二十批 5 个指导性案例发布——依法严惩网络犯罪。

2019 年 2 月

第二十一批 6 个指导性案例发布——"一带一路"建设专题。

2020 年 1 月

第二十二至二十四批 27 个指导性案例发布——涉及知识产权、国家赔偿、执行和生态环境保护领域。

2020 年 10 月

第二十五批 4 个指导性案例发布——弘扬社会主义核心价值观。

2021年1月

第二十六批4个指导性案例发布——正当防卫认定等案。

2021年3月

第二十七批9个指导性案例发布——第三人撤销之诉案等。

2021年7月

第二十八批6个指导性案例发布——侵害著作权纠纷案等。

2021年10月

第二十九批3个指导性案例发布——企业实质合并破产案例。

2021年11月

第三十批6个指导性案例发布——民事合同类相关案例。

2021年12月

第三十一批7个指导性案例发布——生物多样性保护。

2022年7月

第三十二批7个指导性案例发布——保护劳动者合法权益类案。

2022年12月

第三十三批3个指导性案例发布——黑社会性质等案。

2022年12月

第三十四批3个指导性案例发布——为民事、行政类相关案例。

2022年12月

第三十五批4个指导性案例发布——公民个人信息保护刑事案。

2022年12月

第三十六批6个指导性案例发布——仲裁司法审查案例。

2022年12月

第三十七批10个指导性案例发布——环境公益诉讼。

2023年11月

第三十八批5个指导性案例发布——长江保护专题。

2023年12月

第三十九批6个指导性案例发布——知识产权保护。

3. 杜绝司法腐败

2015年2月27日,中央全面深化改革领导小组第十次会议通过《关于领导干部干预司法活动、插手具体案件处理的记录、通报和责任追究规定》。这是防止以权力干预司法的"高压线",也是保障法官、检察官独立行使司法权力的"防火墙"。

2015年3月

中央政法委印发《司法机关内部人员过问案件的记录和责任追究规定》。

2015年9月

最高人民法院、最高人民检察院、公安部、国家安全部、司法部联合印发《关于进一步规范司法人员与当事人、律师、特殊关系人、中介组织接触交往行为的若干规定》,明令禁止司法人员与当事人、律师、特殊关系人、中介组织的6种接触交往行为。

2012年7月

最高人民法院印发《最高人民法院特约监督员工作条例》。2013年6月,最高人民法院从社会各界优秀代表中聘任了42名最高人民法院特约监督员。2014年6月19日,最高人民法院举行第二届特约监督员聘任大会,增补了58名特约监督员。

2016年7月

最高人民法院制定《最高人民法院机关专职党务干部(廉政监督员)管理暂行办法》,正式建立实施专职党务干部制度。